山东省教育科学“十二五”规划重大招标课题(项目编号:VZ15002)

山东省民办高校内部治理与政策优化研究

盛振文 著

山东大学出版社

图书在版编目(CIP)数据

山东省民办高校内部治理与政策优化研究/盛振文著.—济南:山东大学出版社,2019.5

ISBN 978-7-5607-6346-0

Ⅰ.①山… Ⅱ.①盛… Ⅲ.①民办高校—学校管理—研究—山东 Ⅳ.①G648.7

中国版本图书馆 CIP 数据核字(2019)第 096298 号

责任编辑:李昭辉

封面设计:张 荔

出版发行:山东大学出版社

社 址 山东省济南市山大南路 20 号

邮 编 250100

电 话 市场部(0531)88363008

经 销:新华书店

印 刷:山东新华印务有限责任公司

规 格:720 毫米×1000 毫米 1/16

15.75 印张 267 千字

版 次:2019 年 5 月第 1 版

印 次:2019 年 5 月第 1 次印刷

定 价:35.00 元

前　言

改革开放以来，我国民办教育已成为教育系统中的重要组成部分，其中民办高等教育更是发展迅速，经历了创办初期(1978～1998 年)、快速发展期(1999～2006 年)、内涵发展期(2007～2017 年 8 月)和分类管理新时期(2017 年 9 月至今)四个阶段。根据教育部统计公报及国家统计局的数据统计，截至 2017 年 12 月 5 日，全国共有民办普通高等学校 747 所，占我国普通高等学校总数量(2631 所)的 28.4%；在校生人数 8998533 人，占全国普通高校在校生人数(27535869 人)的 32.7%，其中研究生培养机构 6 所，研究生在校生人数 1223 人。由此可见，民办高等教育已经成为我国高等教育事业必不可少的重要组成部分，且逐步走上内涵提升的发展道路。民办高等教育的发展推动了社会资源向教育资源的转化，扩大了我国高等教育的总体规模，为我国的经济社会发展，尤其是区域经济建设和社会发展提供了人才保障与智力支持，是我国高等教育大众化的重要推动力，同时也促进了我国高等教育多元化格局的形成。自 2006 年起，高校扩招速度放缓，国家出台了《民办高等学校办学管理若干规定》等一系列民办高等教育法规，越来越重视提升民办高校的办学层次与办学质量，开始向"内涵式发展道路"转变。然而，民办高校的法人属性不明确，外部治理主体权力收放失度，内部治理机制尚未完善[①]，这些都阻碍了民办高校的转型及长远发展。

民办高校内部治理现在已成为制约民办高校发展的关键要素。目前，我国民办高校法人治理结构失衡，存在政治权力位处边缘、资本权力一权独

① 参见刘爽、赵俊芳：《治理理论视域下民办高校发展的三重困境及其路径探析》，《高等教育管理》2018 年第 7 期。

大、行政权力形同附庸、学术权力极度薄弱等现象。[①] 另外，尚未形成科学的权力分配结构，治理主体与治理权力之间难以平衡。多数民办高校虽建立了董事会、校务委员会、监事会等机构，但在一定程度上存在流于形式的问题，运行程序不规范，导致民办高校的治理效率较低。此外，很多民办高校存在出资人或举办者对学校实行决定性控制的现象，实行投资者单边控制模式，这也在很大程度上导致了内部监督机制无法发挥其应有的作用，而外部监督存在政府监督机制失效以及社会监督机制乏力等问题。总之，我国民办高校内部治理制度尚不完善，内部治理结构不科学，机构权责不明或机构职能难以执行；内部治理机制（尤其是决策机制）不健全，且缺少权力监督制约机制。这都导致我国民办高校内部治理效率较低，使得部分民办高校重大事项的决策具有一定的盲目性及随意性，甚至有些民办高校会有短视的、极具功利性的办学行为。这都是严重制约民办高校良性运行和健康发展的阻碍因素，因此，必须对民办高校的内部治理进行改革调整，以促进民办高等教育的发展。

国家在政策上正逐步加强对民办高校内部治理问题的引导和管理。2010 年 10 月发布的《国务院办公厅关于开展国家教育体制改革试点的通知》（国办发〔2010〕48 号）提出了“改善民办教育发展环境，深化办学体制改革”的民办教育发展思路，针对民办高等教育进一步提出了“改革民办高校内部管理体制，完善法人治理结构，建立健全民办学校财务、会计和资产管理制度”的要求，并以上海市、江苏省、浙江省、云南省、西安欧亚学院作为重要试点地区和学校。随后，西安欧亚学院就学校内部治理进行了一系列改革，到 2013 年已取得了一系列成效，初步建立了以“分权制衡”为特征的内部法人治理结构；实施了管控模式调整，确立了以分院为实体的办学模式；推进大部制改革，构筑以服务为导向的新型行政职能系统；开展了财务、会计、资产管理制度改革，完善了财务制度体系。2014 年 8 月福建省人民政府出台了《关于完善高等教育治理方式　推动高等学校内涵发展的若干建议》，进一步完善了民办高校的内部治理方式，加强了对民办高校的规范管理。

---

① 参见彭宇文、陈莉：《民办高校优化法人治理结构探究》，《学校党建与思想教育》2018 年第 9 期。

2016年9月发布的《教育部对十二届全国人大四次会议第3959号建议的答复》(教建议[2016]第215号)明确指出,民办高校要构建完善的内部治理结构,进一步对董事会的成员构成加以规范,并将董事会的议事规则以及运作程序进行完善。对于学校最高执行者的校长要实行任期制,通过多种方式切实保障以校长为领导的学校管理机构的行政管理权。此外,在监督方面,要健全民办高校的督导专员监督制度。第十二届全国人大常委会表决通过了关于修改《民办教育促进法》的决定,根据决定,修改后的《民办教育促进法》于2017年9月1日起施行,该法案明确实行非营利性和营利性民办学校分类管理,进一步健全民办学校治理机制,明确提出民办高校内部要设立董事会或理事会等形式的学校决策机构,并要建立健全对权力的行使进行约束的监督机制。在这一过程中,要求学校的举办者严格按照学校章程中规定的权限范围和权力行使程序参与到学校的办学和管理中。此外,对民办高校管理中影响教育教学并产生恶劣影响的管理混乱行为,以及由于管理疏忽造成严重后果的行为,要进行相应的惩罚,并依法追究责任方的法律责任。

2016年出台的《国务院关于鼓励社会力量兴办教育　促进民办教育健康发展的若干意见》(国发[2016]81号)提出,民办教育要坚持依法管理,进一步规范办学行为。在管理上要简政放权,放、管、服相结合,各管理部门要依法履行职责,规范办学程序、秩序,全面提升民办高校的治理水平。在制度建设方面,要健全资产管理和财务会记制度,落实安全管理责任制度,建立健全董事会或理事会制度,并进一步完善监事会制度,优化两者的成员构成,成员依据学校章程规定的权限和程序共同参与学校的办学和管理。探索实行独立董事(理事)、监事制度,健全党组织参与决策制度,完善校长选聘机制,依法保障校长行使管理权。完善教职工代表大会和学生代表大会制度。到目前为止,《中华人民共和国民办教育促进法实施条例(修订草案)(送审稿)》已将民办高校的内部管理机制问题落到实处。

随着我国经济社会不断地转型升级,对高等教育的改革也在不断深入推进,民办高等教育也将呈现出办学规模稳定,层次结构合理,办学形式多元化、特色化发展的特点。学校发展的基本趋势为分类管理,办学的自主权将会真正得到落实，一批国内一流、世界知名的应用技术大学将会随之出现。[①] 在此背景下，完善内部治理结构，提升内部治理效率是民办高校的重要任务，这对于民办高校内部治理以及政策优化的研究具有重要的理论意义与现实意义。从理论上说，本研究进一步丰富和发展了民办高校的内部治理理论。在高等教育体系中占有重要比重的、富有中国特色的民办高校，其内部治理制度具有什么样的内涵？在内部治理这一问题上，民办高校相较于其他形式的高等学校究竟存在哪些区别？能在何种程度上参考借鉴现有的公司制度、治理经验和成果？在现行法律允许的范围内，该如何构建适合民办高校健康发展的内部治理结构？对这一系列问题不断进行深入分析、探索与研究的过程，就是一个对民办高校内部治理理论探索研究的深化与延续的过程，同时也是一个丰富和发展现有民办高校内部治理理论的过程。再者，本研究能够使各治理主体更进一步地理性认识民办高校的办学规律，深入探讨了民办高校内部治理的一系列特征及组织属性，系统地梳理了民办高校的发展过程及治理特点，综合分析了影响民办高校发展的内部及外部环境因素，更进一步地加深了民办高校的投资举办者、经营管理者以及学校办学行为监管者等对民办高等教育的运行规律及特点的理性认识，有助于进一步转变相关管理者的思想观念，统一各部门方针政策的制订，从而使各方能够更加合理地采取有效措施，更好地推动和促进民办高等教育事业健康平稳发展。

从现实意义的角度上讲，本研究为进一步构建民办高校内部治理制度提供了坚实的理论指导以及法理依据。当前和今后一段时间内，我国民办高等教育面临的一个共同任务是如何落实并完善民办高校的内部管理体制，进一步健全民办高校的法人治理体系。当前，这项任务开展的进度比较缓慢，其中一个非常重要的原因在于必要指导理论和法理依据的不完善，从而导致相关单位不能全面认识该项工作的重要性、必要性和紧迫性，并付诸实践行动。通过对民办高校内部治理的相关理论进行系统梳理以及对相关法律法规及国家政策的全面解读，使一些关键性原则能够得到澄清，民办高校

① 参见杨刚要:《中国民办高等教育研究综述》,《中国成人教育》2017年第17期。

管理者能够方便找到相关理论指导和法理依据，以便制定并完善内部管理制度。因此，本研究能够对我国现代大学制度的建设提供重要的启示。尽管目前对于现代大学制度内涵的界定非常丰富，然而完善的内部治理结构始终是其重要的根本特征之一。系统地对民办高校内部治理相关问题进行研究，深入解析民办高校内部治理所涉及的产权、决策、执行、监督等制度上的问题，并对其进行积极探索，努力构建出一整套切实可行的制度，这不仅有助于民办高校"良治"目标的达成，推进民办高校的平稳运行和健康发展，而且对于进一步完善公立高校的内部治理结构，促进公立高校的体制改革和机制创新同样具有非常重要的借鉴意义和参考价值。

本书正是面对新形势、新问题，从理论研究、现状考察、借鉴研究、案例分析等方面进行深入系统的研究，探索了山东省民办高校内部治理和政策优化的建议。

第一篇是民办高校内部治理内涵及要素分析，界定了民办高校内部治理相关概念的内涵，系统梳理了国内外民办高校内部治理的研究历史与现状，探究了民办高校内部治理的理论基础和核心要素。

第二篇是山东省民办高校内部治理的现状考察，采用问卷调查与访谈调查相结合的方法，分析了山东省民办高校内部治理的国家和省内政策环境，梳理了山东省民办高校的内部治理历程以及特点、政策法规落实情况、内部治理结构现状、内部治理模式现状以及内部治理机制现状，总结了山东省民办高校内部治理存在的主要问题，并分析了原因。

第三篇是山东省民办高校内部治理实践研究报告，一方面以英、美、法、德、日等国家的私立高校为研究对象，总结了国外私立高校内部治理的经验与启示；另一方面以北京、广东、陕西、台湾等地的民办高校为研究对象，探讨了其他地区民办高校内部治理的现状及运行情况，总结了经验与启示。然后，以山东协和学院为例，系统剖析了山东省民办高校的内部治理实践，总结了内部治理经验。

第四篇是山东省民办高校内部治理与政策优化建议，通过结合民办高校内部治理的理论基础，抓住民办高校内部治理的核心要素，依据山东省民办高校内部治理的现状考察，借鉴国内外民办/私立高校内部治理的启示及山东协和学院内部治理经验，针对山东省民办高校内部治理存在的问题，提出了山东省民办高校内部治理和政策优化的建议。

本书的编撰得到了山东省教育科学规划办和山东大学出版社的大力支持，并受益于国内外众多专家学者的大量研究成果和文献资料，在此一并致以真挚的感谢！全书由盛振文教授负责总体策划和组织，王桂云、孔令桂同志参与总体策划和组织，王素琴、陈大兴、周云玲负责总体调研、研讨及各子课题的组织策划，周云玲同志负责统稿。参与本书各章撰写的主要人员有：孔令桂（前言部分），范梦、王素琴、张璐（第一篇），周云玲、陈大兴（第二篇），李娜、安波（第三篇），陈淑英、李建、高强（第四篇），周云玲、王素琴、徐丽丽（结论与展望）。

盛振文

2019 年 3 月 1 日

目　录

第三篇 民办高校内部治理实践研究报告

第四篇 山东省民办高校内部治理与政策优化建议

第一篇

民办高校内部治理内涵及要素分析

随着《中华人民共和国民办教育促进法》(2016 年 11 月 7 日修订,2017 年 9 月 1 日起实施)(以下简称《民促法》(2017))及其配套措施的陆续颁布,民办高校的内部治理有了更为明确的法律依据,从法律层面破解了法人属性、产权归属、扶持政策、分类管理等困扰民办教育发展的瓶颈问题。由于我国民办高校的发展历史较短,因此目前对于民办高校的内部治理尚缺乏独立的理论研究体系。民办高校由于其所具有的私有性和公益性特征,使得内部治理兼具企业与非营利组织的双重特征,因此我们可以从公司治理以及公办大学治理中寻求民办高校内部治理的共通之处。本篇首先界定了民办高校内部治理相关概念的内涵,系统梳理了国内外民办高校内部治理的研究历史与现状;然后在以上研究的基础上,从公司治理、非营利组织治理与高校治理等多重视角入手,探寻了民办高校内部治理的理论依据和核心要素,丰富了民办高校内部治理的理论研究,使民办高校管理者在实践工作中能够方便地找到相关理论指导和法理依据,为优化民办高校内部治理奠定了坚实的基础。

第一章

民办高校内部治理内涵及研究进展

要想探究某一事物或某套社会体系，对其进行深刻的分析，进而发现问题、解决问题，离不开对这一事物或社会体系内涵的把握。也就是说，只有明确了其究竟“是什么”，才能问“为什么”，并决定“怎么做”，对民办高校的内部治理也不例外，而民办高校的内部治理又可归入“治理”这一更大的范畴中。

第一节　治理的内涵

关于“治理”，学界普遍认为这一概念源于拉丁语“steering”，原意为操纵、控制和引导。《辞海》中对于“治理”的释义有两种：一是统治管理，如“治理国家”；二是处理整修，如“治理黄河”。治理国家的概念自古就有很多先人提及，如“为之于未有，治之于未乱”（《老子》第六十四章），“明分职，序事业，材技官能，莫不治理，则公道达而私门塞矣，公义明而私事息矣”（《荀子·君道》），“帝王克勤天戒，凡有垂象，皆关治理”（清·王士禛《池北偶谈·谈异六·风异》）。在英文词典中，对“治理”的解释主要有两层含义：一层是管理、控制，涉及为管理某事物而组成团体的人、委员会或部门等，主体更多的是指国家、公司、组织等；另一层则是治理的行为、方式等。

“治理”这一概念最早应用于公共管理领域，主要使用在探讨国家政治问题以及一些公共事务的问题处理上。1989 年世界银行发表的关于非洲发展的报告中第一次正式使用了“治理危机”一词。随后，“治理”的概念开始在全球范围内扩展开来，逐步进入更多的领域，被赋予了更多的内涵。

到 20 世纪 90 年代，学者们开始对“治理”进行理论探讨，其中最具代表性的当属罗茨(R. Rhodes)和格里·斯托克(Gerry Stocker)。罗茨从“治理”的不同使用范畴出发,列举了六种不同治理领域的定义:第一,作为国家管理层面的治理,主要是指在国家公共支出减少的同时收益增加,即以最小的成本取得最大的效益;第二,公司或企业管理范畴内的治理,主要是指包括指导、控制、监督、制约在内的一套公司运行组织体制;第三,作为新公共管理领域的治理,是指借鉴使用市场激励机制和私人部门的管理方式的新的政府公共服务体系;第四,作为“善治”概念中的治理,是指更加强调效率、法治、责任等理念的公共服务体系;第五,社会控制体系范畴内的治理,是政府与民间、公共部门与私人部门之间的合作与互动;第六,自组织网络领域中的治理,是指基于互利与信任之上建立起来的社会协调关系。斯托克将当时不同学者对于“治理”的不同论述进行了系统梳理,归纳出了关于治理概念的五种理解:第一,治理主体多元,治理权力的行使者是来自政府但是又不局限于政府的社会组织和行为者,以及适合且得到公众认可的机构;第二,治理各主体之间存在权力依赖;第三,治理过程中国家与社会之间、公共部门与私人部门之间存在权责界限的模糊性;第四,最终治理的相关利益者将形成一个自主的网络;第五,政府之外的治理主体同样能够发挥相当大的作用,治理的方法技术并不局限于政府发号施令或运用权威,具有多样性。①

比较具有代表性与权威性的关于“治理”的定义是全球治理委员会(Commission on Global Governance)在1995年的报告《我们的全球伙伴关系》中提出的:“治理是各种公共的或私人的个人和机构管理其共同事务的诸多方式的总和。它是促使不同甚至相互冲突的利益得以调和且采取联合行动的持续的过程。这既包括权威的、必须服从的正式制度和规则,也包括各种人们认可或符合其利益的非正式的制度安排。”这一“治理”定义包含四个特征:治理是一个过程;这个过程包含持续的互动;治理互动过程的基础是协调;治理既涉及公共部门,也包括私人部门。②

治理理论研究的深入,在很大程度上拓展了其使用范畴。治理理论正逐步从国家治理的政治学领域渗透到公司治理、财政管理等经济学领域,并越来越广泛地渗透到社会学、教育学等其他学科。随着市场对高等教育的影响逐渐增强,越来越多的专家学者认识到,在公司、企业治理实践中取得的关于治理理论

① 参见[英]格里·斯托克:《作为理论的治理:五个论点》,华夏风译,《国际社会科学》(中文版)1999年第2期。

② 参见全球治理委员会:《我们的全球伙伴关系》,牛津大学出版社1995年版,第23页。

的成功经验,可以运用于高等学校的治理实践中。治理进入高等教育领域的重要标志是“大学治理”(university governance)这一专业术语的提出。在大学治理的研究与实践中,逐渐形成了政府适度干预、董事会治理以及大学自治等一系列高等教育治理制度。

随着学术交流的日益频繁,21 世纪初,治理理论开始被引入中国的高等教育中来,以试图解决我国高等教育在发展中面临的诸多问题,推动我国高等教育的内涵式发展。目前,大学治理问题正越来越成为我国高等教育发展的重要影响因素,深化高等学校内部管理体制改革,逐步建立现代大学制度越来越成为我国高等教育改革的中心关注点。[①] 从宏观层面上来讲,大学治理主要包括两个方面:一方面是大学的外部治理,即大学与政府、社会在治理层面上的关系;另一方面是高校内部治理,即大学在治理过程中各权力主体的权责权衡问题。基于此,高校治理是指对高校内部和外部的各利益主体之间的关系进行整治、管理。[②] 就学校内部治理而言,尤其是公办高校,行政权力与学术权力如何进行有效地平衡是一个重要问题,有学者认为高校治理结构重构的关键是学校内部行政权力与学术权力的协调,即建立和谐的二元权力结构。[③] 就学校外部治理而言,政府、社会等利益相关者之间权责的协调同样是一个不可忽视的问题。我国对于高校治理的研究,初期主要针对公办高校,尤其集中于高校学术权力与行政权力的关系问题。

高校治理的概念界定中,有几个易混淆的概念:一是“高校治理”与“高校管理”。治理不同于管理,治理侧重于各利益相关者之间权责结构的构建与机制的运行,而管理则更加强调如何有效地执行治理过程中形成的决策。二是“高校治理”与“治理结构”。我国学者张维迎在《大学的逻辑》一书中提出,大学的理念、目标需要通过一整套制度安排来实现,并主张这些制度安排就是治理结构,就是大学的治理。本书对此持保留意见,主张大学治理相较于大学治理结构范围更广,高校的治理结构是大学治理的核心,但并不等同于大学治理。

---

① 参见周光礼:《重构高校治理结构:协调行政权力与学术权力》,《中国高等教育》2005 年第 19 期。

② 参见赵显宁、高岩:《我国高校内部治理的发展现状、困境和优化》,《黑龙江高教研究》2018 年第 6 期。

③ 参见朱若羽:《现代大学的治理与其结构的重建》,《技术与创新管理》2008 年第 6 期。

第二节　民办高校内部治理内涵

所谓“民办高校”，是指国家机关单位以外的社会团体或个人，利用非国家财政性经费的民间资本，或民间资本占总办学资产主要比重，面向社会依法筹办的高等教育机构。相较于公办大学，民办大学具有自筹经费、自负盈亏以及运作机制的准市场化等特点，但同时其办学自主性与灵活性也较强。[①] 自1984年第一所民办高校——中华社会大学成立以来，经过30多年的发展，我国民办高等教育的办学规模在迅速扩大，办学层次也有了质的提升。随着我国高等教育大众化的发展，民办高等教育在高等教育系统中发挥着越来越重要的作用。为进一步提升自身规格与质量，增强竞争力，民办高校逐步引入了“治理”的理念，并不断在理论与实践中进行研究，针对民办高校的治理理论开始形成。

所谓“民办高校内部治理”，是民办高校内部各权力主体的权责划分及其在运作过程中相互关系的制度安排，主要包括内部治理结构、治理模式、治理机制等。以前民办高校办学性质不明，营利性与非营利性之争在很大程度上导致高校内部治理权责界限模糊，限制了民办高校内部治理效率的提升。随着2016年12月《民办教育促进法》的颁布，对民办高校提出了分类的要求，使民办高校的办学性质得以明确，为其内部治理定下了基调。非营利性民办高校的内部治理与公立大学有较多相似之处，而营利性民办高校的内部治理则在很大程度上与公司、企业相近。高校治理，尤其是民办高校的内部治理在很大程度上可借鉴公司治理方面已取得的经验，但民办高校又有其与众不同的特点，主要有以下几点：

从目的性来看，民办高校作为培养人才的高等教育机构，其基本目的就是要促进学生的发展，而不能以满足出资办学者的利益为目的，即使是营利性民办高校也要坚持“育人为本”。从治理结构上看，民办高校为多元权力主体，不同于公司的股东为权力机构，出资者并非最高权力主体，而是由多元主体组成的董事会担任其治理结构的核心；也不同于公立大学，民办高校的内部治理中来自政府的干预较少，更具灵活性，其发展更多地依赖于利益相关者的协同和努力。从运行机制来看，民办高校类似企业，但本质是高等学校，既是经济组

---

① 参见李钊：《民办高校办学风险防范研究》，社会科学文献出版社2009年版，第5～12页。

织，更是教育组织。民办高校的办学运作既受外部的制度性制约，尤其是政府的恰当协调，也受市场机制的影响。

第三节　民办高校内部治理的研究历史与现状

对于高校治理的研究，比较早的是美国学者大卫·莱斯利(David W. Leslie)，他在1975年发表的文章《合法性大学治理：理论与实践》(*Legitimizing University Governance*：*Theory and Practice*)中就大学治理的合法性进行了探讨。国外对于高校治理的研究主要集中在内外部治理的关系(主要是探讨政府在治理过程中的作用)、大学治理过程中的自主权问题、内部治理的结构以及多方共同治理这几个方面。国内对于高校治理的研究相对较晚，主要是从21世纪初开始，但对于民办高校的内部治理研究的较多，主要集中于内部治理结构、治理模式、治理机制等方面，并以案例的形式对我国民办高校的内部治理实践进行了探讨。总之，目前对于民办高校内部治理的研究主要集中在内部治理结构、内部治理模式以及内部治理机制等几个要素上，且总体而言偏重于理论探讨，对于如何将理论落实到民办高校内部治理的具体运行过程中的研究相对较少。

一、国内研究现状

我国关于学校治理的研究主要从2004年开始。自1999年高等教育扩招以来，到2004年，我国普通高等学校的招生增长率始终在15%以上。在高等教育规模急剧扩大的同时，由于相关配套措施没有跟上，在一定程度上导致教育质量下滑。从2004年开始，高等教育招生规模增长的速度减缓，逐步从外延式扩张转向内涵式发展，高等教育发展开始关注高校本身，高校治理逐渐成为一个重要的研究领域。

在以“高校治理”为关键词进行的核心期刊和C刊文献资料搜集时获取的数据显示，在高校治理的研究中，主要集中于高校内部治理，且对民办高校治理的研究占很大比重(见图1-1)。对高校内部治理的研究主要集中于学术权力与行政权力的平衡、内部治理结构、办学自主权、内部治理制度机制等方面(见图1-2)。在以“民办高校内部治理”为关键词进行期刊文献搜索时获取的数据显示，内部治理结构是主要的研究领域，尤其是各治理主体之间的权责关系更是研究重点。此外，治理模式、治理机制等也是重要的研究方向(见图1-3)。

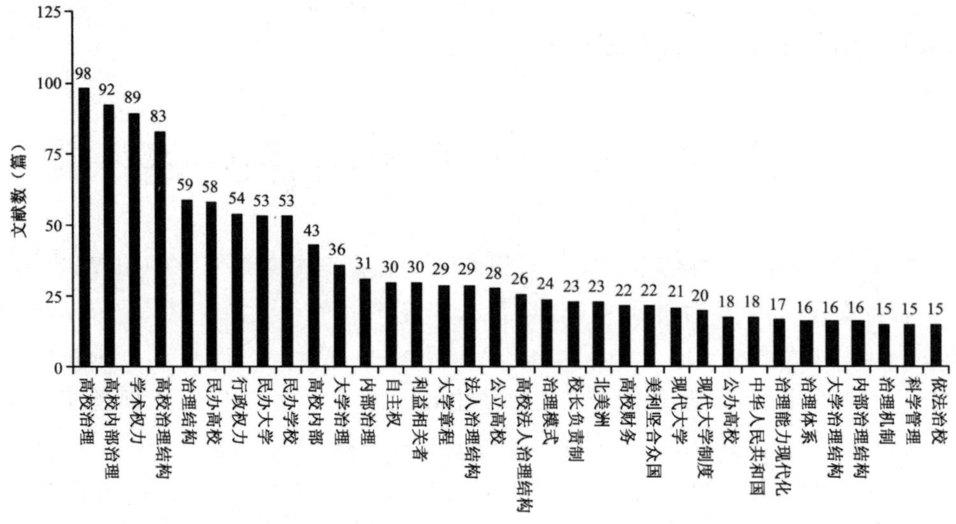

图 1-1　高校治理研究分布柱状图

数据来源：文献总数：899 篇；检索条件：（核心期刊＝Y 或者 CSSCI 期刊＝Y）并且（主题＝高校治理或者题名＝高校治理或者 v_subject＝中英文扩展（高校治理，中英文对照））（模糊匹配），专辑导航：全部；数据库：学术期刊跨库检索

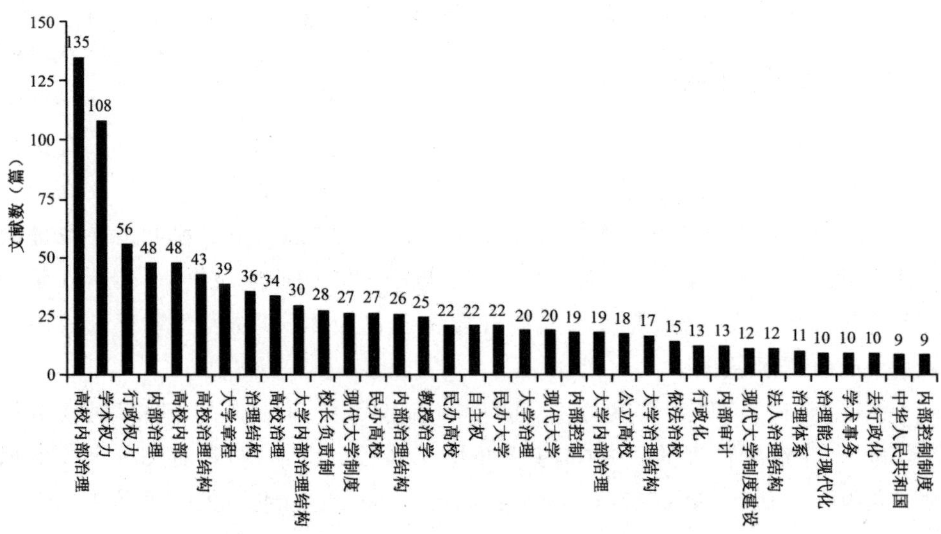

图 1-2　高校内部治理研究主题分布柱状图

数据来源：文献总数：530 篇；检索条件：（核心期刊＝Y 或者 CSSCI 期刊＝Y）并且（主题＝高校内部治理或者题名＝高校内部治理或者 v_subject＝中英文扩展（高校内部治理，中英文对照））（模糊匹配），专辑导航：全部；数据库：学术期刊跨库检索

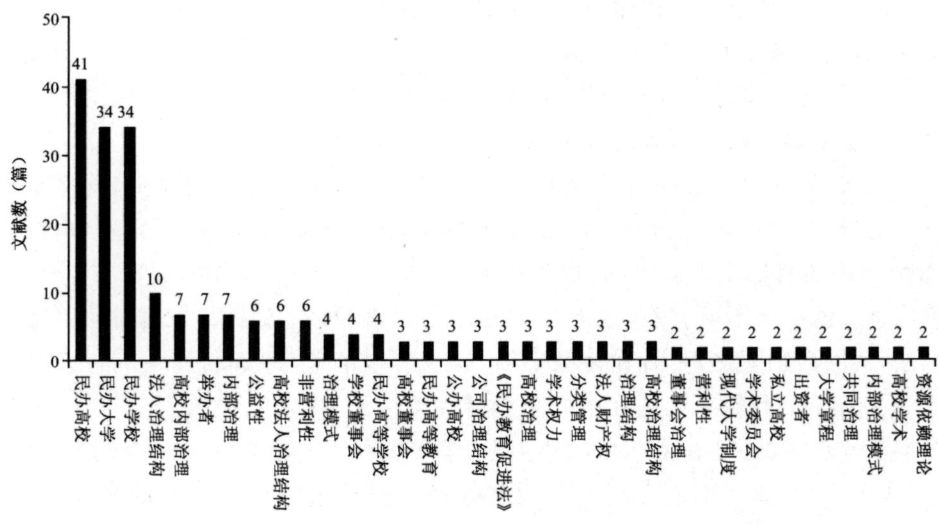

图 1-3　民办高校内部治理研究主题图

数据来源：文献总数：57 篇；检索条件：（核心期刊＝Y 或者 CSSCI 期刊＝Y）并且（主题＝民办高校内部治理或者题名＝民办高校内部治理或者 v_subject＝中英文扩展（民办高校内部治理，中英文对照））（模糊匹配），专辑导航：全部；数据库：学术期刊跨库检索

（一）关于民办高校内部治理结构的研究

国内开展了大量关于民办高校内部治理结构的相关研究。首先是关于民办高等学校内部管理结构体系的研究，民办高等学校法人治理体系结构指的是民办高等学校作为一个单独的法人个体，在涉及民办高校举办人（出资人员）、决策人、管理人员和学校教职工人员等权益有关联的人员之间搭建的关于学校运作与权力分配的一种体制或组织构架，以及利用这种组织构架所形成的责任、权力、利益的划分与制衡的关系、相应配套机制及其他的一系列相关制度安排。“董事会领导下的校长负责制”是民办高校法人治理结构最一般的表述。[①]《分类管理制度下民办高校的法人治理结构建构研究》对民办高等学校的法人治理结构的内涵进行了界定，指出：“关于民办高等学校法人治理结构，指的是作为一个独立法人个体的民办高等学校，在民办高校的举办人员（所有者）、管理人员以及在校教职工人员等有相关利益的人员之间构建的关于民办学校运作与权利分配的一种组织机制。”并更深层次地分析了营利性和非营利性民办

① 张剑波、杨炜长：《完善法人治理结构：民办高校可持续发展的重要保障》，《湘潭大学学报》（哲学社会科学版）2007 年第 1 期。

高校的法人治理结构的构建。① 王世斌认为在我国提出的高校“双一流”建设的深化期,民办高校的首要任务是完善内部治理结构。完善民办高校内部治理结构,对于其建立完备的现代化大学制度、提升民办高校的现代化治理水平甚至对推动整个高等教育体系健康平稳发展都具有极其重要的意义。②

其次,对民办高校的法人治理结构形式所存在问题进行的研究,这也是所开展的研究中最为广泛的方面。冯淑娟提出,在民办高校的内部治理结构搭建过程 中主要有四个方面问题:相关的法律法规不够完善,操作依据不够齐全;董事会相关的机构不够完整,或者活动开展不正常;校长跟董事会之间的关系不和谐,共同话题不多,矛盾和冲突不断;缺少有效的监督机制,相关利益人各行其是。③ 刘爽、赵俊芳认为在民办高校管理架构上,投资人中的大股东(一般为董事长或理事长)站在金字塔的顶尖上,学校设立的董事会通常演变成了“家事会”或者“一言堂”,不能履行甚至没有办法来履行董事会所应有的各项职权。内部监督机构(如监事会)也难以发挥其应有的作用。④

彭宇文、陈莉指出,当前的民办高校法人治理体系中存在一系列诸如政治权力处于边缘地位、资本产生的权力一家独大、行政权力基本沦为附庸、学术权力非常薄弱、民主权力严重缺失等问题。⑤ 在当前流行分类管理的背景下,开始有了针对不同类型学校的研究,有学者认为当前非营利性质的民办高校存在内部管理权力过于集中、多元化的主体参与学校治理的权力得不到有效保障、外部制衡力量不足等一系列问题较为突出。根据权力约束制衡的三种范式,为有效地制衡非营利性质的民办高等学校内部的相关治理权力,需要分立民办高校的内部权力,保障内部治理主体的权力,强化外部制衡,进而构建一个多层次、多方面、多维度的权力平衡体系。⑥ 周李华等人认为,江苏省的民办高等学校经过了将近 20 年的高速发展,得到了非常显著的进步,但是关于法人相关治理结构以及它的运行机制仍然不够完善、不够健全,在快速发展的过程中,这也相应地成为了制约民办高等学校健康快速发展的重要因素。⑦

① 参见鞠光宇:《分类管理制度下民办高校的法人治理结构建构研究》,《高教探索》2017 年第 1 期。

② 参见王世斌:《“双一流”建设背景下民办高校内部治理结构改革的困境、成因与完善路径》,《教育与职业》2018 年第 10 期。

③ 参见冯淑娟:《民办高校法人治理结构的完善》,《教育发展研究》2008 年第 15 期。

④ 参见刘爽、赵俊芳:《治理理论视域下民办高校发展的三重困境及其路径探析》,《高校教育管理》2018 年第 4 期。

⑤ 参见彭宇文、陈莉:《民办高校优化法人治理结构探究》,《学校党建与思想教育》2018 年第 18 期。

⑥ 参见史少杰、周海涛:《非营利性民办高校内部治理权力制衡分析》,《现代教育管理》2018 年第 1 期。

⑦ 参见周李华、印永龙:《浅析江苏省民办高校法人治理状况》,《知识经济》2016 年第 3 期。

最后，是关于内部治理结构构建方面的研究。冯淑娟在总结分析内部治理结构存在的问题的基础上，提出从五个方面构建良性的内部治理运行机制，包括：转变现有内部治理观念，深化利益相关者尤其是经营管理者对民办高等学校法人治理结构体系的理解；进一步完善民办高校董事会组织制度；合理配置并平衡董事会与校长的权责，完善董事会领导下的校长负责制，疏通民办高校内部各方关系；进一步完善法人治理的结构体系，推行专家治校与民主管理制度；进一步健全相关的法律、法规以及实施细则。① 有学者指出，在多元化治理主体参与的形式下，要对民办高校的内部治理结构进行改革，必须要使其脱离行政化、企业化以及规避商业化之后，力求超出人治的束缚，以科学有效的治理理念与大学精神作为导向，以合理的权力和正确的行动逻辑分配内部治理体系，努力使内部治理更加科学、法制、民主。②

综上所述，民办高校内部治理的关键在于建立内部各主体"权、责、利"协调的良性运行模式。但是在实际运行的过程中，却存在很多问题，尤其是所有权和经营权问题，也即举办者和经营者之间的权责问题等，这是妨碍民办高校内部治理的一大关键问题。现有研究对民办高校治理结构的良性运行提出了很多方案，但是更多的是从理论原则上提出的建议，具体可行的措施却不多。因此，在民办高校具体运行的过程中，如何建立良性的治理结构以及治理结构的具体运行模式，是我们需要深入研究的问题。

（二）关于民办高校内部治理模式的研究

民办高校内部治理从不同的角度出发可以划分为不同的模式。苗庆红从治理权力的主要控制权在谁手中出发，将民办高校内部治理模式分为"人力资本控制""股东控制"以及"共同治理"三种。③ 王维坤、张德祥根据出资人与教职工控制权的强弱不同，将民办高校的内部治理形式归类为"松散型治理"模式、"人力资本单边治理" 模式、"出资者单边治理" 模式、"关键利益相关者共同治理" 模式四种类型，并认为这四种类型会根据我国民办高校发展的生命周期阶段的不同而演变。根据这一理论，他们认为在 2015 年之后会进入分类规范期，

① 参见冯淑娟：《民办高校法人治理结构的完善》，《教育发展研究》2008 年第 4 期。

② 参见王世斌：《"双一流"建设背景下民办高校内部治理结构改革的困境、成因与完善路径》，《教育与职业》2018 年第 10 期。

③ 参见苗庆红：《民办高校治理结构的演变研究》，《中国高教研究》2005 年第 9 期。

之后民办高校内部治理将会走向"关键利益相关者共同治理"。[①]

根据现有的研究，我国民办高校的内部治理结构依旧处于权力向度单一的扁平化内部治理模式。刘爽、赵俊芳认为，我国民办高校当前的内部管理模式仍处于最为原始的单一的权力向度当中。[②] 也有部分学者指出，科层管理仍是民办高校内部治理体系的主要特征，且普遍存在"强行政、弱学术"的特点，这都在某种程度上进一步导致了学校治理结构体系的僵化以及学校创新能力不足等问题的产生。在当前新形势下，这种发展模式已经不能很好地适应民办高校的长期发展。[③] 黄洪兰、姬华蕾认为，我国民办高等学校在发展初期形成了资本控制为主的单边治理模式，这种单边治理模式对民办高校，尤其是非营利性民办高校向更高层次发展产生了极大的阻力。相较于资本控制的单边治理模式，利益相关者的共同治理模式是一种更加适合非营利性民办高校健康发展的，与单边治理模式相对应的全新管理模式。利益相关者共同治理模式提高了治理权力主体，尤其是决策机构人员构成的科学性，推动了重要权力主体成员结构的多元化，进而使得高校治理权力的分配更为合理，在此基础上形成有效力的权力监督制衡机制，这对于内外部权力的平衡以及教师权力的保障也是有利的。[④] 赵海峰指出，我国相当一部分民办高校兼具"公益"与"营利"的双重特性，"股份制—双法人"是一种民办高等学校法人治理的模式，这一治理模式能够较好地使民办教育的公益性同外部投资的营利目的达到很好的平衡。该模式是在浙江省实行教育股份制改革的背景下提出并发展起来的，其优势显著，具有较强的融资功能，能够使创办人做出的价值得到大家的明确认可，克服了家族式治理带来的不足。在浙江民办高等教育政策的规范指引下，能够很好地保障出资人的权益，但其在组织公益性的体现机能方面还有待进一步优化，如推动利益相关各方共同治理学校的理事会模式以及进一步完善学校内部治理权的平衡机制等。刘熙归纳总结了当前民办高校关于董事会制度的建设，他认为现行的董事会制度在一定程度上具有法人治理形式单一、董事会相关制度建设得

---

① 参见王维坤、张德祥：《我国民办高校内部治理结构类型及演变路径》，《现代教育管理》2018 年第 1 期。

② 参见刘爽、赵俊芳：《治理理论视域下民办高校发展的三重困境及其路径探析》，《高校教育管理》2018 年第 4 期。

③ 参见马燕霞、许长青：《民办高校内部治理机制优化——基于广州南洋理工职业学院的案例分析》，《高教探索》2018 年第 4 期。

④ 参见黄洪兰、姬华蕾：《共同治理：非营利性民办高校内部治理模式走向》，《现代教育科学》2013 年第 7 期。

不到重视、董事会的权责划分仍有待进一步明确。在此基础上，对董事会相关制度的完善提出了相应的建议，并指出应对董事会制度进行进一步深化的研究。还有一部分相关个案研究，如庞钊珺详细论述了陕西省民办高校主要治理模式；王晓琛以美国私立高校为例，详细论述了民办高校的董事会管理模式。此外，针对我国民办高校治理模式中存在的问题，大多数人主张进一步贯彻落实并完善董事会领导下的校长负责制，并建立由决策、咨询、执行、监督反馈等系统组成的民办高校治理模式。[①]

综上所述，虽然高校内部治理模式有很多分类，但是目前我国高校内部治理模式相对单一，大部分民办高校内部管理采用理事会、董事会领导下的校（院）长负责制，且在实际运行过程中同样存在很多不完善之处。所以，究竟哪一种治理模式更有利于我国民办高校的发展，以及这一模式在学校进行内部治理的过程中如何运行，需要我们开展进一步的研究。

（三）关于民办高校内部治理机制的研究

民办高校治理机制对民办高等学校内部治理的有效性可产生重要影响，从内部治理权力主体这一角度出发，民办高校内部治理机制可分为管理机制、决策机制、执行机制、奖励机制、监督机制等部分。

首先，从管理机制来说，蔡宝田认为目前可分为三类，即董事会或理事会领导下的校（院）长负责制、相关部门领导下的校长负责制以及独立校长负责的责任制。[②] 陈宝瑜主张，我国民办高校应该建立起规范有效的学校董事会与校长相互独立的学校管理体系。也就是说，学校要建立董事会，并切实保障董事会权力的行使，能够对事关学校发展的重大事项发挥决策作用。在建立董事会制度的同时，健全董事会领导下的校长负责制。董事会给予校长足够的权力，使其能够相对独立地全面处理学校的教育、教学以及行政等方面的事务，董事会与校长之间的职责明确并相互制衡。筹集资金与组织的管理是民办高校董事会的重要职责之一，它具有保障教育股份制能够在规范、安全、正常的轨道上平稳运行的职能，为学校的正常发展建设提供了充足的资金，使利益涉及方能够得到相应的保护，并使各方产权能够因得到正确的引导和约束而走上长远、综

---

① 参见魏文选：《试论董事会领导下的校长负责制——民办高校内部管理模式的创建》，《江汉大学学报》2005 年第 3 期。

② 参见蔡宝田：《论民办高校的内部管理》，《黄河科技大学学报》2002 年第 1 期。

合发展的道路，规避急功近利等不利倾向的出现。①

其次，从决策机制来说，贾咏梅主张健全的决策机制包括权力结构、权责利关系以及组织保证体系三个方面，并提出在决策过程中要发挥党组织的重要作用，同时要加强基层参与决策机制的建设工作，发挥民办高校的二级院（系）的主阵地作用。② 还有学者指出，伴随着我国民办高等教育事业的快速发展，民办高校的治理体系正逐步发生显著的变化，慢慢由个人治理、家族治理等传统方式转向共同治理形式。民主决策逐步取代个人意志而成为民办高校治理方式的核心价值是形式的必然选择。利益相关者共同治理也是民办高校内部治理的必然选择，在这一治理模式下，纵向的民主决策体系、横向的决策权力体系以及社会层面的决策咨询机制的构建，能够促进民办高校决策制定的民主性与科学性，保障民办高校的可持续发展。③

最后，对监督约束机制的研究。健全的约束机制能够很好地规范各方行为，是治理现代社会组织的重要一环，也是保障民办高校公益办学、平稳发展的重要保障。就我国民办高校现有的办学运作机制来看，学校内外监督制约机制的普遍缺失是制约其长远发展的一大瓶颈。民办高校应该以完善董事会制度和监事会制度为出发点，在此基础上，健全民办高校内部治理体系，尤其是对内部治理结构的建构；政府应加强监督管理力量，明晰监督管理方向，健全监督管理方式，提升政府监督管理的有效性；大力培育和快速完善民办教育的相关中介机构，完善信息公示制度，增强民办高校的社会监督力度。④ 魏文选主张，民办高校要实行民主管理以及接受民主监督，应该完善相关民主制度，在高校中建立监督及反馈系统，该系统应包含自律与他律两个最基础的约束机制。⑤ 韩艳认为，为了避免信息不对称以及“校长机会主义”等问题，同时监督民办高校董事会的办学行为及经营行为，有必要成立“监事会”。监事会作为民办高校法人的监督机关，有对民办学校的财产运作情况和董事会及校长的职责执行情况的监督权与稽查权，并有权力代表学校法人对违反学校制定的相关章程的董事或校长等相关人员提起诉讼，追究他们的法律责任。同时，政府相关部门也应

---

① 参见陈宝瑜：《我国民办高校办学模式的创新问题》，《浙江树人大学学报》2004 年第 1 期。

② 参见贾咏梅：《民办高校党组织参与重大决策机制的调查分析》，《学校党建与思想教育》2016 年第 18 期。

③ 参见宋斌：《民主决策：民办高校共同治理结构下的核心价值》，《黑龙江高教研究》2011 年第 4 期。

④ 参见潘留仙、陈文联：《论非营利性民办高校约束机制的构建》，《中国高教研究》2015 年第 2 期。

⑤ 参见魏文选：《试论董事会领导下的校长负责制——民办高校内部管理模式的创建》，《江汉大学学报》2005 年第 3 期。

加强对民办高校董事会的监督管理，通过制定相关法律法规规范民办高校董事会的行为，鼓励和引导教育中介以企业的方式为民办教育机构提供配套服务、专业指导和规范管理。[①] 董圣足根据我国民办高校当前的实情，提出了监事会比较合理的人员构成，其人员应包括学校出资方代表、学校党建或纪检相关负责人、工会或教职工代表以及学生代表，结合实际情况，还可以接收教育主管部门以及学生家长代表。从职能履行的角度考虑，监事会应该设立负责处理日常工作的部门。监事会必须独立行使其相应的职责，对董事会和校长的职责进行有效监督，同时有权监察学校法人的财产运作状况，以监督和保证学校能够安全运作以及健康发展。[②]

目前，我国民办高校内部运行机制还存在明显不足，决策、执行、监督等方面的机制依旧存在很多问题。要进一步完善民办高校的内部运行机制，就应该健全董（理）事会制度，切实保证校长负责制，建立有效的内外监督管理机制，完善和发展新的内部激励机制。[③] 要进一步使决策机制、执行机制、监督机制更好地统筹与协调发展。[④] 民办高等教育经历了从“补充型教育”向“选择型教育”的转型，在此期间遭受了史无前例的“倒春寒”，出现这种情况固然与一些外部因素存在某种关联，但从本质上分析，仍旧是民办高校在超常规的发展中忽略了内部治理机制建设所产生的必然结局。基于这种原因，笔者认为应该从以下几点着手：一是进一步完善民办高校的治理章程，切实保证其与相关法律相一致；二是逐步充实学校董事会成员的人员结构，完善学校董事会的议事规程和决策程序；三是拓宽办学经费的筹集渠道，加强学校财务的审计核算以及做好财务风险的预警工作。[⑤] 民办高校要努力构建以委托—代理为核心的内部治理机制，浣坚认为应该从以下五点出发：一是建立健全董（理）事会领导下的校长负责制，二是建立决策、执行、监督三位一体的内部治理机制，三是不断完善和创新内部激励机制，四是充分发挥党建纪检负责人的督导专员作用，五是构建学校的民主决策机制。[⑥]

---

① 参见韩艳：《民办高校董事会制度的运行与制衡机制构建》，《浙江树人大学学报》2006 年第 2 期。

② 参见董圣足：《民办高校法人治理结构构建与思考——基于上海建桥学院的个案分析》，《教育发展研究》2006 年第 22 期。

③ 参见陈岳堂：《民办高校内部运行机制构建研究》，《湖南科技大学学报》（社会科学版）2017 年第 2 期。

④ 参见郭孔生、许长青：《以供给侧改革深入推进民办高职院校内部治理》，《教育与职业》2018 年第 15 期。

⑤ 参见韩玉亭：《民办高校内部治理机制的困境及出路》，《高教发展与评估》2017 年第 1 期。

⑥ 参见浣坚：《民办高校治理结构研究》，湖南农业大学 2010 年硕士学位论文。

综上所述，健全民办高校内部治理机制，尤其是监督机制，有利于提高其内部治理效率，促进民办高校的可持续发展。然而，如何促进民办高校内部治理机制的完善是亟待进一步研究的问题。

（四）关于民办高校内部治理实践的研究

对民办高校内部治理实践的研究大多是对相关理论的论证支撑，也有部分是基于对某一地区或某一民办高校进行的个案研究。

首先来看基于某一地区的民办高等院校的发展现状进行的研究。王慧结合辽宁省民办高校的发展状况，对民办高校在具体落实过程中的发展方式、治理方式以及当下存在的问题开展了深入研究，重点分析了董事会制度在民办高校中的重要作用，认为要完善法人治理制度，建立健全以学校董事会为中心的决策制度。[①] 庞钊珺的博士论文以陕西省民办高等院校为研究对象，总结了陕西省民办高校的发展现状，并对其特性进行了分析，进而对非营利民办高校法人与营利民办高校法人治理的差异进行了阐释，同时对陕西民办高等院校的发展历程进行了归纳，并就不同阶段的治理结构特征和存在的问题进行了阐述，最后从建立激励性财产权制度、完善董事会制度，推行职业校（院）长制度和树立利益相关者共同治理理念三个主要方面对完善陕西民办高等院校的治理结构提出了措施和对策建议。[②] 任奉龙等针对台湾私立大学民办高校的内部管理展开了研究。他们认为，私立大学在台湾高等教育事业中占有较大比重，经历60多年的不断实践积累与探索发展，董事会、校长、监察人、校务会议等学校内部治理机制运作平稳有序，极大地推动了台湾私立高校的高质量发展。健全的法律法规及政策，明确的内部治理权力制衡机制以及和谐的民主协商治理环境已成为台湾私立大学快速发展的保障。台湾私立大学完善的制度对推动我国其他地区民办高校的健康平稳发展具有较强的启示意义。[③]

再来看以某一民办高等院校为研究对象开展的个案研究。李斌以西安欧亚学院为研究对象，通过对欧亚学院内部治理的研究，分析其内部治理过程中存在的问题，尤其是其治理模式中存在的一系列问题，指出学校与下属二级学院之间的权力分配是制约民办高校治理效率的主要因素，并提出了一套新的高

---

① 参见王慧：《辽宁省民办高等教育治理结构研究》，东北财经大学2012年硕士学位论文。

② 参见庞钊珺：《民办高等院校治理结构研究》，陕西师范大学2014年硕士学位论文。

③ 参见任奉龙、钟宜兴：《台湾地区私立大学内部治理模式的特色及启示》，《现代教育管理》2015年第11期。

校管控模式方案，包含搭建扁平化的校院二级事业部制组织结构、基于分权制衡的法人治理结构、基于授权的校院二级人力资源管理模式和财务管理模式，以及职能部门的大部制设计。最后，就如何实施新型管控模式提出了5条对策：一是使学校战略更加细化，制定各个院系的发展战略，并要保证院系的发展战略与学校的发展战略相一致；二是以战略管控模式为基础，搭建相应的组织绩效评价体系，对下属二级学院定期进行必要的绩效考核，借此提升下属二级学院发展的积极性及主动性；三是在战略管控模式下制定相应的人事及财务方面的管理制度，并提升二级学院相应的领导力；四是对二级学院创收及分配制度进行改革，积极鼓励下属二级学院开展自主创收活动；五是提高二级学院的文化建设水平。[①] 黄洪兰、柳海民以吉林华桥外国语学院（2018年更名为“吉林外国语大学”）为研究对象，对营利性与非营利性民办高校的内部治理进行了研究，提出在《国务院关于鼓励社会力量兴办教育促进民办教育健康发展的若干意见》的背景之下，吉林外国语大学于2010年承担了民办学校分类管理的国家教育体制改革试点项目，他们认为吉林外国语大学在非营利性民办高校管理方面较早地探索性地践行了分类管理的相关制度设计，办学成效显著，能够为其他高校提供方案借鉴。同时也指出，由于政策法规为地方政府制度设计留下了较大预留空间，对民办高校制度建设所提出的规定既具体又宽泛，因此地方政府在民办高校发展中发挥何种作用仍然有较多可深入发掘与探索的层面，比如相关法律法规的建设、学校规章制度的建设、学校党组织的建设、校外组织的建设以及学校信息公开制度的建设。[②] 马燕霞、许长青以广州南洋理工职业学院为例，就如何优化民办高校内部治理机制进行了研究。他们指出，科级管理以及“重行政、弱学术”的组织治理模式在民办高校中普遍存在，这也导致了学校治理结构僵化及创新能力不足等一系列问题。这种治理方式已不能适应民办高校在当前形势下的长期发展，改革迫在眉睫，内部治理方式有待深层次优化。扁平化的内部治理形式不仅在理念上，而且在实践上都具有明显的优越性，使得其在民办高校治理方面能够有很好的应用。广州南洋理工职业学院在实施扁平化管理与民办高校内部治理机制优化方面取得了良好的阶段性成果。如果需要大幅度提升改革产生的成效，需要进一步完善学校董事会的治理方式，建立相应的专业化管理委员会，实行合理的目标绩效考核，以期提高学校的扁

---

① 参见李斌：《西安欧亚学院内部管理控制模式研究》，西北大学2013年硕士学位论文。

② 参见黄洪兰、柳海民：《探索营利性与非营利性民办高校分类管理——以吉林华桥外国语学院为例》，《高校教育管理》2018年第4期。

平化管理水平。①

通过对民办高校内部治理实践的研究,可总结出一些成功的经验,然而更应聚焦于关键问题,深入分析民办高校内部治理中存在的问题以及面临的巨大挑战,并结合现实情况,有针对性地提出操作性强的对策,这也是下一步研究的重点。

二、国外研究现状

国外对于大学治理的研究较早,始于20世纪70年代,到90年代末,关于治理的研究逐渐增多,并涉及治理的多个方面。以"university governance"为关键词进行知网期刊搜索,并进一步筛选,最终筛选出了40篇文献,主要集中在高等教育、相关利益者、共同治理、风险管理、内部控制等方面。在搜集的期刊文献中,最早的研究是1975年大卫·莱斯利就大学治理合法化的理论与实践进行的探讨。该研究从理论上对合法性进行了阐述,并将合法性的概念应用于大学治理的具体问题,指出合法性是通过对治理的几个要素的评估来衡量的,进而明确了合法性的组成部分以及具体的应用实例,在合法性的框架下提出了更现实可行的治理策略。②

(一)关于外部治理与内部治理的关系的研究

外部治理主要是指政府对高校的干预。国外对于政府的干预有两种不同的看法,一种是主张政府作用的有效发挥有利于高校的发展。萨维斯(Savis)和泰耶(Terje)以挪威生命科学大学和挪威科技大学为例,研究了挪威大学在其发展过程中的治理体系,认为挪威地方政府在历史上发挥了重要的作用,而且十分重视国家与城市之间以及公私双方之间的合作与对话,因此可以为其他国家提供适当的经验。他们还认为,在大学发展的不同阶段会有不同的理念上的侧重点,这会涉及许多内部与外部的相关利益者,并进一步构成不同的利益和权力关系。研究的最终结论是,发展较为成功的大学在很大程度上取决于国家政府(主要是教育部)和挪威大学之间的交流和共同治理的过程,而发展缓慢的大

① 参见马燕霞、许长青:《民办高校内部治理机制优化——基于广州南洋理工职业学院的案例分析》,《高教探索》2018年第4期。

② David W. Leslie, "Legitimizing University Governance: Theory and Practice", *Higher Education*, 1975, Vol.4, No.2.

学很可能是大学忽视了国家政府的作用和权力。① 另一种观点则认为,政府的干预削弱了大学的自主权,为大学治理带来了极大的挑战。亚拉腊(Ararat)以乌克兰大学的自治为例,探讨了大学自治与国家的关系,认为大学自治、集权和分权的问题仍然是乌克兰高等教育的前沿问题。该研究指出,国家是大学自治的主要敌人。高校集中治理体系在内容、功能、机制、方式等方面都发生了变化,但同时又保持了其统一性和高度集中的结构。因此,很难适应和应对自由市场的推动以及欧洲政治动荡和随后的战争带来的挑战。教育腐败合并内部压力、教育服务市场化和金融诚信、大学组织和管理结构的变化等给大学治理带来了挑战,但同时也是机遇。他主张,只要高等教育的腐败继续存在,所有高等教育改革的尝试就都不可能成功,因此大学治理改革首先要解决腐败问题。② 马雷克(Marek)收集了针对学术专业的两个国际研究项目——改变学术专业(CAP)的3700份调查和欧洲学术专业(EUROAC)的17000多份调查,对国际研究文献中大学治理理论模型在波兰体系中的适用性进行了定量分析。结果显示,波兰的大学机构对学术决策的影响是欧洲最高的,政府和相关利益者在其中发挥的权力最低。然而,主张"学者共治"的学者以及在大学决策中发挥重要用的学者面临着基于大学工具愿景的高等教育改革(大学是国家政治议程的工具)问题,因此学术界与政策制定者和改革者之间由价值驱动的冲突将进一步加剧。③

(二)关于高校治理自主权的研究

大部分学者呼吁政府放权,给予大学更多的自主权,并对高校内部治理中关于自主权的问题进行研究分析。威斯纳(Vesna)、贾斯闵卡(Jasminka)和布兰科(Branko)研究了对克罗地亚大学治理概念的调查结果,指出欧洲的大学正在从严格的国家监管下运作转向市场的自我监管和协调。克罗地亚高等教育除了不断变化的协调机制以外,也不断对现有的管理结构进行适当的修改,以

① Gohari Savis, Holsen Terje, "Understanding the Governance System in the Campus Development: The Cases of Norwegian University of Life Sciences and Norwegian University of Science and Technology", *Procedia Engineering*, 2016, Vol. 8, p. 161.

② Ararat L. Osipian, "University Autonomy in Ukraine: Higher Education Corruption and the State", *Communist and Post-Communist Studies*, 2017, Vol. 50, No. 3, pp. 233-243.

③ Marek Kwiek, "The Unfading Power of Collegiality? University Governance in Poland in a European Comparative and Quantitative Perspective", *International Journal of Educational Development*, 2015, Vol. 5, No. 43, p. 2.

便成功地适应内部和外部的质量要求。研究指出，克罗地亚的学术权威是由国家官僚和学术寡头组成的，几乎学校的每一项决定都是由负责部门或者教职人员做出的，大学行政管理的作用相对薄弱。克罗地亚各大学分散成强大并独立的学院，无法轻易地执行大学自治原则。2000 年，克罗地亚科技部提交了《高等教育机构法案》(*Bill of Higher Education*)的初稿，社会各界为制定新立法进行辩论，但更主要的目的是促进学术治理权力的下放。① 汤姆·克里斯滕森(Tom Christensen)就大学治理中大学自主权的问题进行了讨论，认为大学治理改革的重点在很大程度上在于提高效率。他论述了大学改革的一般性理念，强调大学应该像其他公共组织一样被对待和改革，并反映在具体的改革中。他还认为大学内部治理改革应朝着更加自主的方向发展，将其正式隶属于上级部委，这意味着大学在财务、管理和决策方面将拥有更多的自主权。另一方面，通过改革，大学将面对包括审查系统、财务系统等更多的管理压力，所以事实上大学的自主权反而越来越少。② 莫家豪(Ka Ho Mok)以新加坡和马来西亚的大学为例，在 2007 年至 2009 年间对新加坡和马来西亚进行了校园访问和实地访问，进而分析了“国家中心主义”和“新自由主义”两种治理理念的“冲突”。他通过研究指出，为增强自身的全球竞争力，新加坡和马来西亚政府在改革中嵌入了新自由主义思想和实践，采用公司化和(或)合并战略来改造国立/公立大学，公司化改革的大学的高级管理人员被赋予了更多的自主权来决定如何运营他们的大学，不过他在研究中访谈的大多数一线学者在改革后的大学治理方面并没有经历重大差异，很多学者并没有感到“被解放了”和“被赋予了权力”，反而感到来自大学行政部门和政府部门的压力和控制更多了。尽管新加坡和马来西亚政府都试图接受“新自由主义”的理念和实践，以改变大学治理，但学术界认为，新加坡政府不愿意放弃指导和控制高等教育的发展。③

(三)内部治理结构问题的研究

1975 年，杰罗姆(Jerome)和沃伦(Warren)就哥伦比亚大学管理项目进行

---

① Vesna Kovač, Jasminka Ledić, Branko Rafajac, “Academic Staff Participation in University Governance: Internal Responses to External Quality Demands”, *Tertiary Education and Management*, 2003, Vol. 9, No. 3, pp. 215-232.

② Tom Christensen, “University Governance Reforms: Potential Problems of More Autonomy”, *Higher Education*, 2011, Vol. 62, No. 4, pp. 503-517.

③ Ka Ho Mok, “When State Centralism Meets Neo-liberalism: Managing University Governance Change in Singapore and Malaysia”, *Higher Education*, 2010, Vol. 60, No. 4, pp. 419-440.

了研究，该研究在哥伦比亚大学图书馆进行，通过审查组织和重铸人员组成及部署模式的方式，来加强和提升图书馆工作绩效。这项研究提出的建议是提高运行效率以及提高个别员工的工作表现和工作满意度，并进一步提出为构建一个高效的组织结构，要求组织内部各部分充分利用自身的专业知识和业务优势，各部门之间协调合作。研究针对图书馆工作效率的提升提出了三个子结构：一个是资源小组，负责收集开发书目；另一个是服务小组，专门提供图书馆服务并负责日常的公共联系、用户协助等工作；还有一个是支持小组，负责支持图书馆运作的所有方面。① 彼得(Peter)、扎克(Žarko)和芭芭拉(Barbara)就大学治理转型阶段大学董事会成员的角色与职责进行了探讨，分析了影响大学董事会成员不同角色扮演的因素，认为欧洲高等教育机构的董事会是大学治理转型的基石，在实际治理实践中，董事会所扮演的角色不仅受到正式机构的塑造和约束(如组织背景和监管机构所赋予的)，而且受到其本身应当遵循的、适当的和合法的角色期望的约束。②卢米尼察(Luminita)通过收集数据，探讨了罗马尼亚现代大学在新的经济背景下发展教育所需要的新的治理模式，包括内部治理的层次结构、外部决策者以及内部管理等。③ 安德里亚(Andrea)的研究通过提供1862年《莫里尔法案》(Morrill Act)设立的50所美国授予土地的大学的635名委托人的相关信息，调查了管理授予土地的大学的权力结构。根据这些数据，《财富》1000强企业通过董事会成员连锁机制与赠地大学建立了联系。研究发现，土地授予委员会在一定程度上具有人口同质性，但与私立大学的董事会相比，它们之间的企业联系较少。④安娜(Anna)等人就英国和希腊的经验对大学治理进行了探讨，通过文献分析和管理评价方法(O和M技术)研究和评估了大学治理中所扮演的角色的有效性和效率，倡导一种更为激进的变革，从而提高大学运营的效率和有效性。他们认为，没有理想的大学模式，通过对英国和希腊的不同取向的高等教育体系的治理实例的分析，启发决策者制定更有

---

① Jerome Yavarkovsky, Warren L. Hass, "The Columbia University Management Program", *Libri*, 1975, Vol. 25, No. 3, p. 230.

② Peter M. Kretek, Žarko Dragšić, Barbara M. Kehm, "Transformation of University Governance: On the Role of University Boardmembers", *Higher Education*, 2013, Vol. 65, No. 1, pp. 39-58.

③ Luminita Moraru, "The Romanian Modern University in the Frame of the Academic Profession and Governance", *Procedia-Social and Behavioral Sciences*, 2012, Vol. 69, pp. 79-88.

④ Andrea R. Woodward, "Land-grant University Governance: An Analysis of Board Composition and Corporate Interlocks", *Agriculture and Human Values*, 2009, Vol. 26, Issue. 12, pp. 121-131.

效的和建设性的大学治理模式，更有效地为社会服务。[①] 基思（Keith）和大卫（David）根据1993年和2001年通过问卷调查从新西兰8所大学的理事会收集的数据，讨论了大学治理的趋势。他们研究探讨的问题包括用于管理的信息，以及理事会成员在大学参与者和相关利益者之间所扮演的模棱两可的角色。他们被塑造成战略决策者、大学高级管理人员和其他需要承担责任的参与者、年度报告者以及因此而公开负责的人。调查结果包括年度报告为大学理事会成员提供有价值的信息，帮助他们进行决策，进而对所在的大学负责。[②]

（四）关于共同治理的研究

高校治理过程中的多方参与、共同治理一直是很多国家所提倡的。共同治理的参与者包括企业、学生、教师等多种群体。伊莎贝尔·玛丽亚（Isabel Maria）、阿尔多（Aldo）和费德里卡（Federica）等人以意大利皮埃蒙特地区的典型企业为样本，研究了不同治理模式下与大学互动的企业的特点与策略，提出校企共同治理主要通过两种方式进行：一是个人契约互动，即双方的带头人发起的非正式的合同协议；二是机构互动，是指双方的互动通过管理结构（如某一部门或专门的单位）进行。研究发现，选择那种方式取决于企业的不同决策过程，涉及技术和开发创新战略的小公司更多地使用个人契约互动，而机构互动则主要用于垂直整合研发活动的大公司。[③] 玛利亚（Maria）主张学生应参与到大学管理中，她在2003年的研究探讨了学生参与管理对大学管理及未来发展的重要性，提出大学治理要引入更透明的机制，让学生更多地参与决策，如20世纪70年代中期，加拿大的学生参与了78%的加拿大大学董事会，到1995年加拿大大学的学生占董事会成员的92%。她还主张要增加学生对大学管理的参与程度，特别是在有关高等院校目标和使命的高层决策方面，并就学生应该在多大程度上参与学校管理以及如何增加学生对目标制定过程的参与提出了几点建议。[④] 2005年，玛利亚基于2002年收集的塞浦路斯大学135名学生的相关数据，对学

---

① Anna Saiti, Ian Abbott, David Middlewood, "University Governance: Insights From England and Greece", *International Journal of Educational Management*, 2018, Vol. 32, Issue. 3, pp. 448-462.

② Keith Dixon, David Coy, "University Governance: Governing Bodies as Providers and Users of Annual Reports", *Higher Education*, 2007, Vol. 54, No. 2, pp. 267-291.

③ Isabel Maria, Bodas Freitas, Aldo Geuna, Federica Rossi, "Finding the Right Partners: Institutional and Personal Modes of Governance of University - Industry Interactions", *Research Policy*, 2013, Vol. 42, Issue. 1, pp. 50-62.

④ Maria Eliophotou Menon, "Student Involmement in University Governance: A Need for Negotiated Educational Aims?", *Tertiary Education and Management*, 2003, Vol. 9, No. 3, pp. 233-246.

生参与管理的程度以及他们对参与的满意程度进行了研究。结果显示，受访者认为他们的参与程度非常有限，这种有限的参与导致学生产生了挫折感和不满情绪。她还进一步探讨了学生参与管理对当代大学分布式领导实践的影响，强调需要抛弃过时的领导模式。最终提出了在分布式领导模式的框架下要加大学生参与学校管理的力度。[①]

此外，还有其他关于高校治理的研究。秋吉(Akiyoshi)和由纪子(Yukiko)就日本顶尖大学面临的挑战和政府通过国际化政策转变大学治理方式进行了探讨，指出国际化意味着大学治理的转型。他们将日本顶尖大学的国家化挑战作为大学治理的转型过程进行观察，首先讨论了日本高等教育作为亚洲早期领先者的历史背景以及发展动态和全球发展趋势，然后从治理改革的角度考察了一系列政府资助的研究和国际化项目。世界一流大学的建设在很大程度上意味着全球背景下大学治理的全面转型。[②] 杜玉娟(Đỗ Thị Ngọc Quyên)采用三轮德尔菲法对高校治理指标及其权重体系进行了探讨，以管理与导向、参与、问责、自主性、透明度 5 个维度为单位，提出了 91 项指标，并对其重要性进行了评价，最终制定了大学治理指标及其权重体系。[③]

---

① Maria E. Menon, "Students' Views Regarding their Participation in University Governance: Implications for Distributed Leadership in Higher Education", *Tertiary Education and Management*, 2005, Vol. 11, No. 2, pp. 167-182.

② Yonezawa Akiyoshi, Shimmi Yukiko, "*Transformation of University Governance Through Internationalization: Challenges for Top Universities and Government Policies in Japan Higher Education*", Springer, 2016, pp. 173-186.

③ Đỗ Thị Ngọc Quyên. "Developing University Governance Indicators and their Weighting System Using a Modified Delphi Method", *Procedia-Social and Behavioral Sciences*, 2014, Vol. 141, pp. 828-833.

第二章

民办高校内部治理的若干理论问题

第一节　研究理论基础

当前，对于民办高校内部治理，并没有独立的理论研究体系。治理及治理结构的相关研究最早始于公司领域，其理论基础也源于公司治理理论和企业管理理论。治理有三个理论原则或者说假设为依据：一是治理出现危机，而且这一危机具有可管理性；二是这一危机反映着国家干预的失灵；三是治理形式具有趋同性，在很多方面具有共通处。① 随着《民促法》(2017)的颁布，非营利与营利分类管理的法律依据得以确立，从法律层面破解了法人属性、产权归属、扶持政策等困扰民办教育发展的瓶颈问题。民办高校既可以是非营利性组织，也可以是营利性组织。民办高校内部治理环境兼具企业与非营利组织的双重特征，所以，尽管目前尚没有针对民办高校内部治理的系统理论研究体系，但我们仍可以从公司治理以及公办大学治理中寻求共通之处。基于此，本书总结出了四个最具代表意义和研究价值的治理理论，即"法人治理理论""产权理论""利益相关者理论"以及"委托—代理理论"，将从公司治理、非营利组织治理与高校治理的多重视角，分别对这四个理论加以概括性介绍。

---

① 参见[瑞士]弗朗索瓦-格扎维尔·梅理安、肖孝毛：《治理问题与现代福利国家》，《国际社会科学杂志》(中文版)1999 年第 1 期。

一、法人治理理论

(一)法人治理的内涵

法人是具有民事权利能力和民事行为能力,依法独立享有民事权利和承担民事义务的组织。2017年3月颁布的《中华人民共和国民法总则》(中华人民共和国主席令第六十六号,自2017年10月1日起施行)将法人分为营利法人、非营利法人以及特别法人。营利法人是指包括有限责任公司、股份有限公司和其他企业法人等,以取得利润并分配给股东等出资人为目的成立的法人;非营利法人是指为公益目的或者其他非营利目而成立,不向出资人、设立人或者会员分配所取得利润的法人,包括事业单位、社会团体、基金会、社会服务机构等;特别法人是指机关法人、农村集体经济组织法人、城镇农村的合作经济组织法人、基层群众性自治组织法人。

"法人治理"的概念源于经济学领域的"corporate governance"一词,也叫"公司治理"。对法人治理的研究最初针对于对公司、企业等营利性法人,最早源于现代公司中所有权与经营权的分离。可以说,"两权分离理论"是法人治理理论的基础。公司或企业最初是由单个投资者投资建立的,但随着企业规模的扩大,单个投资者无法承担急剧增长的生产所需的投资规模,这使得多个投资者共同拥有企业成为了可能。然而,企业所有者人数的增加加剧了其直接管理公司的难度。在此前提下,选择一个更专业的、善于经营的人或团体代表所有者经营管理公司就成了公司进一步发展的必要战略措施。于是,便有了关于企业所有权和经营权的理论研究。

"法人治理"这一概念的应用较为广泛,但其概念界定却相对含糊。最早提出与公司治理类似概念的是威廉姆森(Williamson),当时他提出的是"治理结构"(government structure)的概念。[①] 世界银行的研究报告中,把公司治理的概念界定为一整套包括合同、权利与市场等在内的工具和机制,公司或企业的股东能够通过这一套工具和机制影响管理者,进而实现自身权益最大化。[②] 布莱尔(Blair)对公司治理进行了广义与狭义两个层面的概念界定,并在很大程度上将法人治理等同于法人治理结构,提出狭义的公司治理主要是指公司股东及

① 参见赵旭明:《民办高校治理研究》,中共中央党校2006年博士学位论文。

② 参见[美]斯道延·坦尼夫、张春霖、[美]路·白瑞福特:《中国的公司治理与企业改革》,张军扩等译,中国财经出版社2002年版,第5页。

董事会的功能、结构、权责等方面的一系列制度安排。相较于狭义的概念，广义的公司治理的范畴更广，是指有关企业或公司控制权以及剩余索取权分配的一整套法律、文化和制度性安排，它们决定着公司的理念与目标，并能够确定哪一权力主体通过何种方式在何种状态下掌握着公司的控制权，还最终决定风险与收益在企业成员间的分配等。① 我国学者费方域则认为，公司治理既是一种合同，也是一套制度安排，其在确定公司利益相关者之间的关系框架的同时，规定公司的目标及发展方向，决定公司的决策、利益分配等规则，这一合同或制度安排代表并服务于股东，其主要内容是设计控制“内部人控制”的机制。② 郑志刚对已有的公司治理文献进行了归纳总结后指出，对公司治理内涵的认识至少有两种不同的见解：一种强调市场与激励机制在公司治理中的作用；另一种则更为关注公司控制权的安排，主张公司治理就是以剩余控制权和剩余索取权分配为内容的产权安排本身。基于此，公司治理可以分为以产权安排为主要内容的治理结构(产权安排)与治理机制的设计与实施(各种公司治理机制的设计与实施)两个层次，前者是后者的基础与前提，后者是前者得以实现的保障。以产权安排为主要内容的治理结构在为企业确立正式权威的同时，也为整个公司的治理确立了主体。通常意义上，企业的正式权威是股东代表大会，作为企业的最高权力机构，股东大会有权对事关企业生存发展的重大问题作出最终裁决。③

对于法人治理的主要问题的认识也有不同观点，法马(Fama)、詹森(Jensen)、伯利(Berle)、米恩斯(Means)、詹森(Jesen)和麦克林(Meckling)认为所有权与经营权分离情况下所产生的“代理问题”以及如何解决所有者和经营者之间的关系是法人治理的核心研究内容。④科克伦(Cochran)和沃提克(Wartick)从利益相关者理论出发，认为法人治理要解决的是股东、董事会、高级管理人员以及公司的其他利益相关者在相互作用的过程中所产生的问题，其中，当公司决策的应然获益者与实然获益者存在冲突时，所产生的公司治理问题是最为核心的问题。⑤

总之，法人治理或公司治理是法人通过自组织(self-organizing)网络进行的对法人的管理，主要包括法人内部各权力主体的权责关系，以及为实现更高目

① 参见张维迎：《产权、激励与公司治理》，经济科学出版社 2005 年版，第 1 页。

② 参见费方域：《什么是公司治理》，《上海经济研究》1997 年第 3 期。

③ 参见郑志刚：《对公司治理内涵的重新认识》，《金融研究》2010 年第 8 期。

④ E. Fame, M. Jensen, “Separation of Ownership and Control”, Journal of Law and Economics, 1993, Vol. 26, pp. 301-325.

⑤ 参见[美]亨利・汉斯曼：《企业所有权论》，卢晓光译，中国政法大学出版社 2001 年版，第 27～36 页。

标而确立的各制度机制及合约安排，用以协调法人内外部各相关利益者的相互关系，在监督约束各权力主体的同时，激励它们更好地发挥应有的作用，进而实现组织价值或利益的最大化。

在对法人治理进行概念界定时，在很多情境下会与法人治理结构的概念相混淆，然而法人治理结构并不等同于法人治理。结构有“构成”或“构造”的意思，包括三层含义，即系统内部的各组成要素，各要素之间的比例关系以及相互联系方式与作用形式，诸要素发展变化的条件和规律。[①] 奥立弗·威廉姆森(Oliver Williamson)于1975年提出了“治理结构”(governance structure)这一概念，当时“治理结构”主要用于经济领域。法人治理结构(corporate governance structure)在不同的学科领域有不同的解释。在经济学领域，法人治理结构是指公司法人作为独立法人结构，其自身所具有的以实现组织运转的一整套组织管理体系；在法学领域，法人治理结构是一种包括法律、文化和制度性安排的整合体，决定公司的经营范围、控制权主体以及控制权行使方式，同时规定风险与收益的分配；相较于经济学与法学领域的法人治理，管理学领域的法人治理更加强调为实现法人目标而制定并实施的一整套管理方案和机制。[②] 我国学者吴敬琏将公司治理结构定义为“由企业所有者、董事会和高级执行人员(即高级经理)之间构成的一种组织结构，以及在运行过程中三者之间的权责制衡机制”[③]。本研究从广义与狭义两个层面界定了治理结构：狭义的治理结构主要是指股东会或股东代表大会、董事会和经理层组成的一种组织结构，及其相互之间的关系；广义上还包括与其他相关利益者之间的关系。本书采用狭义的概念，主张治理结构是法人治理的组织架构以及各权力主体之间的权责关系。总之，法人治理结构是为解决法人内部各治理权力主体之间的代理问题或完善治理主体之间的契约关系而形成的一种组织架构，表现为具体的组织结构形式。相较于法人治理，法人治理结构的概念相对封闭，法人治理结构是法人治理的核心部分，建构完善的法人治理结构是实现高效法人治理的基本前提与根本保障。[④]

---

① 参见潘懋元、王伟廉主编：《高等教育学》，福建教育出版社2013年版，第56页。

② 参见李维安等：《现代公司治理研究——资本结构、公司治理和国有企业股份制改造》，中国人民大学出版社2002年版，第21页。

③ 吴敬琏：《现代公司与企业改革》，天津人民出版社2005年版，第94～120页。

④ 参见杨琼：《学校法人治理问题研究》，华东师范大学2007年博士学位论文。

(二)民办高校法人治理

改革开放以来,受我国经济、政治体制的影响,以及高等教育自身发展的需要,教育体制也逐渐开展了相应的调整变革。1986 年颁布的《民法通则》将法人分为企业法人和非企业法人,其中非企业法人包括机关、事业单位以及社会团体法人。但受我国经济、政治体制改革尚未成熟的限制,高等学校在当时并未成为独立法人。1992 年颁布的《关于国家教委直属高等学校内部管理体制改革的若干意见》提出"国家教委直属高校是由国家教委直接管理的教育实体,具有法人地位",随后 1993 年《中国教育改革和发展纲要》正式提出"高等学校要真正成为面向社会自主办学的法人实体",在国家政策立法层面为高校法人地位的确定奠定了基础。1995 年颁布的《中华人民共和国教育法》规定"学校及其他教育机构具备法人条件的,自批准设立或者注册登记之日起取得法人资格"。2013 年中共十八届三中全会明确要求,加快事业单位改革,建立事业单位法人治理结构,建立事业单位治理机制。此后,我国高等学校逐步建立起了法人机制,法人治理的理论与实践研究也得以在高校开展。

高校法人治理是一个涉及学校内外各权力主体的系统性工程。就高校外部而言,政府、市场与社会对高校的影响形成了三角权力格局;就高校内部系统而言,行政管理权力、学术权力以及学生权力三者同样也是一个三角权力格局。此外,内外部各权力之间又相互影响。① 高校法人治理中存在的诸多权力主体,代表不同的利益相关者,因此,由于不同权力主体的利益诉求不同,权力运行过程中必然存在冲突。解决权力冲突的有效方式就是对权力边界进行明确界定,并对其加以约束与规范。内部治理各权力的配置、约束与规范是建构科学的高等学校治理结构的基础,也是完善高校治理体系、促进治理能力现代化的关键。②

对民办高校法人地位的确立,最早是在 1998 年颁布的《民办非企业单位登记管理暂行条例》中提出的,规定将"企事业单位、社会团体和其他社会力量以及公民个人利用非国有资产举办的,从事非营利性社会服务活动的社会组织"登记为"民办非企业单位法人"。随后,2002 年颁布的《民办教育促进法》明确提出"民办学校应该具备法人条件",并规定"民办学校对举办者投入民办学校的

---

① 参见王建凯:《高校系统治理的权力结构分析》,《教育评论》2011 年第 5 期。

② 参见祁占勇:《高等学校治理结构中的权力冲突及其治理》,《陕西师范大学学报》(哲学社会科学版)2015 年第 1 期。

资产、受赠的财产以及办学积累，享有法人财产权”。然而，民办高校的法人地位与公办高校的法人地位并不平等，且民办高校的法人属性仍不明确，营利性与非营利性仍是困扰民办高校发展的主要问题。直到 2017 年，《民办教育促进法》（修订版）对民办高校的属性问题做了明确规定，允许民办高校根据自身办学历史、特点、现状等多方面因素，在营利性与非营利性之间做出选择，并依法去有关部门进行登记，相关登记机关要依法予以办理。随后，教育部等部门印发了《民办学校分类登记实施细则》，对营利性与非营利性民办高校的登记作了相关规定（见图 2-1）。

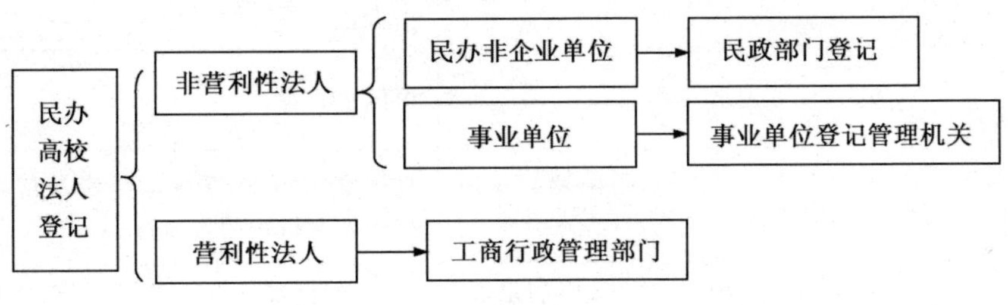

图 2-1　民办高校分类登记办法

民办高校法人地位的确立，使其成为具有独立主体资格的办学实体。而《民办教育促进法》对民办高校进行了明确分类，更是解决了长期困扰民办高校发展的法人属性不明的问题，为民办高校的法人治理，尤其是内部治理结构的建构确定了根本性前提。民办高校的内部治理包括学校本身发展使命的确立、各权力主体权责关系的界定、治理机制（决策机制、评价机制、监督机制等）的建设等。其中，需要注意的是民办高校作为营利性法人与非营利性法人的分类治理问题。

营利性民办高校与非营利性民办高校在办学目的、组织形态、资金筹措等很多方面存在差异性，如表 2-1 所示。

表 2-1　营利性民办高校与非营利性民办高校的异同

	非营利性民办高校	营利性民办高校
办学目的	公益性突出，重视教育、科研与社会服务。 学校的举办者不得取得办学收益，学校的办学结余全部用于办学。	兼具公益与私益，更重利润。 学校的举办者可以取得办学收益，学校的办学结余依照公司法等有关法律、行政法规的规定处理。

续表

	非营利性民办高校	营利性民办高校
资金筹措	社会捐赠、财政拨款、基金收益、学生收费。	更为倚重市场化渠道，包括注册资本，学生学费、培训费等以及按照协议所交的各种费用，发行的股份，发行的债券，向金融机构贷款，财产出让盘活资金等。
组织形态	与公办大学有更多相似性。	更多采取股份制现代企业的特点：两权分离；产权明晰；机构对其治下的财产拥有完整独立的产权；自主管理；自担责任。
学术 vs.管理	偏学术。	更侧重管理。
教师 vs.学生	更注重教师的作用，强调调动发挥教师的积极性。	重视学生需求，学生的学费是营利性高等教育机构的生命线。
资产财务管理	(1)收费的具体办法由政府制定。 (2)学校资金往来，使用在主管部门备案的账户。 (3)主管部门会同相关部门对账户实施监督，组织审计。	(1)收费标准据市场调节，学校自主决定。 (2)学校收入纳入学校开设的结算账户。 (3)办学结余分配应当在年度财务结算后进行。
扶持与奖励	(1)与公办学校享受相同的税收优惠政策。 (2)新建、扩建，政府以划拨等方式给予用地优惠。 (3)地方人民政府出租、转让闲置的国有资产应当优先扶持非营利性民办学校。 (4)学校适用公办学校的税收政策，减免相应税负。	(1)享受国家规定的税收优惠政策。 (2)政府按国家规定供给土地。只有一个意向用地者的，可按协议方式供地(注：土地使用权人申请改变全部或者部分土地用途的，政府将申请改变用途的土地收回，按时价定价，重新依法供应)。 (3)适用国家鼓励发展的相关产业政策，享受相应的税收优惠。
变更与终止	(1)举办者变更，签订变更协议，不得从变更中获得收益。 (2)现有举办者可根据其依法享有的合法权益与继任举办者协议约定变更收益，但不得以牟利为目的，不得涉及学校的法人财产。 (3)学校清偿债务后的剩余财产用于其他非营利性学校办学。	营利性民办学校清偿债务后的剩余财产，依照公司法的有关规定处理。

非营利性民办高校的法人治理更接近公办大学的法人治理。非营利法人治理的概念最早萌芽于20世纪60年代，在当时非营利性的法人治理主要是指教授的学术权力与行政人员的行政权力的二元一体的组织结构，以及在此结构下两者间的关系。以教授为代表的学术权力享有人才培养方案设计、课程安排等权力，而行政人员的行政权力主要包括决策执行等事务的推展，当行政权力的行使可能涉及学术权力的范畴时，行政人员即可向教授们咨询协商，两种权力彼此沟通互助，共同致力于学校的发展。在此类非营利性高校中的治理远超一般意义上的行政、管理及执行的意义。[①] 目前，我国公办高校普遍的治理形式以党委领导下的校长负责制为基本特征，然而，受限于外部制度环境以及办学资源获取方式单一的现实，公办大学的治理在根本上难以摆脱政府的控制[②]，在这一方面，非营利性民办高校的法人治理则具有更多的自主权。因此，非营利性民办高校的法人治理要处理好内部治理与外部治理的关系，政府要给予其与公办大学相等的对待，做到政府管理既不越位更不缺位，在依法对民办高校进行监督、管理的同时，尊重民办高校的自主办学权利。

营利性民办高校实质上是一类公司，其法人治理与公司、企业等法人治理有很大的相似性，尤其是在治理结构方面，都涉及董事会、股东、经营者及利益相关者等，但在具体的治理过程中却存在很大差异。从服务类企业与营利性民办高校的比较来看，企业的服务内容以某种既定的技能为主，而民办高校的服务内容则更为广泛，既包括技能的培训，也包含知识的传授与学生三观的培养，其基本价值理念是教书育人，仍具有公益性质，而非绝对的关注利润。包括《民办教育促进法》等很多相关法律法规都明确规定民办教育事业属于公益性事业，在办学过程中应始终坚持公益性。因此，民办高校治理相对于公司治理更为复杂。它不仅包括学校内部的治理问题，尤其是学校的投资举办者和经营管理者之间的委托代理成本问题，同时还会涉及以外部利益相关者之间的交易费用问题为主的外部治理问题。[③]

民办高校的产权结构、委托—代理关系等都不同于一般的企业法人和非营利组织法人，其法人治理比公办大学的非营利性法人治理与公司企业的营利性法人治理更为复杂。所以，对于民办高校法人治理结构的分析要在结合自身办学定位与特点的前提下，坚持教育的公益性原则，合理适度地借鉴企业法人治

① 参见金锦萍：《非营利法人治理结构研究》，北京大学出版社2005年版，第35页。

② 参见王鹏：《中国公办大学内部治理形式探析》，《黑龙江高教研究》2010年第3期。

③ 参见彭宇文：《高校法人治理结构的构建》，《教育研究》2005年第3期。

理结构和非营利组织法人治理的经验，逐步构建起完善的民办高校法人治理制度。

二、产权理论

产权理论是经济学领域的基础理论之一，规定着公司企业的产权归属与分配等。对“产权”的研究主要有两条理论路径：其一是以美国经济学家罗纳德·哈里·科斯(Ronald Harry Coase)为代表的西方产权理论；再一个则是马克思主义产权理论。

20世纪30年代，美国爆发的资本主义经济危机使得部分经济学家开始对当下的经济学进行了更为深刻的批判性思考。科斯认为，推动经济运行的市场机制会存在很多摩擦，而解决摩擦的有效途径是创新产权制度，这一观点也被表述于其1937年发表的《企业的性质》这一著名论文中。1960年，科斯通过发表《社会成本问题》这一论文而正面论述了产权的经济作用，认为产权制度的设置与确立是优化资源配置，达到帕累托最优的基础。这一理论于1966年被乔治·史提格勒(George Stigler)称为“科斯定理”。科斯就产权问题进行讨论的这两篇论文被公认为是西方产权理论的开山之作[①]，为西方产权理论的发展奠定了基础。继科斯之后，西方经济学家奥利弗·伊顿·威廉姆森(Oliver Eaton Williamson)、阿尔门·艾伯特·阿尔钦(Armen Albert Alchian)、哈罗德·德姆塞茨(Harold Demsetz)和道格拉斯·塞西尔·诺思(Douglass Cecil North)等人在科斯产权理论的基础上，对产权进行了更深层次的分析研究，逐步形成了以科斯定理为核心，关注“交易成本”“产权交易”等基本概念，主要分析市场经济体制下产权制度对资源配置作用的西方产权理论。

相较于西方产权理论而言，马克思主义产权理论受到了较大的争议，因为马克思并没有对产权理论进行专门的论述，也从未在其理论中使用“产权”一词，但他的所有制理论中却蕴含着产权思想。[②] 马克思主义产权思想建立在其劳动价值论的基础上[③]，因此，不同的学者从不同的角度出发，对马克思产权理论进行了不同的解释。总的看来，马克思将人与人之间的经济关系比作产权关系，认为产权制度在经济运行过程中发挥着重要作用，尤其是产权结构与制度是影响经济效益的重要因素。

---

① 参见张军：《现代产权经济学》，上海三联书店1991年版，第87～90页。

② 参见吴易风：《产权理论：马克思与科斯的比较》，《中国社会科学》2007年第2期。

③ 参见张燕喜：《马克思产权理论的争论及相关问题研究综述》，《理论前沿》2007年第15期。

在20世纪90年代之前，我国关于产权问题的研究主要学习苏联，主要是按照马克思主义所有制理论的产权理论展开；90年代之后，尤其是随着我国社会主义市场经济的建立与完善，逐步转向西方产权理论。

（一）产权的内涵

产权的英文表述有多种，如"property""property right""property ownership"等。牛津字典上对"property"的解释有多种，包括"某人拥有的东西、占有或财产""土地和建筑物""建筑物或周围的土地"等，可以看出，"property"主要是指财产本身，而"property right"更侧重于从法学角度对产权进行解释。柯斯林词典中的解释是"在支付债务之前保留某人财产的权利"，主要是指财产所有权，这一层面的产权概念与《民法通则》中的"债权""知识产权"等概念是并列的；"property ownership"的表述在英文中很少出现，就"ownership"的解释是所有权，指拥有某些东西的事实。总之，对于产权的定义，不同的人或学科由于分析视角的不同，会有不同的定义。

首先，从不同的学科角度出发，产权的内涵会有不同的侧重点。从法学领域来看，产权主要是指财产所有权及相应的财产权，包括对财产的占有权、支配权、使用权、收益权和处置权等。而经济学领域的产权概念范畴更广，不仅指财产所有权，还包括股权、债权、知识产权等，并进一步扩大到了产权交易的问题。也就是说，产权在经济学领域中是一个复数概念，是以财产的所有权和对资产的收益权为核心，同时包括财产的占有权、经营权、交易权、使用权、支配权、收益权、处分权等一系列责、权、利的关系和规则的总和。①

西方产权理论主要是指社会普遍认同或法律强制实施的、由权能主体行使的关于资源的所有、使用、收益等一切相关的排他性权利。② 西方产权理论发展得较为成熟，但其主要代表人物在对产权进行界定时也有其各自的侧重点。诺思在产权的界定中更加强调产权的排他性，认为产权在本质上是一种具有排他性的权利，这一排他性的对象是多元的，除产权所有者这一个主体之外，其他一切个人和团体都是其排斥对象。尼科尔森（Nicholson）则更加侧重于从法律角度对产权进行定义，主张"产权是所有权和所有者的各项权利的法律安排"，明确了在法律上产权的主体是所有者，是包含众多权利的一种集合。阿尔钦将产

① 参见任志新、尹晓岚：《我国民办高校产权明晰的路径思考——基于我国现行法律法规的产权明晰现状分析》，《教育探索》2015年第12期。

② 参见程言君：《马克思产权理论与我国多种产权形态体系的构建》，《生产力研究》2005年第5期。

权定义为一种选择的权利，指通过社会强制的方式选择某种经济物品的多种用途的权利。[①] 德姆塞茨从个人的角度出发，将产权界定为一种社会工具，认为产权规定了个人受益或受损的权利，以及通过何种方式受益或受损，进而确定谁应该向谁提供补偿从而使他修正人们所采取的行动，在此基础上，产权这一社会工具便能够帮助一个人形成他与其他人进行交易时的合理预期。[②] 德姆塞茨更加关注产权的作用，并从这一角度出发对产权加以界定，认为产权从根本上规定了交易双方的权利及权利范围。菲吕博腾（Furubotn）和佩杰威齐（S. Pejovich）的观点相对其他经济学家而言比较全面，他们对当时现有的产权理论进行了比较全面的总结，并合写了《产权与经济理论：近期文献的一个综述》一文，在归纳其他学者的产权定义的基础上，认为产权并不是简单的人与物之间的关系，而是指因为物的存在及它们的多种用途而引发的人们之间彼此认可的一系列行为关系，产权的配置与安排确定了每个人对于物的行为规范，每个人都必须遵守自身与他人间的相互关系，以及若违背这种关系所要承担的成本。[③] 虽然各种观点的侧重点并不一致，但却存有共同之处，如都包含成本论、交易论以及财产的专有性等，换句话说就是产权主体对财产所拥有的多种权利、产权之间的交易及交易所产生的成本的有机统一。简单地说，就是产权主体通过其所拥有的一系列权利获得经济利益，而市场交换就是将产权转换为经济效益的主要途径。需要指出的是，用以交换的财产或资产形式多样，可以是商品也可以是劳务，但不管哪一种形式的财产进行交换时，所交易的只是财产的特定权利，如占有权、使用权等，财产本身只是这些权利的载体。[④]

国内学者对产权的定义也有很多，有学者主张产权是一种权利，能够界定人们责、权、利并使之相统一的行为权利，同时产权又是一种界定人们行为关系的规则，认为产权实质上反映了交易主体之间的责、权、利相统一的权利关系，产权是可以交易的权利。[⑤] 也有学者认为产权就是我们常说的“以资产和权益为基本内容的财产权利”，产权所有者对资产具有所有权、处置权，能够通过使

---

① 参见李延喜、田鹏、王阳：《现代产权的内涵与评析》，《辽宁经济》2005 年第 10 期。

② 参见［美］科斯等：《财产权利与制度变迁——产权学派与新制度学派译文集》，刘守英等译，上海三联书店 1994 年版，第 97、166 页。

③ 参见［美］科斯等：《财产权利与制度变迁——产权学派与新制度学派译文集》，刘守英等译，第 204 页。

④ 参见于鸿君：《产权与产权的起源——马克思主义产权理论与西方产权理论比较研究》，《马克思主义研究》1996 年第 6 期。

⑤ 参见方铭琳：《民办高校产权明晰的法律保护》，《高等教育研究》2005 年第 8 期。

用、出租、转让资产的方式获得这一过程中所产生的效益。[①]

本书中的"产权"概念采用潘懋元先生对产权的定义，即产权就是财产的权利。有三层含义：首先，财产或资产是产权的基础，若没有财产便无所谓产权；第二，产权是一个囊括众多权利的体系，是由财产所有权在其实现过程中派生出来的包括占有权、使用权和收益权等权利的一系列权利的总和；最后，从根本上说，产权是产权主体实施一定行为的权力。需要注意的是，产权主体的行为并非是无限的，实施行为的过程中要平衡围绕财产所发生和形成的责、权、利关系。也就是说，产权规定着产权主体对财产有所为和有所不为。[②]

综合国内外学者对于产权制度的研究，以及经济运行过程中产权制度的实践，产权制度的重要性得到了充分的肯定。

科斯的《企业的性质》一文主要是对企业在市场经济中的地位进行分析，论证企业的重要性以及存在的必要性，即若市场交易的对象是每一种产品，那市场中势必会有数目极大的交易者，市场交易中的摩擦会相应地增加。而企业参与市场交易则极大地降低了摩擦率，并进一步降低了交易成本。其实，这背后实质上就涉及了产权的明晰问题。20 世纪 60 年代，科斯将"外在性"问题引入到他的成本论中。所谓"外在性"，是指一个人效用函数的自变量中含有他人的行为。通俗的说，就是在产权交易的过程中，一方对另一方或其他相关方的利益造成的损害或提供的便利都无法通过市场来确定，进而也难以通过市场价格加以补偿或支付。也就是说，产权交易过程中，若产权不明确，则外在性伤害就会较大，只有在产权明晰的基础上引入市场机制，才能明确交易诸方相互影响的程度及彼此所应承担的责任等。总之，产权制度的确立、产权的明晰能够减少交易摩擦，降低交易成本，进而促进资源的有效合理配置，体现在经济领域就是明确的产权制度能够促进经济发展效率的提升。

基于产权理论以及产权制度的重要性，一般认为产权制度具备三项主要功能：一是界定产权，保护产权主体权益的功能。产权制度明确了产权所有者的主体地位，进而明确了产权主体的利益及责任的界限，在很大程度上解决了产权交易过程中的冲突。二是给予产权的有限性，具备影响产权主体经济行为的功能。产权制度对产权主体经济行为的影响主要体现在激励与约束两个方面：

---

① 参见[德]柯武刚、史漫飞：《制度经济学——社会秩序与公共政策》，韩朝华译，商务印书馆 2000 年版，第 212 页。

② 参见潘懋元：《我国高校产权制度改革的若干问题——兼论公、民办高校产权问题》，《教育发展研究》2005 年第 14 期。

一方面,产权的确立使得产权主体通过多种途径形式甚至强化产权权能,进而获取更多的利益;另一方面,产权制度也规定了产权利益的边界,通过市场竞争机制以及其他产权主体为保护自身产权而进行的监督等对产权主体的经济行为进行约束,限制了一些不该获取的利益。三是产权制度中的产权安排以及产权结构的确定能够极大地提升资源分配及利用的有效性。产权界定在给产权主体合法权益的同时,又为其开辟出相对自由的资源运用空间。更确切地说,就是人们可以在权力允许的范围内自主经营、自由贸易并进行自由竞争。产权的交易以及产权权能的合理让渡实现了社会财产更高水平的价值。这样,必然能促使资源合理流转、优化组合和高效利用,实现帕累托最优。[①]

(二)民办高校的产权制度

产权理论源于对企业、交易成本等经济学领域问题的研究,后与法人理论相结合,产生了法人产权理论。而我国高等教育机构法人地位的确立加速了产权理论在教育领域的应用。将产权概念引入教育领域后形成了两个概念,即"教育产权"与"学校产权"。对于这两个概念的厘清,学术界有两种观点:一种主张"学校产权"是"教育产权"的狭义概念。高等教育机构中存在许多无法定量统计的资产产权,例如学校的办学传统、在社会上的声誉、校园特色文化、科学研究成果等,这一部分也是产权经济学理论中没有涉及的层面,因此有必要另设一个新的概念——"教育产权",以此论述与定义高等学校中的这一特别的"产权"问题。[②] 教育产权是教育范畴中的经济学概念,[③],是指以学校资产为核心的所涉及的学校产权,尽管它与企业产权的性质非常相似,但特定的产权需要有特定的名称相匹配[④]。钟涛指出,教育投资人员对教育机构的教育产权所涉及的财产所有权拥有绝对权,包括其派生出的使用权、处置权以及相关的收益权和教育领域内的知识产权、个人财产所有权中的人力资本所有权及其派生的使用权、处置权、收益权和发展权等一系列约定或法定权利组成的权利束,是人们行使这些权利的行为规范。[⑤] 另一种是很多学者认为"学校产权"的概念足以说明问题,无需另设"教育产权"的概念。"公立院校本质上是政府机关组织的公共服务部门,不是私人成立的个人组织,它涉及的财产所有权归政府所有,

① 参见中宁:《跳跃性的产权改革》,《新华文摘》2004 年第 3 期。

② 参见武毅英:《明晰产权是深化高教投资体制改革的关键》,《教育与经济》2003 年第 3 期。

③ 参见张铁明:《深化教育改革也需要产权多元化》,《广州日报》1999 年 4 月 13 日。

④ 参见杨丽娟:《关于教育产权若干问题探讨》,《教育与经济》2000 年第 1 期。

⑤ 参见丁明鲜:《教育产权研究综述》,《2004 年教育经济学学术年会论文集》。

关于其产权的问题没必要进行讨论；但是民办院校成立之初就是一种类似于企业性质的组织，它相应地包括企业所有权。因此，经济学理论中所涉及的产权概念以及相关理论已经能够较好地涵盖并解决‘学校产权’中的相关问题，无需再另设‘教育产权’这一新的概念。”这一观点主张经济学理论中关于产权的论述能够较为全面地阐述各领域中的各种产权关系，当然也包括教育领域，尤其是学校的财产所有权的关系，因此无需再专门另设“教育产权”这一概念。[①]

总的来说，学校产权指的是学校所涉及的所有财产权利的一个总称，即学校的各种财产所有权以及它衍生出来的相关权利的一个总称；[②]教育产权指的就是围绕着教育财产所结成的权利，也指人们（主体）拥有举办的教育机构财产的权利。[③] 本书采用“学校产权”的概念，即学校产权主体围绕着学校各类财产（将学校的无形资产纳入到学校各类财产的范围中）所形成的一系列权力的集合。

学校产权的概念集中到高等教育领域，即高校产权或者大学产权，主要表现在三个方面：首先表现为以实物为主的有形产权，如高校的土地、学校建筑物及各种仪器设备等可以定量统计的物质性资产的产权；其次表现为高校所涉及的大量无法定量统计的无形财产的产权，如高校在社会上的声誉、学校的办学传统、校园特色文化及所取得的科研成果等，高校涉及的无形资产绝大部分都是在长期的办学历程中一点一滴地积累下来的；最后还表现为高校教师教学所涉及的劳动产权。[④]

在公办高等学校中，关于其投资结构，教育资金的主要来源为财政补贴，学校所涉及的财产是在政府的长期投资中慢慢积累起来的，政府无可厚非地成为这类高校的所有者，高校法人则仅对学校财产享有使用权。公办高校的产权利益由相对单一的主体分成了两个主体，公办高校的举办者（政府）对高校涉及的财产拥有最终所有权，公办高校的法人仅仅拥有相关的法人财产权，即包括使用、支配、部分收益权在内的公办高校财产所有权的当前状况，这种高校所有权与其经营权相分离的形式对于其拓宽融资渠道十分有利，使得公办高校能够成为独立的融资主体，是我国当前在高等教育领域进行的体制改革目标。[⑤] 当高

① 参见曹淑江、范开秀：《也谈关于教育中的产权问题》，《教育与经济》2001 年第 4 期。

② 参见潘懋元、胡赤弟：《民办高校产权制度改革的若干问题》，《教育研究》2002 年第 1 期。

③ 参见陶润润：《我国民办高校产权问题研究》，安徽农业大学 2007 年硕士学位论文。

④ 参见潘懋元：《我国高校产权制度改革的若干问题——兼论公、民办高校产权问题》，《教育发展研究》2005 年第 14 期。

⑤ 参见史秋衡、宁顺兰：《高等学校产权分析》，《教育与经济》2002 年第 4 期。

校教育产权这一话题延伸到民办高等学校这一领域时，在分析限制我国民办高校发展的一系列不利因素时，不仅理论界，实践界也深刻地意识到学校所涉及的产权问题是制约高校发展的核心因素，与其他制约因素相比，发现产权归属的分析对于民办高校来说更为重要。①

民办高等学校的产权是指不同层次、不同类别的民办高等学校在集资办学的过程中，相关主体（举办方、办学方、政府相关部门、教师乃至学生或者家长）对于教育所涉及的财产，包括归属权、占有权、支配权以及使用权等权利的归属界定、有效保护、合理分解及重新组合所生成的相关产权关系以及它的运行机制。简单来讲，民办高等学校的产权包含两个方面，其一是民办高等学校所牵涉的外部各方办学主体所产生的产权关系、产权结构以及产权安排。因此，民办高等学校作为一个相对独立的法人个体，对它的财产所有权进行初始界定，明确划分以及维护，能够很好地解决民办高等学校所涉及的财产归属权的归属问题，明确确定各方办学主体所拥有的权利以及资源，这是涉及民办高等学校存在和发展是否合法的前提。其二是分解与重组民办高等学校内部所涉及的各项产权权能，即民办高校涉及的组织机构的设立与治理机制的建设，民办高校与政府之间的联系以及民办学校所涉及的产业运作机制，合理地对民办高校所包含的资源进行配置。②

民办高校的产权具有其独特性，主要表现为产权形式多样化、产权结构多元化以及公益性与营利性的双重性。

一是民办高校产权具有多样性特征，民办高校的产权相对于企业产权更为复杂，既包括各种实物财产，比如土地、建筑、设备等，又包括各种无形财产，如社会声誉、科研成果、学校文化等，同时还包括学校内部的各种人力资本。

二是民办高等学校所涉及产权的结构（也可以说是“产权”的主体）呈现多元化。一方面，学校法人对学校的财产拥有所有权，教师和学生对学校的财产拥有使用权，学校领导以及相关的管理人员对学校的财产拥有管理权③；另一方面，不管是营利性还是非营利性的民办高校都兼具“公有权力”与“私有权力”，既有事业性质的法人身份，也具有类似企业性质的法人身份，民办高等学校有几种经营方式，就有几种相对应的产权结构形式。产权多元的主体必定会对应

① 参见陶润润：《我国民办高校产权问题研究》，安徽农业大学 2007 年硕士学位论文。

② 参见王培根：《高等教育经济学》，经济管理出版社 2003 年版，第 306～308 页。

③ 参见王培根：《高等教育经济学》，经济管理出版社 2003 年版，第 306～308 页。

产权模式的多样化。[①]

第三，民办高等学校涉及产权具有公益性与营利性的双重属性，这是民办高校产权的最大特征。我国《教育法》以及《民促法》(2017)都将民办高校的性质规定为“公益性”，因此，即使是在民办高校分为营利性与非营利性民办高校的基础上，民办高校的性质也始终为“公益性”。再者，营利性始终是民办高校绕不开的办学目标之一，即使是在非营利性民办高校，民促法规定非营利性民办高校不得取得办学收益，政府虽给予一定的资助及各种优惠政策，但并没有直接的财政拨款，其办学经费仍旧是以学生学费为主，也仍旧绕不开营利这一目的。总之，资本所具有的寻利性与教育的公益性之间的矛盾以及引致学校非营利性与营利性之间的矛盾问题，解读民办高校产权，分析这些问题的实质，是研究民办高校产权结构的一个基础。

此外，民办高校产权还有一个重要特征是，相较于本身就有政府扶持和维护的公办大学而言，民办高校更需要政府扶持及法律保护。民办高校的办学性质、办学方向、产权的界定等都深受各政策法规影响，尤其是民办高校产权的界定，必须要由政策法规明确规定才能更具合理性与合法性。在使其产权明确的基础上，对民办高校的各方权利进行规定和保护，可实现民办高校的可持续发展。

三、利益相关者理论

(一)利益相关者理论的内涵

“利益相关者”源自英文“stakeholder”，这一概念是20世纪60年代在对公司治理进行研究时，针对委托—代理理论中“股东利益最大化”而提出的。利益相关者理论主张，企业的本质是其利益相关者所构成的“契约联合体”，它通过一系列显性契约和隐性契约来规范其利益相关者的责任和义务。[②] 在公司运行过程中，风险是由股东、员工、供货商、债权人、顾客等利益相关者共同承担的，基于此，公司企业的目标不能仅限于追求股东利益最大化，而且要兼顾利益共同者的利益要求。利益相关者这一理论的发展从不同的角度出发可划分为不同的发展阶段，如从利益相关者发挥的作用这一角度出发，可分为影响阶段、参

① 参见[美]查尔斯·亨格瑞：《财务会计教程》，朱晓辉译，人民邮电出版社2005年版，第153～159页。

② 参见陈宏辉：《企业利益相关者的利益要求：理论与实证研究》，经济管理出版社2004年版，第87页。

与阶段以及共同治理阶段。[①] 根据利益相关者理论在不同发展阶段的主要研究内容与研究重点等，可将其分为“企业依存观”“战略管理观”以及“动态演化观”三个过程。[②]

斯坦福研究中心的研究人员于1963年首次对“利益相关者”这一概念进行了界定，认为所谓“利益相关者”是指与组织生存发展联系紧密的个人或群体。随后，唐纳森、托马斯及普利斯顿教授三人通过利益相关者的合法性的相关标准对其进行界定，认为利益相关者是指在公司的活动中能够享受一定的合法利益的社会团体或者自然人。[③] 在“利益相关者”概念界定中，最具代表性的是弗里曼(Freeman)，他在1984年出版的《战略管理——利益相关者方法》一书中给出了利益相关者的经典定义，即利益相关者可以是任何个人或者团体，这些个人或集体能够对组织目标的实现产生一定的影响，或者在组织目标实现的过程被影响[④]。

米切尔(Mitchell,Agle and Wood,1997)将“企业的利益相关者”的定义分为三个层次[⑤]。第一层次是最为宽泛的一种定义，即所有能够对企业活动产生影响或者企业活动能够影响到的人或者团队，都可以被称为“利益相关者”，包括企业的股东、企业的债权人、企业的员工、企业的物资供应商、涉及的消费者、当地政府部门以及社会上相关的组织和团体、企业临进的社会成员等。第二层次利益相关者指的是那些直接跟企业有关系的个人或者群体。该定义将政府机构、社会上的组织及团体以及社会成员等排除在外。第三层次定义范围最窄，其认为利益相关者仅指那些对企业发展下了“赌注”的个人或群体。这种定义概念直接与当今主流的经济学中关于“资产专用性”这一概念相类似，即利益相关者仅指那些在企业发展中投入了特定资源共享的个人或群体。

我国对“利益相关者”进行界定的学者中，比较具有代表性的是中国人民大学的杨瑞龙教授，他在《企业的利益相关者理论及其应用》一书中对米切尔等人的三个层次的利益相关者概念的界定作了进一步的说明[⑥]。再者，从公司或企

---

① 参见胡赤弟、田玉梅:《高等教育利益相关者理论研究的几个问题》,《中国高教研究》2010年第6期。

② 参见刘利:《利益相关者理论各阶段主要观点的评析》,《石家庄经济学院学报》2009年第2期。

③ 参见张兆国、梁志钢、尹开国:《利益相关者视角下企业社会责任问题研究》,《中国软科学》2012年第2期。

④ Freeman, *Strategic Management: A Stakeholder Approach*, Boston Pitman Press, 1984, p. 46.

⑤ 参见[美]爱德华·弗里曼著:《战略管理——利益相关者方法》,王彦华、梁豪译,上海译文出版社2006年版,第165页。

⑥ 参见杨瑞龙、周业安:《企业的利益相关者理论及其应用》,经济科学出版社2000年版,第129页。

业内外部这一角度出发，或者说是直接利益相关者或间接利益相关者这一角度划分，股东、员工等在企业中下“赌注”与企业有直接利益关系的个人或群体是直接利益相关者或内部利益相关者；而间接利益相关者或外部利益相关者是指政府部门、社区、社会组织等并不直接参与公司运营的人或群体。①

利益相关者理论核心就是公司或企业的价值目标不能局限于股东利润最大化，主张企业职工、公司经营者、物资供应商、消费者用户等与股东相同，都对企业发展进行专有资产的投资，都承担相应的投资风险，他们都是地位平等的产权主体，②作为利益相关者，他们的利益同样应当被予以考虑。基于这一论断，现代企业的经营目标应该是促进企业涉及的各方利益相关者能够获取最大化利益，这不仅仅体现出公平原则，而且能够有效提高社会效率。“利益相关者”这一概念的提出，极大地拓展了企业的治理范畴，使得企业治理不再只局限于企业管理者及企业拥有者之间简单的委托代理层面的关系上，是对传统意义上的委托代理的进一步补充与扩展。③ 追求各利益相关者利益的最大化，能促进公司内部利益相关者的归属感与凝聚力的发展，推动企业文化的形成，另一方面，能够促成企业与外部利益相关者之间的真诚合作。“利益相关者这一理论提出的主张能够促进各方利益相关者更加积极地加大对企业人力与物力等资本的投入，能够很好地保证有效社会投资，使得企业现存资源能够进行稳定组合，进而使得企业的长期利益以及长远发展得到保证。然而，现实情况是各方利益相关者之间的利益通常是存在冲突的，这一理论要求企业管理者对各方利益相关者的利益负责，这就可能会导致企业的决策不能及时下达，影响决策的时效性，也有可能使企业管理者不再为任何利益相关者服务。”④

（二）民办高校中的利益相关者界定

相对于企业而言，高等教育机构是更为典型的利益相关者组织。大学是由利益相关者组成的社会机构，它涉及的利益相关者各方是“与大学有利害关系

---

① 参见[美]爱德华·弗里曼：《战略管理——利益相关者方法》，王彦华、梁豪译，上海译文出版社2006年版，第165页。

② D. A. Jones, C. R. Willness, S. Madey, "Why are job seekers attracted by corporate social performance? Experimental and field tests of three signal-based mechanisms", *Academy of Management Journal*, 2014, Vol. 2.

③ 参见赵彦志、万丛颖：《基于利益相关者的民办高校财务管理制度分析》，《财经问题研究》2010年第1期。

④ 参见[美]大卫·威勒、[美]玛利亚·西兰琶：《利益相关者公司》，张丽华译，经济管理出版社2002年版，第78～79页。

的人或群体”，如财政拨款方、社会捐赠人员、学校管理人员、各部门教师、学生甚至包括所在社区人员以及社会公众人员等，他们都有可能是“与大学有利害关系的人或群体”，都可以称为“高校利益相关者”①。教育本身所具有的公益属性，使得大学在建立之初考虑的就不是经济利益，而更多的是考虑社会各方面的公共利益。伯恩鲍姆认为：“学术机构和企业之间存在一定的差异，这种差异的存在是十分有必要的。在某一类型的组织结构中能够取得良好效果的协调系统以及控制系统，在其他不同类型的组织中就有极大可能产生不同的效果，甚至会产生相反作用。”德里克博克也指出：“有一张庞大而复杂的关系网把大学和社会其他主要机构连接起来。”②因此，对于高校而言，没有严格意义上的股东，任何人或群体都不可能独立控制高校或独立地行使管理权。杜克尔曾指出，对于公益组织的负责人来说，非营利组织不用与政府，仅跟一个占有主导地位的选举代表打交道是一种“无法享用的奢侈品”。他们所面对的总是更加多样、更加复杂的，有直接利益的群体，而不同的群体在某种程度上都拥有相应的“否决权”。通常情况下，这种利益相关者群体至少应该包括创办组织的相关董事、资金捐赠人、管理人员以及内部职工、组织所服务的对象或者受益人、政府相关主管部门、行业协会及其所在的社区等。③

对于民办高校而言，其利益相关者是指能够影响民办高校生存发展及目标实现，或者受学校目标实现过程影响的任何个人或群体，包括投资人、举办者、学校管理者、教师、学生、学生家长、政府等。民办高校运作资金的最原始来源是民办高校的举办者，它直接决定着民办高校能否生存以及如何发展。足够数量的学生是高等院校赖以生存与发展的根本，对民办高校来说更为重要。当前情况是，学生交纳的学费是民办高校资金最主要的来源渠道。学校管理人员以及教师是当前民办高校运作最直接的参与人员，这也是民办高等学校吸引投资主体极为关键而又非常稀缺的人力资源，对民办高校运作的成败以及学校质量的提升起着决定性作用。在中国，高校仍然是由政府所主导的，政府对民办高校资金筹集的政策以及民办高等学校的法人所处的地位起着决定性作用。民办高等学校在筹集资金的过程中，社会企业应该是其积极寻求资助与合作的重

---

① 胡赤弟：《高等教育中的利益相关者分析》，《教育研究》2005 年第 3 期。

② R. Edward Freeman, “The Politics of Stakeholder Theory: Some Future Directions”, *Business Ethics Quarterly*, 1994, Vol. 4.

③ 参见王竹泉、杜媛：《利益相关者视角的企业形成逻辑与企业边界分析》，《中国工业经济》2012 年第 3 期。

要对象,校友和捐赠者是民办高校筹资的重要渠道。[①]

利益相关者理论对于高等教育的发展发挥着重要作用,尤其是对于民办高校而言,利益相关者理论能够促进科学的民办高校内部治理结构的构建,能在很大程度上平衡民办高校公益性与营利性的双重身份。然而,鉴于利益相关者范围广泛、成分复杂以及性质各异的群体属性,因此,要想发挥利益相关者理论在民办高校运作过程中的作用,就必须要对民办高校的利益相关者进行分类。根据不同的划分维度,利益相关者被分成不同的类型,目前国内外学校对学校利益相关者的分类主要有以下四种:

第一种分类是根据利益相关者与大学利益的密切程度将其划分为四类,典型代表人物为美国学者亨利・罗索夫斯基(Henry Rosovsky),他是将利益相关者理论最早引进到高等教育行业的学者。他在《大学——拥有者手册》(*The University——An owner's Manual*)一书中率先提出了不同于公司企业的拥有者概念的"大学拥有者"的概念,指出大学的拥有者是从社会利益角度出发,而非是经济利益上的拥有。他主张"大学拥有者"就是包括董事会、校长、教授、学生等与大学有较为密切利益关系的人或群体,并从重要程度这一角度将大学利益相关者划分为四个层次:第一个层次,即以学校教师、行政管理人员和在校学生为重要主体的群体,第二个层次即以学校董事、毕业校友以及外界捐赠人员为重要主体的利益相关者,第三个层次被称作"具有部分影响作用的利益相关者",第四个层次是包括周边市民、社区以及社会媒体等在内的最边缘化的一部分大学利益相关者。[②] 罗索夫斯基结合利益相关者理论的基本框架,总结出了如何使利益相关者的利益在得到满足基础之上对大学进行有效管理、使大学办得更好的方法。我国学者也做了大量研究,胡赤弟提出了包含三类利益相关者在内的大学模型:以学校教师、在校学生、投资者以及政府部门等为主体的权威性的利益相关者,以校友、捐赠人员以及政府的立法机构为主体的潜在利益相关者,以周边市民、社会媒体、企业单位以及银行等为主体的第三层利益相关者。[③]

在此基础上,我国学者李福华结合我国民办高校运作和管理的实际情况,以及中国学者关于利益相关者的研究,将罗索夫斯基的利益相关者分析框架进

---

① 参见华灵燕:《基于利益相关者的民办高校筹资研究》,《国家教育行政学院学报》2008 年第 7 期。

② 参见[美]亨利・罗索夫斯基:《美国校园文化——学生・教授・管理》,谢宗仙等译,山东人民出版社 1996 年版,第 5～7 页。

③ 参见胡赤弟:《高等教育中的利益相关者分析》,《教育研究》2005 年第 3 期。

行了调整:第一层是核心利益相关者,以在校学生、学校教师以及学校相关管理人员为主体。学生既是学校高等教育服务的享受者,同时又是学校教育的对象,对学校的发展更为关注,学校办学规格的提升以及育人水平的提升能更好地促进学生的发展,为学生将来的良好就业打下坚实的基础。教师是学校使命的践行者,他们作为专业知识等人力资源的所有者,是高等教育服务的直接提供者,其教学水平直接影响着学校的办学水平和人才培养质量,他们既是民办高校雇佣的员工,更是学校的主人,师资队伍的建设是保证学校健康发展的关键。[①] 学校的发展也能给教师提供更好的物质待遇及发展平台。作为高校实际经营者的管理人员的经济收入、社会地位、职业发展等都直接受到学校发展的影响,与学校发展呈正相关关系。第二个层次是学校重要利益相关者,主要包括政府和校友。校友虽已从学校毕业,并不直接享受学校的服务,但是却始终有着母校的印记,与母校有着切不断的关联。因此,若学校发展较好,影响力较大,则会在无形中提升校友的社会声誉及地位。[②] 民办高校的办学经费虽不直接来源于政府,但是仍旧会受到政府在资金、税收、土地等方面的政策优惠影响,并接受政府的监管。民办高校办学规模的扩大和质量的提升能够为当地社会经济的发展提供智力支撑与人才支持,推动当地公民素质的整体提升。第三层次是民办高校的间接利益相关者,主要是指与学校有契约关系的个人、群体、企业、银行等。这一层利益相关者主要包括学校投资者、产学研合作者、银行等贷款提供者,学校的快速发展提高了科研经费的效益,增加了投资者的收益,也在很大程度上为产学研合作的企业或单位带去了更多的潜在收益,同时还会降低贷款提供者的投资风险并保护其合法权益。第四层次是指包括社会公众、媒体舆论及社区在内的边缘利益相关者。高校的发展会给当地社区和社会带来各种社会经济效应,推动当地经济社会的发展,扩大地区的影响力和知名度。[③]

第二种分类法是将定性与定量分析法结合起来,经过问卷调查等多种实证研究后,确定重要性、主动性与紧急性三个评估利益相关者的维度,进而运用统计分析工具对利益相关者进行分类。根据利益相关者在不同维度的得分,将其分为关键利益相关者、一般利益相关者与边缘利益相关者三类。所谓"关键利益相关者"是指对学校发展起着最直接影响的利益群体,包括学生、教师、学校的经营管理者等;所谓"一般利益相关者"是指与学校有契约关系,建立了营损

① 参见胡子祥:《高校利益相关者治理模式初探》,《西南交通大学学报》(社会科学版)2007 年第 1 期。

② 参见培锦:《高校内部决策科学化的保障机制及其功能要求探讨》,《当代教育论坛》2005 年第 2 期。

③ 参见李福华:《利益相关者理论与大学管理体制》,《创新教育研究》2007 年第 7 期。

与共的联系，在共同享有利益的同时也承担一定程度风险的利益主体，主要包括投资所有者、产学研合作者、校友等。最后的边缘利益相关者与学校并没有明显的直接关系，在大学治理的实践中常常被忽略，包括学校资产的捐赠者、社区等。[①]

第三种划分方法是根据利益相关者对学校影响的重要性及影响程度这两个维度，将利益相关者分为四类，如图 2-2 所示。第一类是对学校发展的重要性强且影响力高的群体，包括学校的在校生、教师以及管理人员；第二类是重要性高但是影响力却较低的群体，如社区、学生家长以及学生未来就业的用人单位等；第三类是重要性低、影响力也低的群体，如社会公众、校友等；最后一类是对学校发展的重要性弱，但是其影响力却很大的群体，如政府、产学研合作的企业或单位、银行等贷款提供者。

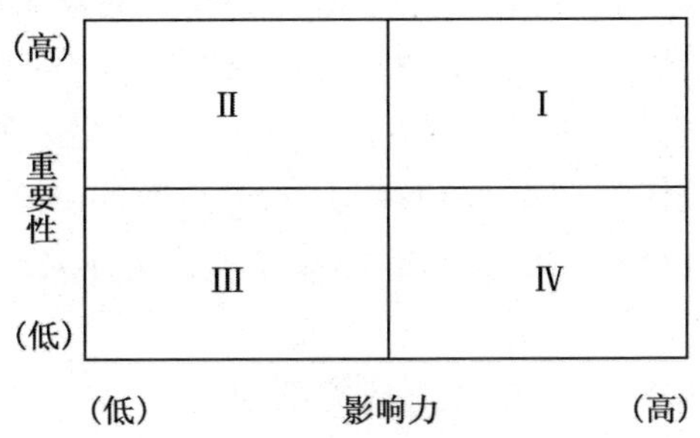

图 2-2　民办高校利益相关者层次划分

第四种是从权力性、合法性以及紧迫性三个维度进行的划分。这一划分法是由美国学者米切尔和伍德提出来的。关于权力性，指的是利益关系的影响力足够强；关于合法性，指的是利益关系的来源符合法律规定；关于紧迫性，指的是利益关系紧迫性较强。对利益相关者在这三个维度进行评分，然后根据评分的高低来判断某一个体或者某一群体符不符合企业利益相关者的定义，或者是哪种类型的利益相关者[②]。我国学者胡子祥认为，高等教育涉及的利益相关者范围较广，主要包含政府相关部门、高校行政人员、负责上课的教师、负责科研的教师、在校学生、学生未来可能就业的单位、学校资金捐赠者、毕业校友、未来报考本校的中学生、外界社会、相应媒体、与高校有关联的银行界等等，他们可能接受了高等教育的培养，也有可能是对高等教育有足够的影响力，抑或是二

① 参见李超玲：《钟洪. 基于问卷调查的大学利益相关者分类实证研究》，《高教探索》2008 年第 3 期。

② 参见陈宏辉、贾生华：《企业利益相关者三维分类的实证研究》，《经济研究》2004 年第 4 期。

者皆有。同时，胡子祥在米切尔提出的三位分类法的基础上，将高校相关利益相关者的范围也分为三种：第一种是确定性的利益相关者（Definitive Stakeholders），他们兼具合法性、权力性和紧急性三个维度，例如政府相关部门、教学岗教师、科研岗教师、在校学生等。第二种是预期性的利益相关者（Expectant Stakeholders），他们与高校联系十分紧密，拥有上面所描述的属性中的两项。第三种是潜在的利益相关者（Latent Stakeholders），指的是仅拥有合法性、权力性和紧急性三种属性中的一种群体。通常情况下高校的管理阶层无需关注他们，除非他们获取了一定的合法性，或者获得了一定的权力，如高中生、一般家庭、周边社区、当地社会、企事业单位、毕业校友、外界媒体等①。

此外，还有其他学者进行了不同的分类。刘颂主张将民办高校利益相关者分为两类，第一类为源自外部的利益相关者，通常指大学投资人、附近社区公众；第二类为源自内部的利益相关者，通常指学校级别较高的行政管理人员、教职工以及在校学生。②《高等教育中的利益相关者分析》紧密地结合了我国大学的现实情况，将利益相关者分为三类：以教师、在校学生、高校管理人员、投资人、政府相关部门为主体的权威性利益相关者；以校友或者捐助人为主的潜在性利益相关者；以附近群众、社会媒体、企事业单位、有关银行等为主体的利益相关者③。

总之，无论以何种方式分类，政府相关部门、社会组织（主要包括社会上的一些中介评估组织、毕业校友、毕业生用人单位、社会媒体等）、民办高等学校（主要包括民办高校的教职工以及在校学生）等。不同的利益相关者的利益诉求不同，他们对民办高等教育质量要求也不同，这或多或少都对民办高等学校的健康发展有着影响。④ 民办高校要充分调动、激发民办高校各利益相关者的主动性与积极性，进而促进民办高校的可持续发展。

四、委托—代理理论

（一）委托—代理理论的内涵

20 世纪 30 年代的经济危机的爆发使得越来越多的经济学家认识到公司的

① 参见胡子祥：《高校利益相关者治理模式初探》，《西南交通大学学报》2007 年第 1 期。

② 参见刘颂：《民办高校治理机制研究》，《扬州大学学报》（高教研究版）2008 年第 3 期。

③ 参见胡赤弟：《高等教育中的利益相关者分析》，《教育研究》2005 年第 3 期。

④ 参见杨炜长：《利益相关者视野中民办高等教育质量保障体系构建》，《黑龙江高教研究》2012 年第 11 期。

投资所有者同时兼任经营管理者的举措存在着很大的问题。基于此，他们试图提出并倡导企业的投资所有权与经营管理权分离的理念。在这一理念下，公司或企业的投资筹办者仍享有公司产权的所有权，经营管理公司的权力则交由更加专业且适合的人所有。在这一基础上，到20世纪70年代，经济学家杰森(C. J. Ensen)和麦克林(W. H. Mecking)提出了"委托代理理论"，将委托代理关系定义为"一个人或一些人(委托人)委托其他人(代理人)根据委托人利益从事某些活动，并相应地授予代理人某些决策的契约关系"①。他强调委托代理关系从本质上来说是一种契约关系，委托人通过与被委托人或代理人签订契约，授权给代理人一定的权力，按照契约代理人从事某些活动的主要目的是委托人利益的实现，但也同时享有根据自己提供的服务获得相应回报的权利。

委托——代理理论中的委托人及代理人都是"经济人"，从根本上说，两者的行为目标都是尽可能实现自身权力的最大化。然而，委托人与代理人的利益并非是一致的，甚至有时会产生冲突，因此，代理人为谋求自身利益最大化而会做出一些与代理人期望相悖的行为，即可能会产生代理问题。② 在委托——代理这一理论框架下，公司投资创立者即股东是委托人，高级经理等是代理人，股东委托经理层对公司进行经营管理。股东期望代理人对于公司的管理付出更多的时间与精力，进而促进公司效益的增加，但对于代理人的努力与付出却并不关注，更为关注成果；而经理层则更为关注自己的付出与努力，希望自己的付出能获得相应的回报，也就是说，委托人的收益受代理人或被委托人时间、精力成本的直接影响，而代理人希望的回报是由委托人从收益中抽取支付的，委托人关注最终成果，代理人关注自己的付出及相应的回报，股东追求企业价值最大化，管理层则追求自身效用最大化。所以，委托人与代理人的利益并不是完全一致的，有时甚至存在冲突。

在公司或企业实际运行过程中，委托人及代理人之间的信息占有率存在很大差异，委托人只对事关公司发展的重大事项进行干预，所以，委托人并不拥有企业员工的私人信息及公司运行过程中的具体信息，信息占有率小；而代理人则负责公司或企业的具体经营管理事项，拥有的信息量占绝对优势。两者在信息拥有量上的差异即是信息非对称问题，由此也就产生了两个主要的委托代理问题，一个是逆向选择，另一个是道德风险。"逆向选择"(adverse selection)是

---

① 参见何大安：《我国公司的组织治理与市场治理》，《经济学家》2008年第4期。

② 参见[美]科斯、[美]诺思、[美]威廉姆森：《制度、契约与组织》，刘刚等译，经济科学出版社2003年版，第214～216页。

指双方在订立契约之前，代理人便已经事先掌握了大量委托人所不知道的大量的信息，进而通过这一信息优势与委托人签订更加有利于自身权益的契约；所谓“道德风险”(moral hazard)是指在实施契约的过程中，委托人并不关注代理人的努力与付出，或者即使关注，也由于缺少观察手段等而难以对代理人的努力程度及时间精力的付出进行评估，因此很难给出与代理人成本相对应的薪酬。而代理人对自己的努力程度与付出有清楚的认识，且相对于成果会更加关注自己的成本付出，若没有得到自己所期待的回报，便可能会利用自己的信息拥有量上的绝对优势，采取机会主义，为自己谋取最大利益，这很可能会损害委托人的权益。不管是“逆向选择”还是“道德风险”，都会导致委托人利益受损，这两种情况也是主要的委托代理问题。①

委托人与代理人之间的契约关系在目标函数不一致及信息不对称的双重条件约束下会产生极大的委托代理问题，为了完善契约关系，降低代理人做出逆向选择和道德风险行为的概率，委托人应该建立科学有效的监督及激励机制，科学地管理和实施委托契约。② 换句话说，就是委托—代理理论的核心问题是解决代理的问题，即如何使代理人忠于委托人的利益，采取谨慎的态度，尽力使代理人的行为更加符合委托人利益的最大化。针对该问题的解决，激励理论、信息理论、合同理论等被引入到了委托—代理理论的研究之中(见图 2-3)。

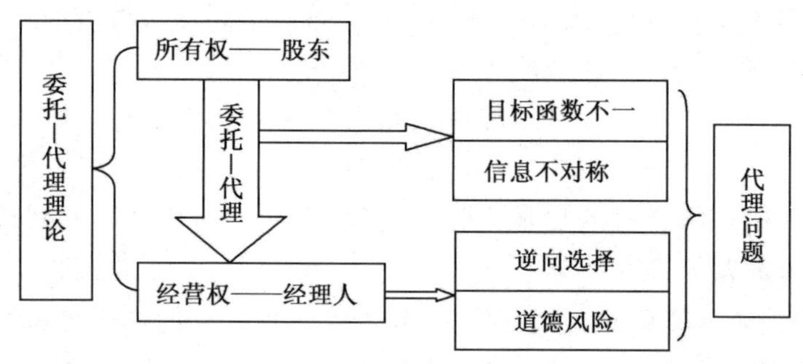

图 2-3　委托—代理关系图

(二)民办高校委托—代理关系分析

在对民办高校的发展，尤其是对民办高校内部治理的研究过程中，有学者

① 参见吕中楼：《新制度经济学研究》，中国经济出版社 2005 年版，第 45～49 页。

② 参见王慧红、李伟红、杨淑君：《基于委托—代理理论的企业所有者与经理人合作决策模型》，《河北大学学报》2010 年第 2 期。

将委托—代理理论应用于民办高校的治理中。如前所述，委托—代理理论是在“两权分离理论”的基础上产生和发展起来的，而对于民办高校来说，在营利性民办高校的所有权与经营管理权的两权分离，以及非营利性民办高校的所有权、控制权、收益权的三权分离的条件下，也相应地存在着委托—代理关系。在对民办高校的发展，尤其是对民办高校内部治理的研究过程中，有学者将委托—代理理论应用于民办高校的治理中。如前所述，委托——代理理论是在“两权分离理论”基础上产生和发展起来的，而对于民办高校，营利性民办高校所有权与经营管理权的两权分离，以及非营利性民办高校的所有权、控制权、收益权的三权分离的条件下，也相应地存在着委托代理关系。一般而言，在民办高校中，股东和投资者是委托人，校长和经营者是代理人。民办高校的投资举办者不一定懂教育，因此要聘请相关专家，委托其对学校进行经营管理。在民办高校的组织架构内，委托代理关系是通过科层契约关系表现出来的。[①] 民办高校的股东和投资者追求办学效率的最大化和合理的回报，而作为代理者的董事、校长等经营者追求的是更高的工资、奖金，他们的利益追求也是不一致的。因此，将委托代理理论从经济学领域渗透到教育学领域是适宜的，正如经济学家杰森所言，代理人很难在实际代理过程中将实现委托人利益的最大化作为其代理行为的目标，这一委托代理问题普遍不仅存在于公司企业中，也存在于大学的各个管理层中。[②] 从不同的角度出发，民办高校的委托—代理关系有不同的分类：

首先，从民办高校的整个委托—代理关系出发，根据委托关系存在于校内还是校外，可从宏观层面分为三层：第一层代理关系存在于学校内部，是指民办高校内部的管理者与被管理者之间的委托—代理关系，包括股东与学校管理者、学校管理者与院系管理者、院系管理者与各教研室等。在民办高校外部存在两种委托—代理关系。第二层委托—代理关系是指学校作为教育服务的提供者与学生作为教育服务的消费者之间的关系，如学生与教师、学生与学校，这种委托—代理关系可以视为“最终委托”和“最终代理”的关系。[③] 第三层即学校与政府之间的关系，在公办高校的委托—代理关系中，政府是高校与公众之间的“中间委托人”，公众将受教育的权力与资源委托给政府，政府则通过学校向

① 参见张剑波：《民办高校可持续发展研究》，国防科技大学出版社2007年版，第146页。

② 参见唐力翔：《委托—代理理论与我国公立高校代理人的激励约束问题研究》，湖南师范大学2005年硕士学位论文。

③ 参见杨行勇：《高校教师教学过程中的激励研究》，《教育发展研究》2005年第2期。

公众提供相应的教育服务。民办高校虽与政府之间没有直接的委托—代理关系,但仍会在一定程度上接受政府扶持与监督,这是政府向公众提供教育服务的重要途径与方式。所以,民办高校与政府间的关系也是民办高校的委托—代理关系之一(见图 2-4)。

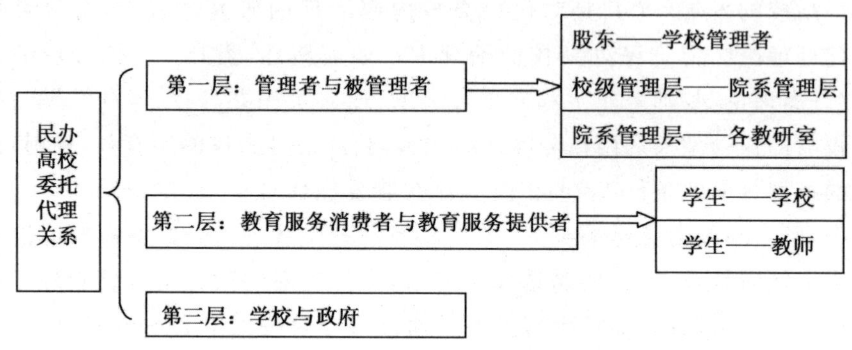

图 2-4　民办高校委托—代理关系

其次,针对民办高校内部,从利益相关者角度出发,可对民办高校委托—代理关系进行微观层面的分类,主要分为以下三层(见图 2-5):

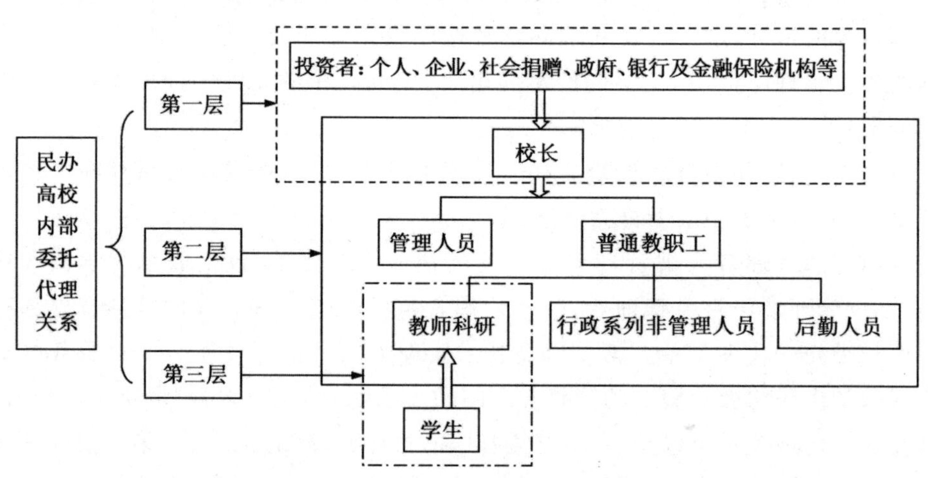

图 2-5　民办高校内部的委托—代理关系

第一层是民办高校的投资者与经营管理者(尤其是校长)之间的委托—代理关系。相较于公办大学,民办高校的出资者更为多元与复杂,其资产来源包括个人或企业投资、社会捐赠、政府扶持、银行及金融保险机构贷款等,其中营利性与非营利性民办高校之间又存在一定的差异。通常意义上,民办高校的出资者拥有学校的产权，是学校的所有者。民办高校的最直接经营管理者是校长，民办高校的校长由董事会任命，负责高校运行过程中的重大事项及日常工作，同时拥有聘任和罢免其他管理人员的权力。民办高校的投资所有者委托校长对学校进行经营管理，高校投资者是委托—代理关系中的委托人，校长是代理人。出资者追求合理的回报，而民办高校校长作为代理人存在追求个人利益最大化的动机，可能会在一定程度上与学校的长远利益存在冲突，与出资者的利益相悖，因而产生代理问题。

第二层委托代理关系是校长与管理人员及教职工。校长是民办高校内部治理中的最高执行者，也是学校管理人员的最高领导者，校长将事关学校发展的各项较为具体的事物委托给学校的管理人员以及广大教职工，由他们进行实际的政策实施与管理。在这一委托代理关系中，管理人员通常是指职能部门或二级学院的领导，包括职能部门的处长、科长一级二级学院的院长、书记等。普通的一线教职工按照其具体职责进行划分，可分为三大类，第一类是狭义的教师概念，即直接参与教育教学活动的教师以及科研人员，这类教师在学校的发展中起着核心作用，直接决定了人才培养质量的高低及学校办学水平的好坏，是塑造与提升学校核心竞争力的关键所在。第二类属于行政权力系统内，但并非管理人员，主要是指学校或二级学院内职能部门的普通职工，如科员等。他们主要是对第一类教师的教学、科研进行辅助，负责日常的行政性事务，保证学校教学科研的正常运转。第三类则是后勤人员，包括诸如校医院、食堂、便利店等后勤部门的工作人员，他们也是学校得以正常运行的重要保障。但与公司企业不同，与行政权力同时存在的还有学术权力，这一点在非营利性民办高校内部更加突出，行政权力与学术权力在管理机制以及目标追求上都存在很大差异。然而，在民办高校内往往两种权力系统中的人员身兼两职，两种权力既无法彼此替代，也做不到相互独立，两者的交叉导致民办高校的这一层委托代理关系更加复杂，因此在内部治理过程中产生的委托代理问题更大。

第三层委托代理关系是指学校的教师和学生之间的关系，学生是这一关系中的委托人，通过缴纳学费等其他费用的方式，成为购买高校教育服务的顾客，而教师拥有专业知识，并将知识以教育服务的方式传授给学生，从这一层面上说，教师是代理人，学生委托教师为其提供教育服务。这一委托代理关系更为复杂，学生为享受教育服务，对学校投入了大量的时间成本、金钱成本以及机会成本，进而希望获得相对应的回报，要求高校为其提供质量水平高的教育。然而，学生对知识与职业技能的掌握虽与教师对教学的时间、精力投入相关，但更与其自身的主观能动性以及自身天生的资质有关，因此不同学生的学习成绩会存在差异。也就是说，教师的投入与学生的收益并非是绝对正相关的关系。而在现实生活中，学生及学生家长往往忽略了这一点，将之归因于学校或教师的教育水平较低，导致教师和学生之间的委托代理关系更为复杂。

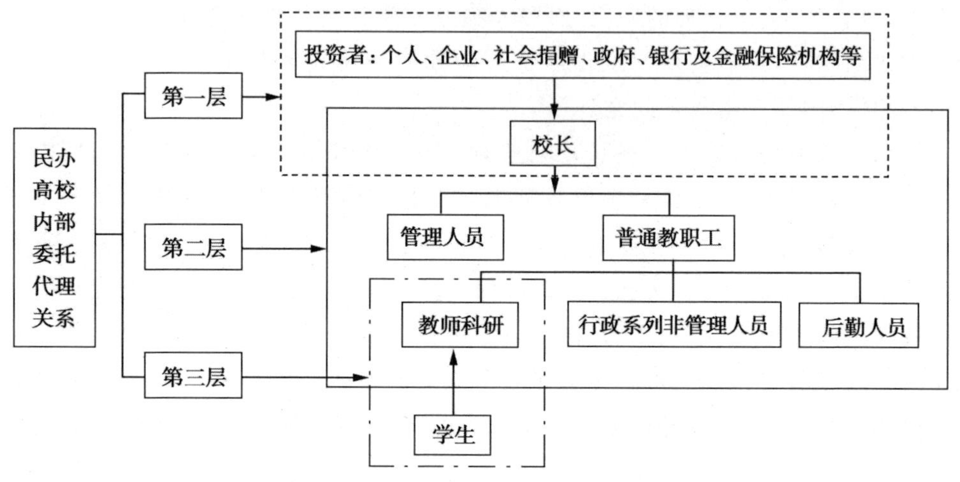

图 2-6　民办高校内部的委托—代理关系

第二节　民办高校内部治理核心要素

影响民办高校内部治理的因素有很多，从法人治理的角度出发，法人属性是否明确从根本上影响着民办高校的内部治理；从产权理论出发，民办高校的产权是否明晰，直接影响到内部治理结构的构建；从利益相关者的角度来说，不管是政府、市场、社会等外部利益相关者，还是包括投资办学者、经营管理者、教职工、学生等在内的内部利益相关者，都对民办高校内部治理制度的建设产生着直接影响；从委托代理理论出发，民办高校内部的委托代理问题得以有效解决能够在各方权力主体分离的基础上，又有共同的努力目标，促进内部治理效率的提升，保障学校的可持续发展。在此，综合各种影响民办高校内部治理的因素，从内部治理制度的构成出发，将民办高校内部治理结构、产权制度、内部治理模式、内部治理机制以及内部治理文化作为民办高校内部治理的核心要素进行探讨。

一、民办高校治理结构

2010 年颁布的《国家中长期教育改革和发展规划纲要(2010～2020 年)》就曾明确提出,我国高等教育的发展要进一步完善具有中国特色的现代大学制度,尤其是要完善治理结构。大学治理结构是现代大学制度的核心部分。[①] 目前,对于高校治理结构的概念界定有很多,张维迎教授主张高校治理结构是一整套制度安排;周光礼教授指出,高校内部治理结构构建的主要内容是科学合理地对各权力进行分配,认为高校治理结构实质上就是高校治理的权力结构;还有学者主张,从治理结构存在于学校内部还是外部,可将其分为内部治理结构与外部治理结构两部分。本书将治理结构定义为法人治理的组织架构以及各权力主体之间的权责关系,因此,高校治理结构主要是指高校治理过程中的组织结构以及权力配置、制衡等的制度安排。

高校内部治理结构是高校内部为实现组织目标而进行的学校内部各权力主体的组织结构及其权力分配及制衡。高校内部治理结构的主要作用在于协调高校内部不同利益和权力群体,并使其结合,进而提升高校的治理效率。高校内部治理结构的内容有"三要素说"和"四要素说",三要素指治理主体、治理客体以及治理中介,四要素指治理主体、治理客体、治理手段以及治理机制。高校内部治理结构的关键在于代表不同利益的各权力主体之间的权力分配和制衡。

民办高校的内部治理结构是民办高校作为独立的法人实体,在举办者(出资人)、办学者、管理者、教职工和学生等权益相关人之间建立的有关学校运营与权益配置的一种机制或组织结构,以及通过这种组织结构形成的责权力划分、制衡关系和配套机制(决策、指挥、执行、激励、约束、监督机制)等规则构成的有机整体。在当下民办高校分类管理的制度基础上,非营利性与营利性民办高校的治理结构有着相通之处,比如主要机构的设置、机构成员之间必须遵守的相关规定,权力的分配以及权力之间都要有必要的制约机制等,但更多地表现出了差异性。

(一)民办高校内部治理组织构成

民办高校内部治理结构的主要机构包括董事会/理事会(决策机构)、校长

① 参见刘向东、陈英霞:《大学治理结构剖析》,《中国软科学》2007 年第 7 期。

(执行机构)以及监事会(监督机构)三大部分,各治理机构分工合作,相互制衡。

民办高校的决策机构是学校理事会或董事会,董事会制度是核心。我国民办高校经过三十多年的发展,已逐步形成董事会领导下的校长负责制,董事会作为民办高校的最高决策机构,是民办高校内部治理结构的核心,决定着学校的发展方向及政策方针。《民促法》(2017)以及《国务院关于鼓励社会力量兴办教育促进民办教育健康发展的若干意见》(国发〔2016〕81 号,后文简称《若干意见》)等民办教育的相关法律法规都明确规定,民办高校理应设立董事会或者理事会或者其他形式的决策机构,这一决策机构一般由 5 名以上的不同代表组成,设一位董事长或者理事长,其他成员构成必须具有多元性,可以由包括学校的投资举办者或其代表、党组织代表、校长、教职工代表等利益相关者组成,并明确规定董事会成员最少有三分之一的理事具有五年以上的教育教学经验。董事会会议是董事集体议事的特定方式,《民办教育促进法实施条例》提出,作为学校最高决策机构的董事或理事会每年至少召开一次会议,涉及关乎学校发展的重大事项的决策时,需要有三分之一以上的理事提议,召开临时性的决策会议。董事会通过这一方式行使其权力,包括对校长的聘任和解聘,学校章程及相关制度的制定与修改,学校长期发展规划的制定以及对学校年度工作计划的审批,对于学校办学经费的筹集以及学校财政预算、决算的审核。此外,董事会或理事会还最终决定学校教职工的编制与工资标准,以及学校的分立、合并、终止等重大事项的决策。

董事会制度是民办高校法人治理组织机构的重要特色。三百多年来,美国高等教育的发展与私立高校的董事会制度有着密切的关系。董事会在美国私立高校中的作用非常明显:第一,它在大学与社会之间发挥桥梁和纽带作用,加强了大学和社会的联系;第二,董事会在大学和社会之间发挥了"缓冲器"作用,保障了学校工作的稳定;第三,董事会制度有利于推动学校的改革,有利于筹集资金,为私立高校的发展奠定物质基础。[①]

民办高校的执行机构主要是校长(院长),校长负责是关键。校长是民办高校发展最直接的领路人,对民办高校的发展发挥着重要作用,必须具备相应的资格才得以胜任。《若干意见》对校长的任职资格做了明确规定,提出民办高校的校长个人信用状况必须是良好的,至少具有五年的教育教学及管理经验,并取得了较为不错的办学业绩,且必须对教育领域的相关法律法规有深刻的理性

---

① 参见张宏博:《中国私立大学有效性的制度研究》,人民出版社 2009 年版,第 95 页。

认识。校长(院长)负责是民办高校内部治理结构的关键,民办高校的校长(院长)由董事会任命,因此,从根本上讲,校长要对董事会负责,执行董事会的决议。《民促法》(2017)第二十五条对民办学校校长的职权做了相应的界定,规定校长要对学校董事会或者理事会等决策机构做出的决策进行贯彻落实;拟定学校的发展规划与年度预算以及学校章程和相关制度,并在董事会等决策机构批准后,实施各种规划与制度;聘任和解聘学校工作人员,在科学评价的基础上实施奖惩;负责学校的日常行政事务。此外,为保证学校的教育质量,校长要负责组织一系列教育教学及科学研究活动,因为校长是由董事会聘任的,所以校长还可以行使其他由学校董事会或理事会等授予的权力。

民办高校内部治理的监督机构是监事会,监事会监督是重点。民办高校的可持续发展离不开完善的内部监督机制。《若干意见》中提出,民办高校要建立健全监事会制度,并规定监事会成员中要有党组织的代表,在支持董事会与校长职能发挥的基础上,对其进行监督制约,增加其规范性。山东省为贯彻落实民办高校党委书记选派和管理工作,颁布《山东省人民政府关于鼓励社会力量兴办教育促进民办教育健康发展的实施意见》(鲁政发[2018]15 号),规定民办高校的党委书记应当兼任政府派驻学校的督导专员。2016 年 12 月颁布的《营利性民办学校监督管理实施细则》(国发[2016]20 号,2017 年 1 月 5 日实施)以及 2018 年 8 月公布的《中华人民共和国民办教育促进法实施条例(修订草案)》(送审稿)在提出民办高校应建设监督机构的同时,对成员的构成提出了更为具体的要求,除要求应具有党组织代表外,还规定教职工代表要占据三分之一以上,对于教职工人数较少的学校可以只设 1～2 名监事。此外最重要的一点是,为保证监事会权力行使的客观性,要求理事会、董事会或者其他形式决策机构成员及其近亲属不得兼任、担任监督机构成员或者监事。同时还对监事会的职能做了相关规定,建议监事会要对学校的章程以及学校的办学行为按照国家的相关规定进行相应的监督,如检查学校的财务,通过参与决策机构的决策会议对董事会等决策机构的决策进行监督,监督行政机构成员的履职情况;向学校教职工(代表)大会报告履职情况以及国家法律法规和学校章程规定的其他职权。此外,以教师为主体的教职工代表大会,也在很大程度上给予教职工参与民主管理和监督的权力。

此外,在营利性民办高校中,还设有股东大会。从产权理论的角度出发,营利性民办高校的股东是民办高校的所有者,股东大会是民办高校的最高权力机构,他们对民办高校的资产具有控制权和剩余索取权。股东通过股东大会行使自己的审议权和投票权，以维护自己的法定权益。对于股东而言，董事会是受托者，他们接受股东的委托，实现股东利益。我国《公司法》规定，公司股东大会为公司的最高权力机关，董事会只是股东大会的意志执行机关，任何有违股东大会精神的董事会决策均为无效。①

民办高校内部各治理主体依据不同职权，各司其职、各负其责，相互配合与制衡，构建了一种具体组织结构形式和控制机制，以保障并提升民办高校内部治理的质量与效率。投资人(股东)将自己的资产交由学校董事会托管，董事会的重要任务是解决与目标、政策和方向有关的重大问题，拥有最高决策权，是学校的最高决策机构。校长受聘于董事会，受董事会委托管理学校，作为董事会意志的执行者，是民办高校行政事务的领导人，在其授权范围内管理学校。所有权与管理权的分离，以及决策权与执行权的分离，在很大程度上推进了各权力主体之间的相互监督、相互制约，为监事会行使监督权提供了较大的空间。

(二)营利性民办高校与非营利性民办高校内部治理结构的差异

对法人内部治理结构的分析可以从营利性法人与非营利性法人两种法人的性质来进行。从营利性民办高校的角度来看，其与公司、企业有极大的形似之处，主要产生于所有权与经营权的两权分离，或者是营利性法人股东的股票所有权、法人代表的经营权分离所形成的产权及权力结构，以及为保证各方利益相关者的利益而进行的权力制衡与监督。从营利性民办高校的角度来看，非营利性民办高校并未有股东一说，学校的投资者放弃对学校的财产所有权以及剩余控制权和索取权，因此，民办高校的所有权及经营权实现了更高程度的分离，经营权的权力主体很难受到直接有限的制约，治理效率与质量有待商榷。基于此，民办高校建立起各权力主体相互制衡协调的治理结构就成为一个必然选择，且对于非营利性民办高校而言，为保证办学目标的实现，治理结构中的相关利益者还包括政府、社会组织、社会公众等，这使得非营利法人治理的基础或结构相较于一般的公司治理更加复杂，②《国家中长期教育改革和发展规划纲要(2010～2020年)》提出，要在“依法管理民办教育”的基础上“积极探索营利性和非营利性民办学校分类管理”，还明确提出要对营利性和非营利性民办高校进行分类管理。营利性民办高校与非营利性民办高校的内部治理结构在权力的起源、动力、形式、面向、要素、宗旨理念等方面都存在较大差异，如表2-2所示。

---

① 参见何长松:《民办高校监事会制度之法理分析》,《湖南社会科学》2005年第3期。

② 参见巫志刚:《我国营利性高等教育机构基本法律制度研究》,华中师范大学2013博士学位论文。

表 2-2　　营利性民办高校与非营利性民办高校治理结构的不同[①]

	非营利性民办高校	营利性民办高校
起源	缺少学校所有者,或学校所有者不明确、模糊,作为校长的代理人便缺少了来自委托人的约束,所以,要通过权力结构的设置,对其进行监督、制约。	最主要的原因是营利性民办高校的市场逐利性会产生短视办学行为,影响教育的公益性。同时,还由于委托代理的问题,通过权力结构的构建,彼此相互制衡。
动力	相对复杂,有政府的宏观调控,也有社会公众对教育的关注,同时还有广大教职工及学生对自身权益的关注。	主要是来自学校的投资所有者对自身权益保障与获取的关注。
形式	共同利益者共享共治。非营利性民办高校并没有产权所有者,也就不存在股东大会,董事会是最高权力机构,董事会成员构成具有多元化特征,既有政府人员也有社会捐助个人或集体,还有教职工以及校外专家等;监督机构的人员构成也更为科学合理,没有产权所有者的干扰,更能发挥其应有的作用。	资本所有者单边独大的形式。营利性民办高校的主要办学经费来源是股东投资,股东希望获得与其投资相应的收益,所以股东在决策机构中占有很大比重,影响着决策机构职能的行使。而且,董事会是股东的委托代理机构,从根本上说,董事会要对股东负责。监督机构的人员构成也大多来源于学校内部,很难独立、公正地行使监督权力。
要素	学术权力与行政权力的二元权力结构,学术权力始终是内部治理结构中重要的组成部分,主要来源是教授掌握的专业知识。学校学术委员会本身就具有相当大的影响力,此外,学校的董事会、监事会等人员构成中,教授及教师的比重也较大,发挥着一定的民主管理作用。	行政权力明显盖过学术权力,营利性民办高校虽仍要坚持教育的公益性,但受市场功利性影响较大,更加关注学校运行效率和收益,对学术的关注相对较少,所以学术权力及学术权力主体在治理结构中的作用较小。
理念宗旨	坚持办学的公益性,关注学生成长与教师发展,致力于成为可被信赖、尊重的人才培养机构,是一种公共治理结构。	在坚持公益性原则的基础上,合理地获取法律允许范围内的利润,侧重于私人治理,是私人治理结构。

① 引自杨琼:《学校法人治理问题研究》,华东师范大学 2007 博士学位论文。

（三）民办高校内部治理结构的关键

经营权与所有权的分离始终是民办高校面对的重要课题，内部治理结构的构建基于此，内部治理中存在的许多矛盾与冲突实质上也是源于此。在这一基础上，本书主张，我国民办高校内部治理结构建设的关键或者核心要素是投资所有权与经营管理权的分离。

1. 民办高校投资与经营分离的内涵

民办高校投资所有权与经营管理权分离的主要表现就是民办高校内部治理中决策权、执行权与监督权得以保障并发挥其应有的作用，主要体现在两个方面：一是各权力主体人员构成的科学性，二是内部治理三要素（决策、执行、监督）权责明晰。

权力主体人员构成的科学性是指从“谁投资，谁所有，谁管理”的模式逐渐转变成“谁投资，谁拥有，谁选举管理者”的模式①，再到“谁参与，谁管理”的利益相关者共同管理模式。作为民办高校所有者的投资人，为民办高校的建立投入大量的资产就势必希望通过获取相应的权力，为投资获取一定的收益与回报。因此，在民办高校发展初期，投资人或者是投资人的家族成员是学校经营管理的主要成员，尤其是在董事会中占极大比重，这使得民办高校的两权分离名存实亡。《民办教育促进法》对民办高校的董事会成员、监事会成员做了较为明确的规定，成员构成更为多元，尤其是在监事会的成员构成中明确规定“理事会、董事会或者其他形式决策机构成员及其近亲属不得兼任、担任监督机构成员或者监事”，这避免了投资所有权一家独大的现象，是民办高校投资所有权与经营管理权分离的重要表现与实现路径。

各权力主体权责明晰是指民办高校内部决策权、执行权与监督权能充分发挥自身的职能，既相互制衡，又相对独立。董事会作为民办高校的决策性权力机构，要充分实现其决策职能。尤其是在营利性民办高校中，董事会所拥有的决策权是以投资人的原始财产为基础而产生的权力，董事会职能的发挥要独立于民办高校的投资所有者。董事会决策权得以充分发挥是实现两权分离的首要因素。另外，作为最高行政权力所有者的校长要具有相对独立的行政事务执行权。校长的任命是由董事会决定的，可以说校长是在董事会的领导下行使权力的。然而，董事会并不负责学校的具体事务，校长无需事无巨细地向董事会

---

① 参见彭宇文：《中国高校法人治理结构研究》，中国社会科学出版社2006年版，第152页。

汇报工作，董事会只负责解决与学校发展目标相关的重大问题。因此，校长有相对独立的行政执行权，只有在面临重大问题决策时上报董事会，由董事会召开会议进行决策。再者，当校长发生重大失误触犯原则时，董事会对校长具有解聘权。最后，监事会要充分发挥对民办高校内部治理的监督检查作用，在人员构成上应相对独立于其他权力主体，依据国家法律法规和学校章程对民办高校的办学行为进行监督。监事会的主要职责是对民办高校的财政、董事会及其权力的运行、校长及其工作进行监督，其监督权力的实现侧重于宏观；党团组织监督重点在于民办高校的思想教育和纪律约束；教职工代表大会的监督重点在于学校的教育教学和行政管理；学生监督侧重于与学生利益密切相关的学校事务。

2. 民办高校投资与经营相对分离的必要性

从委托—代理理论的角度出发，民办高校的管理者是投资者的“委托—代理人”，民办高校的管理者要对投资者负责。然而，由于民办高校不同于企业公司的特殊性，使得管理者与投资者在很多方面无法完全一致，甚至存在冲突。首先，作为投资者，最大的追求目标就是低投入高效率，增加营利，追求利益最大化；而作为学校的管理者，要对学生负责，以遵循教育规律为主要原则，而不是利益最大化原则。

其次，民办高校内部治理结构的构建以及治理效率与质量的提升也要求投资与管理的相对分离，这是民办高校自身发展的内在需求。不管是营利性民办高校还是非营利性民办高校，经营管理权与投资所有权的分离有利于促进内部治理结构权责的厘清，为构建健全的内部治理结构打下基础，在此基础上政府过多干预学校或者学校经营管理权的缺失将得以改善，有利于民办高校的可持续发展。

最后，民办高校在很多方面落后于公办大学，但在很大程度上拥有比公办大学更多的灵活性与自主性。因此，民办高校内部应设立理事会和董事会，保障校长依法行使职权，逐步推进监视制度，完善民办高校督导专员制度[①]，构建健全的内部治理结构，制约平衡各治理主体的权力，提升高校内部治理的科学性、有效性，这是民办高校的核心竞争力，因此要求民办高校投资所有权与经营管理权的相对分离。

投资所有权和经营管理权的分离，促进科学高效的内部治理结构的建构，

---

① 参见《国家中长期教育改革和发展规划纲要（2010～2020年）》第四十四条。

是民办高校自身长远发展的核心竞争力。投资人全权委托董事会管理自己的资产,董事会在此基础上形成并拥有决策权。董事会选举并聘任校长,校长作为最高行政权力的实行者,是学校具体事务的直接管理者。监事会对民办高校的办学行为进行检查,确保其方向性与规范性。这一民办高校内部治理结构是一种包容、协调、多元的权力结构方式和制度安排,能够调动举办者(出资人)、决策者、管理者和教职工乃至学生等利益相关者的积极性与主动性,从而将各种资源与能力进行有效的组织,发挥出最大的效应。

二、民办高校产权

民办高校的产权主要指民办高校包含的有形财产、无形财产及劳动资本产权等的所有权,以及由此派生出的一系列权利体系,如使用权、收益权、处分权等。然而,营利性与非营利性民办高等教育的产权制度存在较大差异。

非营利性民办高校相较于营利性民办高校的产权来源更为多元,其来源主要包括财政拨款、社会捐赠、基金收益以及学生收费等,因此非营利性民办高校的产权结构或产权主体更为多元;而营利性民办高校的产权来源主要是通过市场渠道,主要是投资人的注册资本,从这一角度来说,营利性民办高校的产权主体相对单一明确。此外,营利性民办高校的产权具有明确的非营利性,任何产权主体都不得以任何途径、任何方法通过学校产权进行谋利;而营利性民办高校虽具有公益性,但允许在一定范围内进行产权交易,并允许从中获取一定的利益。此外,营利性民办高校与非营利性民办高校在产权的属性、分配、变更与终止等权利上也存在一定的差异,如表 2-3 所示。

营利性与非营利性民办高校的产权制度虽存在很多差异,但产权制度的确定都对两者的可持续发展发挥着重要作用。因此,需要进一步加强对民办高校产权的管理,逐步建立起明确的产权制度。所谓“民办高校的产权管理”,主要是指以学校财产的所有权、交易权、处置权、收益权等为核心的学校产权主体的相关权益进行界定、监管等一整套管理行为体系。[①] 民办高校产权管理的核心在于产权的明晰。民办高校的产权明晰指民办高校的产权主体明确产权的界限,在规定范围内进行产权交易,达到权、责、利的有机统一。在学校内部治理中,这三者的有机统一能够引导产权主体将自身利益与学校利益结合起来,能促使产权主体积极主动地从有利于学校可持续发展的角度对学校发展进行规划。

---

① 参见刘侠:《我国民办高校产权管理的困境及策略》,《高校教育管理》2013 年第 4 期。

表 2-3　　营利性与非营利性产权差异

	非营利性民办高校	营利性民办高校
属性	非营利性。	营利性，坚持教育的公益性，实现社会效益与经济效益相统一。
收益权	举办者不得取得办学收益，学校的办学结余全部用于办学。	举办者可以取得办学收益，办学结余依照公司法等有关法律、行政法规的规定处理。
分配权	1. 学校收费的具体办法由人民政府制定。 2. 学校的资金往来使用在主管部门备案的账户。 3. 主管部门会同相关部门对该账户实施监督，组织审计。 4. 在每个会计年度结束时，从年度净资产增加额中，按不低于年度净资产增加额或者净收益25%的比例提取发展基金，用于学校发展。	1. 收费标准实行市场调节，学校自主决定。 2. 学校收入纳入学校的银行结算账户，办学结余分配在年度财务结算后进行。 3. 年度净收益中，按不低于年度净资产增加额或者净收益的25%的比例提取发展基金，用于学校发展。 4. 学校拥有法人财产权，存续期间，所有资产由学校依法管理和使用，任何组织和个人不得侵占、挪用、抽逃。 5. 学校举办者不得抽逃注册资本，不得用教育教学设施抵押贷款、进行担保，办学结余分配应当在年度财务结算后进行。
变更与终止	1. 非营利性民办学校举办者变更的，签订变更协议，不得从变更中获得收益。 2. 现有民办学校的举办者可以根据其依法享有的合法权益与继任举办者协议约定变更收益，但不得以牟利为目的，不得涉及学校的法人财产。 3. 学校清偿债务后的剩余财产用于其他非营利性学校办学。	1. 举办者变更的，由学校董事会通过后报审批机关审批、核准，并依法向工商行政管理部门申请变更、注销登记手续。 2. 营利性民办学校清偿债务后的剩余财产，依照公司法的有关规定处理。

民办学校产权界定及产权关系是否明晰，从根本上影响着学校的生存与发展。产权明晰能够调动学校出资筹办者以及投资主体的积极性，并对其产生激励作用，避免办学短视行为，并直接影响内部治理结构的构建，进而影响学校内部治理的效率与质量。总之，产权明晰有利于学校的长期稳定和可持续发展。[①]

① 参见吴开华、安杨：《民办学校法律地位》，江苏教育出版社 2011 年第 31 期。

首先，产权明晰能够保护和调动出资人或学校投资主体的积极性。与公办高校相比，民办高校的办学经费主要是自筹，且自负盈亏，因此普遍存在资金短缺的问题。民办高校在分类登记之前，原则上不允许民办高校以营利为目的进行办学，这加剧了民办高校产权的公益性与营利性之间的矛盾，投资者对于投资具有较多的不确定性，投资积极性不高。而产权制度的确立，民办高校产权的明晰，一方面可使民办高校产权主体人格化，明确了产权的权益与责任，使产权运作、交易等具有可操作性，有利于各产权主体对产权进行评估，并减少了很多外在性因素所产生的成本；另一方面在很大程度上平衡了公益性与营利性的摩擦，为民办高校的产权收益提供了一定的保护，使得民办高校的投资者投资前景明确，其产权收益具有合理合法性，缓解了民办高校融资方面的困难。

其次，民办高校产权的明晰在很大程度上发挥了对产权主体的激励作用，避免了办学过程中的很多短期行为，有利于民办高校的可持续发展。产权的明晰可使投资人对未来有明确合理的预期，会更加聚焦于学校的长远发展，而非追求短期效益，产生教育投资的短期机会主义行为。我国民办高校的分类登记管理对营利性民办高校与非营利性民办高校的产权做了相应的规定，既激励了民办高校产权主体通过多方面努力增强自身的产权职能，又从利益角度对民办高校的短期行为进行了一定的约束，促进了我国民办高等教育事业的健康发展。民办高校产权明晰对个人和社会投资兴办民办高校具有激励作用，更重要的是直接影响了民办高校资源配置的效率和民办高校的成本收益，直接影响了民办高校的良性持续办学。产权明晰界定是明确民办高校财产归属问题的重要途径。①

最后，民办高校产权是否明晰是学校构建科学完善的内部治理结构的基本前提，能够直接影响民办高校的内部治理。民办高校产权明晰，便对学校产权主体所拥有的权限进行了明确界定，促进了学校的投资主体、管理者及实际经营者三者权力之间有效分离的实现，有助于推动科学的内部治理结构的构建。②产权制度不明晰，民办高校的投资者对于自己产权主体或者产权收益等很多方面都缺乏安全感，会在内部治理运行的过程中更倾向于通过家族化的管理模式将学校的经营管理全掌握在自己手中，导致民办高校投资的所有权与经营管理权合二为一，各治理权力主体很难发挥应有的作用，不利于科学的内部治理结构的构建。而明确的产权制度对营利性民办高校与非营利性民办高校的产权

① 参见高卫东:《营利性民办学校及其产权界定》,《教育科学研究》2001 年第 1 期。

② 参见杨挺:《教育投资主体多元化背景下的学校产权规范分析》,《中国教育学刊》2004 年第 6 期。

制度做了相应的规定，对学校投资主体与学校的经营管理者之间的关系进行了界定，明确了各产权主体的权力及责任，并以政策法规或制度的形式加以规范与保护，尤其是营利性民办高校的产权收益得到了保护，其投资所有者有了足够的安全感，会选择更合适的人去经营管理学校，促进了投资所有权与学校法人财产的分离，也就是使投资所有权与经营管理的分离成为了可能，在很大程度上保证了董事会的相对独立性。同时，又有投资人出于对其投资收益关注的一直约束，两者相互监督，彼此制衡，在很大程度上降低了学校的违规办学行为，同时对民办高等学校的办学层次、办学质量、办学效益的提升发挥了重要的促进作用。再者，这使得产权主体相对分散，而不是集中在少数人手中，更有利于更多的专门化人才发挥自身的专业优势，更加科学有效地利用学校资产，提高学校资源配置的效率及成本收益，直接促进民办高校的良性持续办学。①

总之，民办高校的产权本身所具有的公益性与营利性的双重属性，使得民办高校产权制度的权力更加重要。只有建立明确的产权制度，明晰民办高校产权，才能进一步理顺民办高校不同产权主体之间的经济关系与法律关系，协调平衡教育的公益性与资本的逐利性之间的博弈，保障民办高校的健康长远发展。

民办高校产权明晰包括产权主体明晰、产权分割合理、分割后的产权仍具有完整性这三个方面，这也是产权明晰必须要满足的三个基本条件。首先，是产权主体的明晰，这是产权明晰的基本条件。所谓“产权主体明晰”，就是根据产权来源合理确定其主体，如民办高校投资举办者对学校投入的资产归投资者所有，国家财政投入的部分其所有者仍是国家，社会捐赠以及学校运行过程中增值的部分则归学校所有。其次，合理分割产权，将学校资产的所有权、使用权、控制权、交易权、收益权等进行科学的重组。②为保证民办高校的稳定发展，个人不能随意处置学校在存续期间的资产，而应该由学校依法支配和使用，政府对此进行监管，控制办学资金的流向。营利性民办高校的投资者可以在学校资产清算后，根据其投资额获取一定比例的收益，回报收归已有的，要按照国家法规进行纳税；不管是营利性还是非营利性民办高校，都要从学校年度净收益中抽取不低于25%的回报，重新投入学校，用于学校办学，并累计为学校资产，这部分收益按投资公益事业减免税收。最后，在分割和重组中，又要确保各产权要素内部不因分割和重组失去完整性，各产权要素在分割和重组后仍能独立

① 参见杨挺：《教育投资主体多元化背景下的学校产权规范分析》，《中国教育学刊》2004年第6期。

② 参见伍尔夫：《教育经济学国际百科全书》，高等教育出版社2000年版，第198～202页。

发挥应用的作用。学校停办时，营利性与非营利性民办高校根据相关法律规定处置剩余财产，并建立科学合理的退出机制，在保障学校基本的正常运营的基础上，允许学校的产权主体拥有对学校资产进行合法转移、举办者变更等权利。[①]

三、民办高校内部治理模式

"模式"一词在词典中的释义是"事物的标准样式"。就模式与理论的关系而言，模式是对理论的一种简化，是理论在长期的实践过程中逐步发展形成的一种对现实事件的内在机制以及事件之间关系的直观描述，能够帮助人们了解事物本身的结构或发展过程的主要组成要素及其相互关系。[②] 治理模式不同于治理结构，治理结构是包括决策与行政和监督在内的各治理主体的组织构架，以及治理过程中彼此间的权责关系；治理模式指的是治理结构相对完善，治理结构内各要素之间的权利义务关系已经固化为可以复制的制度安排，即治理制度已发展为一套标准样式。相较于治理结构，治理模式是一种更为抽象、间接的描述，其内核是多元主体的参与，且这种参与是相对固定的标准样式。民办高校内部的治理模式是指基于高校治理理论，民办高校在长期的内部治理实践中逐步发展形成的治理范式。

我国民办高校经过三十多年的发展，已形成多种内部治理模式，从治理的控制权角度出发，民办高校内部治理模式可分为"人力资本控制"模式、"股东控制"模式及"共同治理"模式[③]；根据出资者控制权与教职工控制权强弱的不同，可分为"松散型治理""人力资本单边治理""出资者单边治理""关键利益相关者共同治理"四种类型。本书将民办高校内部治理模式分为所有权主导控制的单边治理模式、所有权与管理权共同主导下的双边治理模式以及利益相关者共同治理模式三种类型。

所有权主导控制的单边治理模式是由经济学领域的物质资本所有者发展而来的，强调"股东利益至上"的原则。民办高校在发展之初，主要是由民营企业或者个人出资创办的，学校成立所需的硬件设施也是由他们购置的，也就是说，学校的出资筹办者即是民办高校物质资本的所有者，也即学校股东。随着我国社会主义市场经济的建立与发展，以及民办高校法人地位的确立，民办高

---

① 参见华灵燕：《基于利益相关者的民办高校筹资研究》，《国家教育行政学院学报》2008 年第 7 期。

② 参见韩明安主编：《新语词大词典》，黑龙江人民出版社 1991 年版，第 7 页。

③ 参见苗庆红：《民办高校治理结构的演变研究》，《中国高教研究》2005 年第 9 期。

校的出资者(即学校的所有者)在学校治理中占据绝对主导地位也成了一种共识。在出资者主导控制的单边治理模式下,学校的出资者或所有者兼任校长或院长一职,在事关学校的重大决策中具有决定性作用。在这一内部治理模式下,治理效率相对较高,但效能却难以保证,学校的发展只掌握在极少数学校所有者手中,办学风险大,易产生功利性强的短视办学行为。这一模式在民办高校发展初期,办学规模较小的情况下较为适用,但在当下民办高校办学规模急剧扩大,相关利益者更为复杂的情境下,若坚持采用单边治理模式,会阻碍学校的长远发展。

所有权与管理权者共同主导下的双边治理模式是基于经济学领域中物质资本与人力资本共同主导下的双边治理模式发展而来的。民办高校经过不断发展,办学规模迅速扩大,出资者直接管理学校的难度增加,便开始尝试将学校的经营管理权委托给人力资本所有者民办高校的人力资本所有者,包括校长、职能部门管理人员以及广大教职工等,实质上就是民办高校的经营管理者。学校的投资所有者通过签订契约的方式将学校所有权下放给更多的得到认可且适合的人力资本所有者。民办高校的经营管理者不再是出资所有者的决策执行者,而是逐渐以独立身份参与学校内部治理,但在权力运行过程中受学校出资所有者的监督,双方共同致力于学校治理效率的提升,推动民办高校的可持续发展。这一双边治理模式面临的最大问题是委托—代理问题,即所有者与管理者的利益追求不同甚至可能会相悖,通过何种方式使两者利益相互协调,完善两者的契约关系仍旧是这一模式发展过程中的瓶颈问题。

民办高校内部治理的利益相关者共同治理模式是指学校内部利益相关者之间对学校的控制权、所有权、管理权等权利以及风险进行合理配置,共同参与学校内部治理。[①] 任何一个组织的利益相关者都会对组织的生存发展产生至关重要的影响,民办高校作为一个典型的利益相关者组织,其内部治理中的利益相关者主要包括学校的出资所有者、以校长为代表的管理者、广大教职工以及学生等,他们都直接影响着民办高校的可持续发展。相较于前面的单边治理模式与双边治理模式,利益相关者共同治理模式既充分发挥了学校投资所有者原有的作用,也给予了学校的经营管理者独立行使权力的能力,同时还吸收了广大教职工及学生的集体智慧,促进了内部治理结构的完善,形成了"多元主体参

① 参见胡四能:《民办高校建立共同治理结构模式研究》,《江苏高教》2007年第4期。

与、共同协作发展"的治理模式。① 这一内部治理模式既保障了投资者的利益，又确保了各利益相关者能够平等地参与事关学校发展的重大问题的决策，风险的分摊大大降低了单边治理模式下可能会产生的办学风险。利益相关者共同治理模式能够在最大限度上坚持民办高等教育的公益性原则，有利于推动民办高校民主决策机制的建设，因此越来越成为民办高校增强自身竞争力的必然选择。

我国民办高校对于内部治理模式的选择随着民办高等教育与民办高校的发展周期而变化着。民办高等教育发展初期，我国民办高校的内部治理更多的是采用所有权主导控制的单边治理模式。随后，虽向双边治理模式转变，但仍旧无法走出股东控制主导的单边治理模式，未能实现真正意义上的双边治理模式。现如今，我国民办高校已进入分类规范发展阶段，不管是营利性民办高校还是非营利性民办高校，实现由单边治理模式向利益相关者共同治理模式的转变，是当下提升民办高等教育质量与水平，增强民办高校竞争力的必然选择。治理模式转换是民办高校实现可持续发展的关键②，这一方面要求学校完善相关的制度安排，确保各利益相关者切实参与到民主决策中，并通过监督制约机制平衡各方的权责关系；另一方面也要求民办高校的相关利益者能够增强自主意识，发挥自身的积极性与主动性，把权接住、管好。

四、民办高校内部治理机制

机制最初的释义是指机器的构造以及工作原理，现在已经被广泛应用于一些社会学科与社会现象中，其内涵演变为事物或现象的内部组织及运行变化的规律。在治理理论中，机制被界定为治理结构顺利运行的规则原理，称为治理机制。民办高校内部治理机制指以民办高校治理结构为组织机构，为解决治理问题和实现治理目标而进行的民办高校运行方式和制度设计。它依赖于民办高校构成要素间的相互作用，既是一个有机的系统，是一个运动着的过程，也是内在功能及其作用方式的总和。所以说，内部治理结构的完善是健全内部治理机构的基本前提，内部治理机制是内部治理结构得以顺利进行的根本保障。民办高校内部治理在构建相对完善的内部治理结构的基础上，逐步转向治理机制的建设，是促使民办高校内部治理科学高效运行的必然选择。

① 参见杨炜长：《利益相关者视野中民办高等教育质量保障体系的构建》，《黑龙江高教研究》2012 年第 11 期。

② 参见麻宝斌等：《公共治理理论与实践》，社会科学文献出版社 2013 年版，第 36～38 页。

目前，我国民办高校内部治理机制主要包括决策机制、激励机制、评价机制与监督机制机制四种。

（一）决策协调机制

民办高校内部治理的决策机制，主要是指在学校运行过程中，对于事关学校发展的各类事项由谁通过何种方式进行决策。广义的决策机制既包括董事会对事关学校重大发展事项的决策，也包括以校长或院长为首的执行机构对具体事项的决策；狭义的决策机制则主要是指作为学校最高决策机构的董事会或理事会进行决策。本书就狭义的决策机制进行讨论，如何保证董事会权力的顺利实施是决策机制要解决的主要问题。

建立与完善决策机制要注意两方面的内容：其一，要平衡好学校所有者，尤其是营利性高校的股东与董事会之间的关系。从委托代理的理论出发，董事会指民办高校所有者的委托代理人，实质上要对所有者负责。如何在这一现实环境中确保董事会成员构成的科学性，避免董事会成为所有者，尤其是股东背后的影子，独立地发挥其决策作用，是健全决策机制首先要解决的问题。针对这一问题，我国关于民办高等教育的相关法律法规对董事会的成员构成，成员应满足的基本条件，以及董事会进行集体仪式的方式都做了相应的较为具体的规定，对此前面曾就民办高校的决策机构做过相关论述。其二，内部治理的决策制定与实施并不是绝对封闭的，需要结合当下的社会背景，更是会受到政府、社会公众、家长、银行等融资机构的影响。也就是说，内部治理决策机制的建立需要外部环境的支持。所以，健全的决策机制应当包括灵活的调节机制，在建立通畅高效的信息收集反馈渠道的基础上，能够根据学校内外部环境的实时变化，迅速地做出合理调整，保证决策制定与执行的高效率、高质量。

（二）激励机制

民办高校内部治理的激励机制主要是为完善学校投资所有者与经营管理者之间的契约关系而逐步建立的，解决的是投资所有者作为委托人与经营管理者作为代理人之间的动力问题。通俗地说，就是民办高校的所有者通过激励机制激发经营管理者的积极主动性，旨在使代理人在追求自身权益的同时，最大限度地保证所有者的利益。

民办高校激励机制的健全同样要解决两个基本问题：其一是激励对象的确定，在民办高校内，激励的对象既包括校长、高级管理人员，又包括广大教职工，其中对广大教职工的激励更能增加其归属感与学校建设的使命感，更有利于学校核心竞争力的塑造与提升。其二是如何进行激励，这也是建立激励机制的核心问题。激励的方式主要分为物质激励与精神激励。物质激励即满足人们的物质需求，包括工资、福利、补助、奖金等；精神激励主要包括对教师劳动的尊重、对教师职业生涯发展的促进等。在进行激励的过程中要注意四个问题：第一，激励要建立在对被激励对象充分了解的基础上，也就是说，民办高校的激励要在对管理者及教职工充分调查、分析的基础上，预测出他们真正的需求，然后结合学校所有拥有的资源给予他们最需要的奖励。第二，不管是物质奖励还是精神奖励，它们只是激励的外在实现形式，激励的根本着力点是影响激励对象的观念，对他们的行为进行合理引导，使其将自我发展与学校发展统一起来，为学校发展服务。第三，充分利用权力激励方式，主要是指将学校的部分所有权及剩余控制权下放给合适的且公认的激励对象。心理学研究证明，权力是一种影响力巨大的激励方式，能够产生极大的激励效用。“掌握控制权至少可以满足代理人三方面的需要：代理人施展才能和自我实现的需要；控制他人或感觉优越于他人、感觉自己处于负责地位的需要；职位特权带来的享受‘在职消费’的需要。”[①]第四，没有绝对科学的激励机制，任何激励机制在发挥其助长作用的同时，也会存在致弱现象，即在激发部分员工将自身目标与学校目标有效结合，服务组织发展的同时，也会抑制或削弱部分员工的积极性。因此，民办高校在进行激励时要最大限度地保证公平公正，降低致弱现象的出现概率。

总之，民办高校内部治理的激励机制在于通过对外部因素进行调整来激发或调动被激励对象的内部因素，使其发挥主观能动性，促进学校的长远发展。当然，若只有激励机制是远远不够的，要辅之以评价机制，强调权、责、利的统一，在给予激励的同时，关注对代理人的具体约束。

（三）评价机制

随着我国高等教育的发展由规模扩张向内涵发展的转变，高校间的竞争愈发激烈，尤其是民办高校面临着巨大的挑战，民办高校的内部治理越来越成为影响学校竞争力的重要因素，而科学高效的内部治理能够塑造并提升民办高校的核心竞争力。评估衡量学校内部治理的实际效果离不开科学、全面、公正的评价机制。高校内部治理评价机制的建立是在内部治理结构得以构建并在实践

---

① 参见李福华：《论提高高等教育资源利用效率的激励约束机制》，《教育与经济》2001 年第 3 期。

中逐步发展成为一种治理模式的基础上进行的，其主旨目标在于发现内部治理过程中存在的问题，进一步完善治理结构，从而提升学校内部治理的质量与效率。

教育评价本身具有鉴定、导向、激励、诊断、调节、监督的作用，民办高校内部治理的评价机制在整个内部治理机制中最为关键。评价的导向与鉴定功能促使民办高校的管理人员及广大教职工能朝着学校所期望的方向努力，并鉴定被评价者的目标完成程度，以此作为依据进行激励；评价的诊断功能又与民办高校监督机制相辅相成，评价体系的构建为学校监察会监督权力的运行提供了一个抓手。所以说，没有评价，学校的内部治理效率，尤其是内部治理结构便得不到有效诊断，激励就无从谈起，监督可能仅是一种理念。

在进行内部治理评价机制的建设中，首先需要解决两个问题，即谁来评价以及评价如何进行。首先，评价的主体可以是诸如校长、职能部门处长、教师或学生等某个人，也可以是诸如教授委员会、教职工代表、学生代表、社会公众等某个群体；既可以来自于校内也可以来自于校外。然而，不管评价主体如何选择，都必须具有多元化特性。尤其是在当前我国民办高校内部治理模式逐步转向利益相关者共同治理的背景下，多元化的评价主体的选择，能够代表不同的利益相关者，在不同利益相关者相互博弈的过程中，评价的公平性得以有较大程度的保障。其次是如何进行评价。针对这一问题，民办高校要注意三方面的内容，第一是评价指标体系的设立，在确定包括高校内部治理制度保障、结构、决策、执行、监督等评价主要内容的前提下，分设多层子评价指标，将评价的每一个内容都转换成可被评价的指标。同时在构建评价指标体系的同时，要坚持全面系统原则和客观可行原则。第二，评价的过程要坚持公平公正，唯有此，才能发挥其应有的作用，否则将产生行贿受贿、腐败落后等一系列阻碍学校发展的问题。第三，评价只是手段，评价的最终目的是调节、变革学校内部治理中的薄弱环节及存在的问题。因此，要树立服务性评价、发展性评价以及协调性评价这三种评价理念，灵活使用多种评价方法。

（四）监督机制

有权力运行的地方就一定要设有监督，任何权力运行的主体都是人，若要保证权力运行的效率与公正就必须通过监督对人的利己性进行限制。因此，在民办高校内部治理的机制建设中，必须要加强对监督机制的建设。民办高校内部治理的监督机制主要是指学校的利益相关者对学校办学及运行过程中的行为、结果等进行客观公正的审查、问责、监督、追究，以保证治理权力在法律规定范围内得以科学行使的机制。民办高校的可持续发展离不开完善的内部监督机制。

民办高校内部治理的监督机制主要包括两方面：一是作为监督机构的监事会对学校的决策、财务、管理人员履职情况等办学行为进行持续的监督。监事会监督是内部治理监督机制的重点，监事会对国家相关法律已经开始对民办高校监事会的成员构成、人数限制、任职资格等作了相关规定，尤其是规定决策机构的工作人员及其亲属不得兼任，更不能担任监督机构的工作人员，以确保监事会成员构成的科学合理，在法律层面上保证监督的客观公正。另一个则是民办高校内部治理各权力主体之间的互相监督，如董事会对校长的监督，股东大会对董事会的监督。各权力主体之间的监督实质上是一种权力平衡制约机制，学校内部治理结构中各权力相互监督、制衡有助于学校整体利益最大化的实现，并能在很大程度上保证利益分配的公平性。这一监督制约机制的运行主要包括三个方面：首先要合理确定各权力主体的责任，明确各种责任之间的制约关系，便于责任执行人自我监督和约束。其次将责任与利益相结合，由责任带来的压力应该符合学校和个人利益这两方面的需求，以推动学校的有效运行。最后进行基于责任双方利益理性的动态契约管理，如学校与校长等管理人员签订工作合同，要求在一定聘期内达到一定水平，否则可以解除合同。

监督机制的建设同样要解决两个基本问题：其一是如何保证监督权的独立性，尤其是作为最高监察机构的监事会的独立性的保障。目前，虽已有关于监事会成员的规定，要求决策机构人员不得兼任或担任监督机构的工作人员，然而这并不能完全保证其独立性，要继续探索更为有效的方式，降低决策机构或学校所有者对监督机构权力行使的干扰。其二是监督过程中若发现问题应如何处理。监督机制的建设中，应当设置追究制度，针对监督发现的问题层层追究相关责任，将问题责任落实到人。然而，对于问题责任人的处罚应如何进行？是监督机构行使处罚权力，还是监督机构只负责检查发现问题，将之上报到有关部门？如果是前者，那势必造成监督机构权力过大，容易导致权力的滥用；但若是后者，则可能会出现问题不了了之的现象，使监察无力解决实际问题。

五、民办高校内部治理文化

学校文化是指一个学校在长期的办学实践中，经过不断地积淀，充分利用各种办学资源，融合多种文化观念，逐渐形成的一种具有自身特色的社会文化形态。[①] 民办高校文化是大学文化和民企文化两种不同质的文化冲突交融的独特产物。[②] 民办高校文化是指一所民办高校在长期的办学活动中，由其主要治学者倡导，经全体师生培育形成，并共同认同和遵循的办学理念、价值取向、管理制度、学校礼仪、行为规范、师生精神面貌等的总称。[③]

相对于公办大学的学校文化，民办高校文化兼具大学文化与民营企业文化的特性，是两者冲突交融而成的独特产物。[④] 民办高校既要遵循教育规律，也要遵循市场规律。在教书育人方面要坚持高校文化的“求真”特质，在管理运营方面又不可避免地融合着企业文化的“求效”特质。“求真”与“求效”相融合使得民办高校文化具备了自身的独特性。

民办高校文化是影响民办高校发展的关键因素，对于民办高校的可持续发展具有重要作用和价值。无论是环境文化、行为文化、制度文化还是精神文化，高校文化都会作为一种力量，对高校师生和社会公众产生巨大的作用力和影响力，为民办高校发展提供内部精神动力。民办高校文化能够引导师生员工的价值取向和行为选择，为实现学校的可持续发展提供内部精神动力，有利于激发文化育人的效能，产生熏陶力；增强教职员工的凝聚力，产生向心力；塑造核心价值观念，产生软约束力；实现知识共享，形成学习力；增强组织活力，产生创新力。高校文化是一种亚文化，属于社会文化的一个组成部分，对外可提高社会形象，增强社会辐射力，为高校品牌的塑造提供强力支持。[⑤]

民办高校的可持续发展需要学校文化的支撑，民办高校应努力建设校园文化，进一步确立学校的办学理念及办学定位，形成在人才培养、课程设置等方面的特色，明确学校发展方向。在此基础上，根据学校的实际情况，探索建设学校特有的内部管理制度。在高校校园文化建设的指导下，形成有自己特色的校园文化，在高校竞争激烈的情况下寻求自己的生存之地。

---

① 参见王冀生：《绿色、人文、科技、和谐——大学校园文化的内涵和建设》，《南昌航空工业学院学报》（社会科学版）2006 年第 1 期。

② 参见王晓瑜：《论民办高校文化力的能量流失与有效激发》，《江苏高教》2010 年第 1 期。

③ 参见张丹：《陕西民办高校文化与可持续发展研究》，《中国民营科技与经济》2005 年第 9 期。

④ 参见王晓瑜：《论民办高校文化力的能量流失与有效激发》，《江苏高教》2010 年第 1 期。

⑤ 参见盛振文：《可持续竞争优势理论视角下民办高校可持续发展研究》，天津大学 2015 年博士学位论文。

第 二 篇

山东省民办高校
内部治理现状考察

山东省作为高等教育大省，近年来民办高等教育发展迅速，已成为山东省高等教育系统的重要组成部分。改革开放以来，山东省秉承国家顶层设计中关于民办高校政策法规的指导精神，对民办高等教育的发展日益重视，配套政策日趋完善，财政扶持力度逐步增加，为民办高校的发展创设了更加理想的政策环境。山东省民办高校在国家和省级政策的带动下，不断发展壮大。然而，山东省民办高校一方面在办学规模和质量上得到了极大的发展，另一方面在内部治理领域也存在着一系列问题。优化山东省民办高校的内部治理，首先要全面而深刻地把握山东省民办高校内部治理的现状，了解存在的问题，发掘深层次的原因，然后才能够提出行之有效的对策。问题来源于现实，本篇采用问卷调查与访谈调查相结合的方法，深入分析了山东省民办高校内部治理的国家和省内政策环境，梳理了山东省民办高校内部治理的历程以及特点，政策法规落实情况，内部治理结构、模式以及治理机制现状，总结出了山东省民办高校内部治理中存在的主要问题，并深入探究了其背后的原因。从政府、高校和社会等多个方面，为优化山东省民办高校的内部治理明确了改进方向。

第三章

民办高校内部治理的政策环境

教育政策作为行为规范和行动准则，是国家实现教育目标的有力手段，对教育有着导向、规约和协调等作用。良好的政策环境是民办高等教育蓬勃发展的基本保障，也是规约民办高校内部治理走向科学化和合理化的前提条件。我国民办高校的内部治理与民办高等教育政策上的作用息息相关。可以说，从民办高校的治理结构、治理模式到治理机制的每一次变革，都离不开政府政策的指引。

由于受经济政治体制影响，我国的高等教育办学体制具有“国家集中计划、政府直接管理”的显著特征。在这样的大环境下，与公办高等教育相比，我国的民办高等教育虽然具有体制机制灵活、办学自主权相对较高的特点，但受我国经济政治体制及民办高等教育自身的公益性属性的影响，民办高等教育的办学体制不可避免地会受到国家和地方政策的制约，政策导向对民办高校内部治理起着先决性的作用。[①] 国家对民办高等教育的宏观调控主要通过立法和财政资助手段间接实现。教育政策方针始终决定着我国民办高等教育的发展方向，对民办高校的发展起着推动与制约作用，对其内部治理起着指引与规范作用。财政支持在鼓励先进、发展特色、稳定师资和保障生源等方面发挥了重要作用，大大促进了民办高等教育的发展。对于我国的民办高校而言，其内部治理不可避免地会受到国家和地方政策的双重影响。因此，政策是我国民办高校内部治理

① 参见米红、周仲高：《国家政策取向与高等教育之间互动关系研究》，《中国软科学》2003 年第 8 期。

过去、现在乃至未来发展的根本所在。[①] 研究山东省民办高校的内部治理，首先应充分了解山东省民办高校内部治理所处的国家政策环境和省内政策环境。

第一节　民办高校内部治理的国家政策环境

改革开放以来，民办高等教育经历了从萌芽到逐步壮大的发展历程。国家高度重视民办高等教育，为民办高等教育改革和发展制定了一系列改革和规划，民办高等教育的政策法规也在不断更新，国家陆续颁布了有关民办高等教育的政策性文件，对于民办高等教育办学体制进行方向性的指引，为民办高校发展提供了契机。但是，通过整理分析笔者发现，目前尚无专门的民办高等教育政策法规，民办高等教育相关的政策法规一般包含于民办教育的政策文件中或者高等教育的文件中。其中大部分是针对民办教育（包括学前、中小学、高职、大学）的宽泛指导，并没有针对民办高校进行专门规定。因此，要进一步完善和落实民办高等教育法规，细化民办高校内部治理法律法规，需要国家、地方政府和民办高校的共同努力。

一、民办高校内部治理的国家政策概况

目前，关于民办高校内部治理的专门政策文件，主要散见于民办高等教育政策文件中。与民办高等教育相关的政策文本主要有《中华人民共和国教育法》（以下简称《教育法》）、《中华人民共和国高等教育法》（以下简称《高等教育法》）、《中华人民共和国民办教育促进法》（以下简称《民促法》（2017））、《中华人民共和国民办教育促进法实施条例（修订草案）（送审版）》（以下简称《实施条例（送审版））、《民办学校分类登记实施细则》、《营利性民办学校监督管理实施细则》、《国务院关于鼓励社会力量兴办教育促进民办教育健康发展的若干意见》（以下简称《若干意见》）、《教育部等十四部门关于印发〈中央有关部门贯彻实施《国务院关于鼓励社会力量兴办教育促进民办教育健康发展的若干意见》任务分工方案〉的通知》（以下简称《任务分工案》）及《国家中长期教育改革和发展规划纲要（2010～2020 年）》（以下简称《纲要（2010～2020 年）》）。下面主要从文件名称、公布/修订日期、关键点和主要内容几方面进行简要梳理。

① 参见邬大光、卢彩晨：《艰难的复兴　广阔的前景——我国民办高等教育 30 年回顾与前瞻》，《中国高教研究》2008 年第 10 期。

表 3-1　　民办高校内部治理的国家政策环境概况

文件名称/字号	公布/修订日期	关键点	主要内容
《教育法》	2015年12月7日第二次修正。	鼓励举办，未提及内部治理。	鼓励办学，但未提及内部治理。
《高等教育法》	2015年12月27日。	提及内部管理，参照相关规定。	(1)国家鼓励社会力量依法举办、参与和支持高等教育事业。 (2)民办高校内部管理体制按社会力量办学规定确定。
《民促法》(2017)	2002年12月28日通过，2016年11月7日第二次修正。	(1)对民办高校内部治理进行了详细规定。 (2)对民办学校资产与财务管理进行了明确规定。 (3)分类管理：营利与非营利学校，差别化扶持与奖励。 (4)保障师生权益。	1. 内部治理 (1)设立决策机构并建立相应的监督机制。 (2)对理事会或董事会的组成人员和数量要求、理事或董事的资质条件做了明确规定，明确规定了董事会或理事会的职权范围。 (3)对民办学校的法定代表人、校长的任职要求和职权范围进行了规定。 (4)教职工代表大会保障教职工参与民主管理和监督，工会维护合法权益。 (5)加强党的建设(未细化)。 2. 产权政策 民办学校对举办者投入民办学校的资产、国有资产、受赠的财产以及办学积累享有法人财产权。 3. 分类管理 (1)非营利性民办学校享受与公办学校同等的税收优惠政策。 (2)新建、扩建非营利性与营利性民办学校用地差别化政策。 4. 教师权益 依法通过以教师为主体的教职工代表大会等形式，保障教职工参与民主管理和监督。教师和其他工作人员通过建立工会组织，维护其合法权益。
《实施条例》(送审稿)	2018年8月10日	(1)对内部治理结构、权责分配进行了更详细的规定。 (2)分类管理，差别化扶持与奖励。 (3)保障师生权益。	1. 内部治理 (1)规定了决策机构负责人、法人代表任职条件、决策机构成员的构成：举办者或者其代表、校长、党组织负责人、教职工代表。鼓励非营利性民办学校的决策机构纳入社会公众代表，可设独立理/董事；规定了决策机构会议召开的频次、要求、决策形式、监督机构；详细规定了监督机构的人员构成比例，任职条件。 (2)校长：教育教学和行政管理职权。 (3)党建工作：学校党组织负责人或者代表应当进入学校决策机构和监督机构。 (4)规了定学校变更举办者的流程和要求，学校章程应当包含事项。 2. 产权政策 财务、会计制度和资产管理制度，会计账簿，重点是国有资产和捐赠财产的监督、管理。非营利性民办学校使用备案账户。 3. 分类管理 非营利性民办高等学校的经费补贴由省级人民政府承担；税收优惠、用地分类扶持；用电、用水、用气、用热执行与公办学校相同的价格政策。 4. 师生权益 监督机构，成员类型和比例、任职资格，教职工代表大会制度。

续表

文件名称/字号	公布/修订日期	关键点	主要内容
民办学校分类登记实施细则	2016年12月30日	非营利学校的内部治理和营利性学校的产权政策。	1. 内部治理 登记为非营利性学校,修改章程,重新登记。 2. 产权政策 登记为营利性学校,财务清算,明确财产权,缴纳相关税费,办理新的办学许可证,重新登记。
营利性民办学校监督管理实施细则	2016年12月30日	营利性学校内部治理和产权政策。	1. 内部治理 (1)营利性学校:董事会、监事(会)、行政机构,党组织、教职工(代表)大会和工会。 (2)明确规定了法定代表人、董事会、行政机构、校长的设立条件和职权。 (3)监事会中教职工代表不得少于1/3,明确职权范围。 (4)加强党组织建设。 2. 产权政策 营利性民办学校拥有法人财产权。
《若干意见》	2017年1月18日	(1)内部治理。 (2)产权政策。 (3)分类管理。 (4)师生权益。	1. 内部治理 (1)基层党组织全覆盖。 (2)法人治理,按章程管理学校。 (3)董/理事会和监事(会)制度,明确了董/理事会和监事(会)人员的构成、任职资格、和职权范围;探索了如何实行独立董事/理事、监事制度。 (4)完善校长选聘机制,明确任职资格。 (5)关键管理岗位亲属回避制度。 (6)教职工代表大会和学生代表大会制度,通过师生知情权、参与权保障师生的民主管理和监督权利。 2. 产权政策 资产管理和财务会计制度,明确了产权关系和资产管理制度、会计核算、第三方审计制度。 3. 分类管理 分类管理制度;差别化政策体系;退出机制(分类别);扶持制度(分类别):财政投入,财政扶持方式(设立民办教育发展基金,同等资助,税费优惠,差别化用地,分类收费)。 4. 师生权益 师生的知情权、参与权,保障师生的民主管理和监督权利。师生争议处理机制,教职工代表大会和学生代表大会制度。
《任务分工案》	2017年7月7日	要求各牵头部门会同参加部门研究制定各项任务具体落实工作方案,包括落实方式及时间进度安排。	明确党建、创新体制机制、产权、分类管理、保障师生权益等分工的具体负责部门

续表

文件名称/字号	公布/修订日期	关键点	主要内容
《纲要（2010～2020年）》	2010年7月29日	(1)内部治理。 (2)产权政策。 (3)分类管理。 (4)师生权益。	1.分类管理 探索民办学校的分类管理，规范民办学校的法人登记。 2.内部治理 确定了法人治理结构；理/董事会，校长，推进监事制度；党组织的作用；派遣民办高等学校督导专员。 3.产权政策 确定了法人财产权，民办学校财务、会计和资产管理制度，办学风险防范机制和信息公开制度；扩大社会参与监管，加强评估。 4.师生权益 落实民办学校教职工的民主管理和监督权利。加强教代会、学代会建设，发挥群众团体作用。

二、民办高校内部治理的国家政策分析

深入分析上述政策法规可以发现，目前国家对民办高等教育的发展日益重视，配套政策越来越完善，扶持力度逐步增加，逐步形成了更适宜民办高等教育发展的政策环境。现存民办教育政策体系中关于民办高校内部治理的政策法规主要体现在民办高校内部治理、产权政策、分类管理和师生权益四个方面。

（一）民办高校内部治理

新的国家政策下，我国民办高校的治理结构更加明晰，治理主体更加多元，治理机制更加民主，并逐渐由单边治理向多元治理主体转变。在实施新政策之前，民办高校的内部治理呈现以举办者为中心的单边治理模式，其优点是决策迅速、高效，却容易有失科学性和公正性。《民促法》(2017)从多方面入手，优化民办学校的内部治理结构，要求党组织负责人进入董事会，强化党对民办学校的领导，并规定民办学校建立监督机制。以上政策法规将为民办高校内部治理的多元化提供依据，为民办高校的内部治理奠定坚实的组织根基和法律基础，为民办高校内部治理的规范化提供更加良好的政策范围。具体来说，主要体现在以下三个方面：

首先，政府治理责任更加明确。主要表现在以下几个方面：加快完善民办高等教育政策的顶层设计，并致力于政策的切实推进与落实，重点推进营利性与非营利性民办高校的分类管理，规范分类管理登记，实现选派党委书记全覆盖，细化民办高校变更、退出机制，加强教育部门或教育行业等第三方评估机构对民办高校的专业评估。特别是对民办教育采取营利性和非营利性分类管理

的明确提出，对于长期困扰民办高校发展的一大矛盾给予了明确规定，使民办高校在教育的公益性和市场性之间得到了平衡，减少了办学过程由于政策的模糊性而出现的违规操作。

其次，民办高校治理结构更加清晰。对于民办高校而言，明确的政策为其改革与发展提供了明确指向和具体要求。民办高校需要在党组织的领导下，保证办学方向的正确性，进一步依法完善理事会、董事会或其他形式的决策机构，细化其议事规程，并保证决策机构依法行使职责和权力。民办高校的举办者和投资人通过参与决策机构，行使应有的权力，实现对学校的治理和权益的保护。此外，对于民办高校校长的职权范围有了更明确的要求，对于监督机构的设置、成员组成及议事规程做出了明确要求，对于教职工代表大会的成员组成提出明文规定。民办高校的内部治理结构主要包括党组织、决策机构、执行机构、监督机构和民主机构，结构更加清晰，也更加科学。民办高校在新法的推动下，应该加强党的领导，强化教职工代表大会制度，并逐步建立监督机构，推进监事会制度。

最后，民办高校各项制度更加全面，主要体现在对于民办高校的财务、会计和资产管理制度的规定，对于民办高校中的国有资产和学校接受的捐赠财产的使用、管理和监督均做了相关规定，并要求非营利性民办学校的收费、资金往来使用备案账户。民办学校依法建立财务、会计制度和资产管理制度，设置会计账簿，保护其中的国有资产和获赠财产，建立备案账户等举措将对民办高校的办学资金提供强有力的保护，促进办学资金的引入与有效使用，保障师生的权益和办学质量，为民办高校法人财产权的贯彻落实奠定了坚实的制度基础，是民办高校实现内部治理法治化和科学化的重要保障。因此，民办高校各项制度的全面化对于民办高校办学的市场性起到了规约作用，将有利于对民办高校的办学行为的规范化，引领民办高等教育的法治化建设。

(二)分类管理

2017 年 9 月 1 日，新《民办教育促进法》提出了民办教育分类管理的指导思想，将民办学校分为营利性民办学校和非营利性两大类。对于这两种类型的学校，民办学校的举办者拥有自主选择权。新法还规定对两类民办学校实施分类管理，实行差异化的优惠和扶持政策。从学校治理的角度看，民办高校分类管理目标的实现有赖于两类民办高校各自选择与举办目的相适合的治理结构进行治理。

通过文本分析，实施分类管理后，两类民办学校在法人属性、管理部门、办学结余的分配上均不相同。在法人属性上，非营利性民办学校登记为民办非企业单位或事业单位，营利性民办学校登记为企业；在管理部门上，分别去民政部门/事业单位登记机关和工商行政管理部门登记；在办学结余的分配上，禁止非营利性学校举办者营利，允许营利性学校举办者获取收益。在新法形势下，政府建立差别化扶持政策，两类学校各得其所，构成清晰的管理局面。由《民促法》(2017)及相关政策法规可知，两类民办学校在财政支持、土地税收、收费等方面所得到政策利好差异显著。于举办者而言，不同的选择代表不同的政策支持。非营利性民办学校在很多方面所获得的政策支持比肩公办学校，如土地、税费优惠方面，并能够得到政府的各类购买服务的财政补贴，各类基金、捐资形式的奖励；营利性民办学校在允许获得收益的情况下，其获得的政策支持相对较少。以上两类民办学校的政策差异表明了国家在民办教育分类管理改革中的导向和趋势，即大力支持举办者选择非营利性民办学校。

民办教育分类管理在给非营利性民办学校带来利好的同时，也为营利性民办学校带来了办学成本攀升、社会认同感下降、竞争优势不明显等问题。如何给营利性民办学校的发展创设积极宽松、公平有序的政策环境，提高其社会声誉，单就财政扶持政策而言，可以着重从以下几方面入手：一是明确政府购买服务、奖助学金、转让和出租闲置国有资产；二是实施其他省市各地已经普遍实践的民办学校成本分担和各种奖励机制；三是参照高新技术企业的相关标准，有针对性地对营利性民办学校实行优惠。

就扶持政策而言，国家已明确对非营利民办学校采取政府补贴、购买服务、基金奖励、捐资激励、助学贷款、奖助学金和出租、转让闲置国有资产等扶持措施。除需继续探索多元的财政资助方式外，还需要考虑三个方面的内容：一是建立公共财政资助民办教育的长效机制。省内应设立民办教育发展专项资金，并列入同级财政预算，按照当地民办教育的规模和发展需求，逐年加大对民办教育的扶持力度。二是明确财政扶持的重点任务和主要方向，比如重点支持民办学校内涵发展；公共财政资金向办学规范、特色突出、办学质量高、社会声誉好的民办学校倾斜，向举办方投入力度大、办学风险管控严格的民办学校倾斜。三是完善公共财政资金使用的监管配套政策体系，一方面需要规范民办学校法人治理结构，推进法人财产权落实，健全资产财务管理和加强质量监控及评价管理；另一方面可以探索实施财政扶持资金专户管理、信息报告和“一票否决”等监管制度。

综上可知，国家实施民办教育分类管理，对于民办高校的内部治理而言，一是在法律层面明确了民办高校的法人属性，有利于让民办高校的产权更加清晰。二是有利于政府建立差别化扶持政策，为两类民办高校的内部治理提供良好的政策环境和支持。三是有利于两类学校明确发展方向，获得更广阔的发展空间：非营利性民办高校在良好政策的支持下，开展内涵发展，向高水平民办高校的目标奋进；营利性民办高校与经济社会发展紧密相连，充分发挥其灵活性和市场性特点，提供特色教育，满足教育需求。四是有利于民办高校明确自身属性，修改办学章程，建立相应的内部治理结构，促进内部治理的科学化和法治化。

（三）产权政策

在影响民办高校内部治理的诸因素中，产权问题是关系内部治理的核心要素。旧的制度体制下，由于法律的模糊性，部分民办学校存在浑水摸鱼现象，发展空间受限。[①] 自 2007 年以来，民办高校的发展方式逐渐从“规模扩张”转向了“内涵驱动”，特别是 2017 年 9 月进入分类管理新时期以后，设计整合出明朗完善的产权制度是所有民办学校在实行多元治理化的道路上一条必经的道路。如果民办学校的产权得不到厘清，就会导致办学主体不明、内部治理混乱，导致办学短期化、功利化的现象，对民办学校的可持续发展产生致命影响。

通过分析《民促法》(2017)、《实施条例》(送审稿)、《若干意见》等政策文件文本，可以发现，目前的政策法律对我国民办教育做出重大变革，对我国民办教育的整体格局产生深刻影响，为民办教育建立了清晰的分类管理格局，使长期以来制约我国民办教育发展的根本问题“法人属性不清、财产归属不明”在国家制度层面得到了一定程度的破解，对于促进民办教育健康持续发展具有重大意义。作为民办教育的重要组成部分，当前的产权政策对民办高校产生的影响是非常深远的。作为上位法，国家层面上的产权政策存在原则性强、操作性弱的特点，因而法律的具体化与实践性不足。在新的政策环境下，虽然表面上形成了比较清晰的产权政策，然而仔细分析，实质上民办高校的产权问题并没有得到根本性的解决。

在新的政策环境下，分类管理政策的提出允许营利性学校的存在，产权也相应分为两类，产权相对以前更为清晰。按照新法分类管理政策的指导思想，现有取得合理回报的办学者如果选择登记为非营利性民办学校，将面临失去产

---

① 参见张晓云：《民办高校办学风险防范研究》，沈阳师范大学 2014 年硕士学位论文。

权、办学收益、办学结余的支配权，办学自主权受到更多限制等问题[①]；选择登记为营利性学校的办学者在得到办学自主权和更加宽广的融资渠道的同时，却会失去土地税收、财政扶持等优惠政策，并在招生与师资引进上难以与非营利学校竞争，甚至可能因为高额的土地重购价格而面临生存危机。目前，我国的民办学校举办者大多以盈利为目的，两种选择都将在一定程度上触动其利益。

国家政策虽然对民办高校的举办者提供了“营利性”和“非营利性”两个选择。但是，从国家到试点地区，比较两类选择，非营利性学校的配套措施是远胜于营利性学校的，扶持政策差异巨大。对比两种选择的不同待遇可以发现，上至国家下到地方都在传递着同一种声音：希望、鼓励和引导举办者选择“非营利性”。如果大多数民办高校选择了营利性办学，则违背了国家开展民办教育改革的初衷，意味着改革是不成功的。

在这种政策环境下，一些民办高校的举办者即便选择了“非营利性”，后期办学过程受利益驱使，也有可能采用一些非法手段来取得利益，从而侵占民办高校的法人财产权。而选择营利性的民办高校，在学校资产的处理上也存在着政策盲区，举办者的原始投入不存在争议，但办学积累的归属并未明确，尤其是土地的增值。全部给予举办者，违背教育的公益性；全部收归国家，则有侵占私人财产的嫌疑，从而缺乏一个合理而明确的分配。如果借鉴温州经验，民办高校的土地增值部分作为政府投资入股，则可能多年后国家由于土地增值而成为学校的大股东，举办者失去对学校的控制，从而导致财产权的不明确和分割的不公平。此外，我国民办高校中的产权概念比较偏重于法学上的定义，主要是对高校财产所有权的行使（占有、处理、使用和收益），注重产权人对产权的责权一致性。但是，民办高校的产权除了有形资产外，还有学校品牌、声誉口碑、社会认可度等无形资产，这些在政策法规里并没有体现。

综上可知，民办高校的产权政策受分类管理改革影响深重。分类管理中的各项实施细则的缺失将导致产权政策的不明确。而且新法实施后，为实现新旧交替有序进行，大部分省份设置了过渡期；加之有些地方配套制度尚未出台，未来政策存在着一定的不确定性。

（四）师生权益

教师和学生作为民办高校的重要主体，有着参与学校民主管理和民主监督

---

① 参见尹晓敏：《对〈民办教育促进法修正案〉实施落地的若干思考》，《浙江树人大学学报》（人文社会科学版）2017 年第 6 期。

的权利，其权益的保障也将在很大程度上影响政策制度的顺利推进，彰显着民办高校的治理水平，因而是民办高校内部治理的主要内容之一。

1. 教师权益保障

纵观《中华人民共和国教育法》《中华人民共和国教师法》《中华人民共和国高等教育法》，均对教师参与学校民主管理和民主监督做出了规定，总的来说包含以下权利：面向学校和教育行政部门，教师在教育教学和管理工作方面拥有发表意见和提出建议的权利，并规定了参与途径（教职工大会或其他形式），还可通过工会保障教师权益。民办高校的教师也应当享有以上权利。新《民办教育促进法》、《实施条例》（送审稿）和《若干意见》对于民办高校教师的民主管理和监督权给予了更加明确的规定，要求学校的决策机构董事会/理事会中必须有教职工代表，且以教育教学经验作限定性条件作为成员任职资格，要求拥有五年以上教育教学经验者所占比例不得少于1/3。教师进入学校董/理事会，这就从学校的治理结构上对于教师参与学校管理提供了保障。上述法律还强调教职工代表大会或其他形式的组织机构要以教师为主体，从而从组织机构成员上保证其利益的出发点一致，为教师参与民主管理和监督提供了支持和保障。《民促法》（2017）提出民办学校应设立监督机构；《实施条例》（送审稿）第二十七条明文规定，监督机构中教职工代表的数量不得少于1/3，这就从监督机构的人员构成上确保了教师民主监督权的行使。并且，监事会的设置还会受到学校教职工数量的影响，如果民办学校的教职工不足20人，则不必设置监事会，只需设1～2名监事。

由以上政策法规可以发现，在国家政策层面，对于民办高校教师参与学校民主管理和民主监督，在法律规定上有了基本保障。从《纲要（2010～2020年）》《中华人民共和国教育法》《中华人民共和国高等教育法》到《民促法》（2017）、《实施条例》（送审稿）、《若干意见》，一脉相承，均作了明文规定：教师享有借助教代会等形式，参与学校民主管理和监督的权利。尤其是《实施条例》（送审稿），对于民办高校决策机构和监督机构中教师占比的硬性规定，给予民办高校教师的民主管理和监督权以强有力的保障。但《实施条例》（送审稿）目前尚未确定，而且缺乏对于民办高校教师参与民主管理和监督的细则和具体实施办法。

2. 学生权益保障

相对于教师来说，学生参与学校民主管理与监督的权利在国家政策层面的重视不够，在《中华人民共和国教育法》、《中华人民共和国高等教育法》、《民促法》(2017)、《实施条例》(送审稿)中均未涉及。在《纲要(2010～2020年)》第四十条提到,应加强学生代表大会建设,但并未明确提出学生拥有民主管理与监督权。在《若干意见》中,对于民办学校学生参与民主管理与监督的权利有所涉及,主要包括学生对学校办学管理的知情权、参与权;还要求完善学代会制度,作为保障学生参与学校民主管理和监督权利的依托组织。但由于《若干意见》只是倡导性政策文件,在实践落实中缺少上位法的支撑。

在国家政策层面,对于学生参与学校民主管理和民主监督的规定相对来说比较少,在各级教育法律法规中均未提及,在《纲要(2010～2020年)》中只是要求建设学生代表大会,未提及学生的民主管理与监督权。只有《若干意见》明确规定了学生参与学校民主管理和民主监督的权利,为民办高校学生参与学校管理和监督提供了依据。但是,在民办学校的决策机构和监督机构中,均未要求学生的参与,从而使学生参与学校民主管理和民主监督权利的实现变得很难。总体来说,国家政策层面对于民办高校学生参与学校民主管理和民主监督并未给予足够的重视,相应的法律规定比较缺乏。

第二节　山东省民办高校内部治理的政策环境

作为高等教育大省,山东省的民办高等教育发展迅速,已成为山东省民办教育系统的重要组成部分。山东省政府非常重视民办高等教育,同时也出台了一系列政策法规支持鼓励和规范制约民办高等教育的发展。与国家政策类似,山东省尚无专门的民办高等教育政策法规,尤其是民办高校内部治理的政策法规,一般涵盖于民办教育政策法规之中。在民办教育大层面,山东省已逐步建立起民办教育政策体系。在山东省政府的政策法规体系中,对于民办高校的扶持与规范并重,对于民办高校内部治理的核心要素,如内部治理结构、产权政策、分类管理、师生权益等均有不同程度的规定,为民办教育的发展提供了强有力的保障,也为民办高校的内部治理提供了良好的政策环境和有力的法律依据。

一、山东省民办高校内部治理的政策概况

(一)山东省民办高校内部治理的政策沿革

改革开放以来,山东省政府在国家民办教育相关政策法规的引领下,不断推出相关政策法规,逐步建立起了山东省民办教育发展的政策体系。这些政策法规一方面是对国家政策的贯彻执行,另一方面致力于省内教育资源的合理配置,促进山东省内民办高等教育事业的发展。在民办教育的不同发展时期,山东省政府结合省内办学实际,出台相应的政策法规,这些政策法规在为山东省民办高校的发展提供越来越好的政策环境的同时,也使山东省民办高校的内部治理日益规范和科学。

1985 年 12 月,山东省政府出台了《山东省社会力量办学暂行办法》,对社会力量办学的学校名称、办学方式等给予了初步规定,初次从省级政府的高度对民办学校加强了统筹和管理。民办高校作为社会办学的一部分,接受省政府对其内部治理提出的初步要求。接下来,1996 年《中华人民共和国职业教育法》和 2002 年《民促法》及 2004 年《实施条例》的出台,使民办高校开始走上规范化道路。2002 年,《山东省民办高等教育管理暂行办法》对民办高校的设立条件、审批、管理等予以较为明确的要求,但比较宽泛。值得一提的是,该办法强调加强民办学校党的建设,并对党组织的建设提出了具体要求。

2002 年《中华人民共和国民办教育促进法》的实施对民办高校内部治理产生了重大影响,也对民办学校的内部治理结构提出了具体要求,要求民办学校建立董事会或理事会等决策机构,并对董事会/理事会的人员构成和职权范围做出了明确规定,对校长的职权范围也做了具体规定,并要求民办学校通过以教师为主体的教职工代表大会保障参与民主管理和民主监督。此外,该法还规定了民办学校的法人财产权,对于民办学校财产权的管理和使用作出了规定,并保障教师借助教代会参与学校的民主管理和监督。此外,该法还明确了民办学校的法人财产权,并对民办学校财产权的管理和使用作出了规定。自此,民办高校的内部治理实现了有法可依。因而,2002 年《民办教育促进法》在山东省民办高校内部治理史上具有里程碑式的意义。

2007 年以来,山东省政府制定了一系列政策法规,如《关于加强民办教育规范管理引导民办教育健康发展的意见》《关于加强民办教育管理的若干规定》《关于严格规范民办学校办学秩序的通知》《关于民办教育强化属地管理健全规

章规范的意见》《关于加强民办高校党的建设工作的若干意见》等，以引导山东省民办教育开展内涵建设。相应地，山东省民办高校也进入了内涵发展阶段。2013 年国家对《民办教育促进法》进行了第一次修正，在这期间，山东省民办高校的内部治理政策变化不大，基本维持了 2002 年《民办教育促进法》的要求。

2018 年 5 月，山东省政府出台了《关于鼓励社会力量兴办教育　促进民办教育健康发展的实施意见》（以下简称《山东省政府实施意见》），引发了山东省民办高校内部治理的第二次重大变革。此次变革响应国家对于民办教育分类管理的指导精神，将民办学校分为营利性与非营利性两类，两类民办学校的法人属性、产权政策及获得政府扶持政策上存在巨大差异。相应的，办学章程、内部治理结构也有差异。此外，首次以法律形式规定民办学校需要建立监督机构，强化党对民办学校的领导，并要求党组织和教师进入监督机构。此次变革对山东省民办高校的内部治理产生的影响最为深刻。

山东省各地市在省政府的带领下，结合区域民办高等教育发展实际，制定了规范和扶持民办高等教育发展的相关政策法规。各区域在省政府的带领下，围绕民办高等教育机构的设置、审批、登记以及规划、监管、资助等要求逐步形成了体系。其中，关于民办高校内部治理的政策基本与该发展阶段山东省的相关政策一致，在此不做赘述。

从上述对民办高校内部治理政策的梳理中可以看到，山东省省委、省政府高度重视、关心、支持民办教育事业，为省民办教育进一步获取政府支持和社会认同，进一步规范化发展以及进一步提高教育质量奠定了一定的基础。各级政府及相关教育主管部门也出台了相关文件，制定了扶持与规范政策，为民办高校的发展提供了越来越好的政策环境。保障山东省民办高校的内部治理在发展中逐步规范，在规范中不断发展。

（二）山东省民办高校内部治理的政策现状

在国家顶层设计的大环境下，山东省尚无关于民办高校内部治理的专门政策文件，主要散见于各类关于民办高等教育的政策文件中，与民办高等教育相关的政策文本主要有《关于加强民办教育规范管理 引导民办教育健康发展的意见》《山东省中长期教育改革和发展规划纲要（2011～2020 年）》（以下简称《山东省纲要（2011～2020 年）》《山东省政府实施意见》）。表 3-2 主要从文件名称、公布/修订日期、关键点和主要内容几方面进行了简要梳理。

表 3-2　　民办高校内部治理的省内政策环境概况

文件名称/字号	公布/修订日期	关键点	主要内容
《关于加强民办教育规范管理 引导民办教育健康发展的意见》	2007 年 1 月 9 日		1. 内部治理 (1)依法规范民办学校管理。 (2)要建立健全党团组织。 (3)依法建立健全内部管理体制。学校理事会(董事会)为学校决策机构,依法行使决策权;校长依法行使教育教学和行政管理权。理事长、理事(董事长、董事)名单必须报审批机关备案;校长必须具备国家规定的任职条件,并报审批机关审批。 (4)向民办高校委派督导专员。 2. 产权政策 民办学校要落实法人财产权,出资人按时、足额履行出资义务;依法建立财务、会计制度和资产管理制度,编制财务会计报告。 3. 师生权益 未涉及民主管理与民主监督权利。
《山东省纲要(2011～2020年)》	2010 年 12 月 31 日	(1)内部治理。 (2)产权政策。 (3)师生权益。	1. 内部治理 (1)完善法人治理结构,逐步推进监事制度;完善民办学校教职工代表大会、家长委员会参与学校民主监督制度。 (2)发挥民办学校党组织的政治核心和保障监督作用。 2. 产权政策 明确民办学校法人财产权,依法建立民办学校财务、会计和资产管理制度。 3. 师生权益 各类高校应依法制定章程,探索建立大学理事会或董事会制度,发挥教职工和学生参与民主管理和监督的作用。
《山东省政府实施意见》	2018 年 5 月 30 日	(1)内部治理。 (2)产权政策。 (3)分类管理。 (4)师生权益。	1. 内部治理 (1)加强民办学校党的建设,党的组织和工作全覆盖;选派民办高校党委书记,兼任政府派驻学校的督导专员。 (2)完善学校法人治理,依法制定章程,按照章程管理学校。 (3)健全董事会/理事会和监事(会)制度,明确董事会/理事会和监事(会)成员人员构成、任职资格、和职权范围;探索实行独立董事/理事、监事制度。 (4)完善校长选聘机制,明确任职资格。 (5)学校关键管理岗位实行亲属回避制度。 (6)完善教职工代表大会和学生代表大会制度。依法落实民办学校师生对学校办学管理的知情权、参与权,保障师生参与民主管理和民主监督的权利。 2. 产权政策 明确产权关系、资产管理制度、资产管理和财务会计制度,第三方审计制度,财务管理办法,度财务、决算报告和预算报告报备制度。 3. 分类管理 建立分类管理制度(2022 年 9 月 1 日前完成分类登记)差别化政策体系;健全学校退出机制(分类别);完善扶持制度,落实同等资助政策,税费优惠,用地、分类收费。 4. 师生权益 完善教职工代表大会和学生代表大会制度。

二、山东省民办高校内部治理的政策分析

综合分析上述政策文本可知，山东省秉承顶层设计的指导精神，对民办高等教育的发展日益重视，配套政策日趋完善，财政扶持力度逐步增加，为民办高校的发展创造了更加理想的政策环境。与国家政策一脉相承，山东省现存民办教育政策体系中关于民办高校内部治理的政策法规主要体现在民办高校的内部治理、产权政策、分类管理和师生权益四个方面，其规定与国家政策基本一致，在此不做赘述，只在山东省有特色的地方加以陈述。

政府政策对民办高校内部治理有着导向性的影响，山东省政府通过增设监督机构，加强党的领导，在政策层面对民办高校内部治理结构的要求趋于完善，通过分类管理改革，进一步明晰了产权政策。通过提高监事会中教师所占的比例，增加了教师参与学校民主管理和监督的权利。对于学生参与学校内部治理，在《山东省政府实施意见》中提出要完善教职工代表大会和学生代表大会制度，在决策机构和监督机构里，均未提及要求学生必须参与，法律层面保障不足。学生作为民办高等教育的购买者和受教育者，是民办高校重要的利益相关者，有权利参与到民办高校的内部治理之中，这一点需要从法律层面得以解决。总体来看，山东省民办高等教育获得了很大的发展，民办高校的内部治理在政策的规定下，实现了有法可依、有章可循。但与高等教育改革发展的要求相比，民办高等教育生存的政策环境仍不容乐观。山东省民办高校内部治理政策在广度和深度上都需要进一步完善，还具有较大的上升空间，具体表现在以下方面：

第一，对民办高等教育内部治理政策的扶持性不足。政策对民办高等教育的发展具有导向性作用，表现在两个方面：发展性作用方面和规范性作用方面。发展民办高等教育是各级政府的重要工作职责，这里的“发展”主要是指规范发展和扶持发展；职责主要是指规范民办高等教育发展，或扶持民办高等教育发展。从已有的政策来看，现实规范性要求要强于其扶持性取向。在山东省政府的多项政策文本中，规范性政策文件要多于扶持性政策文件；山东省 16 地市已经出台的民办教育政策文件中，规范性政策文件也明显多于扶持性政策文件，大部分地市的民办高等教育政策都带有“规范”的色彩。

第二，民办高校内部治理政策的落实性较弱。落实性弱主要指上级的扶持性政策难以得到有效落实。从国家层面看，主要是政策所要求的民办教育专项资金、民办高校身份与民办高校教师的平等地位等难以有效落实。不少地区已

经通过试点的形式探索了民办高校内部治理的有效模式，如部分省份给予民办高校事业单位身份，部分地区给予民办教师社会保障事业单位待遇。山东省尚未出台与之相关的、有针对性的政策，无法有效鼓励、支持社会力量参与办学。加强对民办教育的统筹规划是政府的重要职责。按照对政策的理解以及办学者的认识，对民办教育重视的重要表现就是将其纳入各级政府的规划之中，将发展民办教育作为政府的基本职责。也就是说，纳入规划是支持民办教育的基点。但从目前来看，这种支持基本限于官方公布的政府部门职责中，未得到很好的落实。像民办教育规划并未在《山东省教育规划纲要》中得到重视，整体上对民办高等教育的发展方向、前景、分布、规模、数量、层次等缺乏宏观、全局、长远的规划。这主要是由于教育行政部门过于重视“规范”，而忽视了“引导、规划和服务”职能的发挥，导致自身的“规划者”角色在民办高等教育发展过程中处于虚位状态。

由前面的政策文本分析可知，山东省涉及民办高校内部治理的政策文件较少，有关财政扶持、税收优惠等方面的配套文件还基本处于缺失状态；各地市相关政策文件不均衡。总体来看，目前只有青岛市、潍坊市和东营市这三个试点地区已发布地方分类管理相关政策。因此，山东省政府仍需要进一步打破陈规桎梏，加大立法力度，提升立法层次，扩展立法维度，为民办高校的内部治理扫清法律死角，铺平法制道路。所以，顺利推进山东省民办高校内部治理的首要任务是完善配套制度，主要可从以下两方面着手：一是坚持国家统一规定与地方特色相结合，加快制定和完善相应的配套制度；二是加强沟通调研，及时跟进制度执行过程中的制度再设计。将实施力度上升至法律层面，具体到政策制度，才能保证其自上而下、由宏观到微观地全面贯彻落实，才能使政策得以落地实现。

第四章

山东省民办高校内部治理现状

为了深入了解山东省民办高校的内部治理现状，厘清山东省民办高校内部治理存在的问题，探索问题产生的主要原因，笔者以山东省 12 所民办高校为研究对象，从它们的官方网站上挖掘举办者的校内职务情况，深入剖析董事会的组成和运行机制等相关信息。从办学层次来看，这些民办高校既有本科高校，也有专科院校。此外，通过深度访谈、小型座谈会等调研形式，广泛收集省内相关民办高校举办者、董事会成员、党组织负责人、管理人员和师生、政府相关管理人员和相关领域专家学者等多元群体对民办高校内部治理现状的分析和观点。在此基础上，邀请部分专业研究人员进行了多次专题研讨活动，深入分析了民办高校内部治理存在的问题及成因。

本章首先梳理了山东省民办高校内部治理的历程及特点，从政府和民办高校两个方面调查了山东省民办高校政策法规的落实情况，分析了目前山东省民办高校的内部治理结构，探索了山东省民办高校的内部治理模式现状情况，并深入梳理了山东省民办高校的内部治理机制及运行情况，对山东省民办高校的内部治理现状进行了全面把握。

第一节　山东省民办高校内部治理历程

改革开放 40 年，也是民办高校发展的 40 年。这 40 年里，民办高校经历了从无到有，从弱到强，逐渐成长壮大的发展历程：办学条件越来越好，办学质量越来越高，社会认可度日益上升，逐步发展为我国高等教育系统中不可替代的一部分。在国家高等教育事业日益强大的背景下，山东省紧随国家脚步，其民办高校的发展历程与我国民办高校的发展历程大体一致：萌芽于20世纪70～80年代，于90年代进入快速发展期，21世纪初步入规范发展阶段，2007年开始注重内涵发展。从山东省民办高校的发展历程分析，可见在每一发展时期，民办高校内部治理均有着各自的特点。本书对山东省民办高校中规模较大、办学规范、内部治理较为成熟的发展历程进行了分析，将山东省民办高校的发展过程分为四个阶段：创办初期、快速发展期、内涵发展期和分类管理新时期。而这四个时期也正是山东省民办高校内部治理的四个发展阶段。

一、创办初期(1978～1998年)

1978年，第十一届三中全会的召开，在改革开放的经济大潮下，为民办高等教育开启了新纪元。1982年《宪法》以国家根本法的形式，确定了民办高校的合法地位："国家鼓励……其他社会力量按照法律规定举办各种教育事业。"接下来，1993年，国家教委出台了《民办高等学校设置暂行规定》，1996年出台了《职业教育法》，1997年出台了《社会力量办学条例》，以上法律为民办高校的发展创设了良好的法治环境。山东省对于每一时期的国家政策都积极响应和贯彻执行，并于1985年12月出台了《山东省社会力量办学暂行办法》，对社会力量办学的学校名称、办学方式等给予了初步规定，首次从省级政府的高度对民办学校加强了统筹和管理。山东省民办高校作为社会办学的一部分，接受省政府对其内部治理提出的初步要求。

在国家和省级政策的推动和全国各地创办民办高校热潮的影响下，山东省民办高校开始萌芽。1984年，山东省建立了高等教育自学考试制度，该制度催生了一批以自学考试助学为主要业务的非学历民办高等教育机构。这一时期，山东省民办高等教育的发展较为缓慢，但还是先后涌现出了一批优秀的民办高校。其中，山东力明科技职业学院、山东协和学院、山东英才学院均在这一时期创办。这一时期的民办高校一般办学规模比较小，办学资金较少，学校的社会认可度不高。由于这一时期的法律对于民办高校内部治理的规定仅限于名称、办学方式等，对于内部治理结构和机制并无统一规定，因此民办高校的内部治理结构和治理机制比较简单，并各有特色。举办者的教育背景和资金来源是影响学校内部治理最为关键的因素。举办者类型与出资目的直接决定了民办高校的发展战略与办学性质，并成为后续内部制度安排变迁时所依赖的“路径”[①]。教育家办学和资本家办学将会产生差异显著的内部治理模式：一个为人力资本控制，另一个为资本控制。但由于这一时期的民办高校最主要的目标是生存，因而在内部治理上存在一个共同的特点，即整合资源，降低成本。

二、快速发展期(1999～2006 年)

这一时期，山东省民办高校进入了快速发展期，不仅体现在办学数量和办学规模上，在内部治理结构和机制上也实现了质的飞跃。伴随着 1999 年高等教育扩招的开始，由于生源的增多和公办高校不能提供足够的受教育机会，高等教育的大众化进程需要社会力量的支持，全国民办高校进入快速发展期，对山东省民办高等教育起到了有力的带动作用。这一时期山东民办高校的数量实现了飞速增长，超过 20 余所，在办学规模上也发展迅速，如山东英才学院、山东协和学院在办学规模和招生数量上均实现了较大的突破。

从 2002 年起，伴随着《民促法》及其《实施条例》的出台，民办高校内部治理进入了规范发展时期。作为民办教育的专门法律，《民促法》及其《实施条例》为民办高等教育的发展提供了全面的法律依据，并令民办高校内部治理产生了重大变革。对民办学校的内部治理结构提出了具体要求，要求民办学校建立董事会/理事会等决策机构，并对董事会/理事会的人员构成和职权范围进行了明确要求，对校长的职权范围也作了具体规定，并要求民办学校通过以教师为主体的教职工代表大会保障民主管理和民主监督。此外，还规定了民办学校的法人财产权，对于民办学校财产权的管理和使用也作了规定。自此，民办高校的内部治理实现了有法可依，更为民办教育实现又快又好地发展奠定了坚实的法律基础。

该阶段山东民办高校通过扩大办学规模和规范内部治理来增强学校的核心竞争力，以便在竞争中占据优势。这一阶段，山东省民办高校均按照政策法规规定，制定了学校办学章程，建立了董事会等决策机构，并确立了董事会和校长的职责范围，山东省民办高校的内部治理开始初具规范。

三、内涵发展期(2007 年～2017 年 8 月)

扩招时期，山东省民办高校实现了跨越式发展。虽然有《民促法》的制约，但由于大部分学校建校历史较短，加之政策法规落实较弱，在学校发展和内部

① 参见李望国、刘曼琴：《民办高校治理模式与形成机理：基于发展的视角》，《高教探索》2014 年第 5 期。

治理上存在着许多问题，如招生的剧增带来了一系列问题：师资缺乏，教育设施承载乏力，资金投入与规模扩展不匹配等，严重影响了人才培养质量，对民办高校的健康发展造成了伤害。此外，民办高校在生源的抢夺竞争中，生存压力和发展压力并重，一味扩张并不适合民办高校，只有转变发展模式，通过内涵发展建设学校特色，方能在激烈的竞争中赢得立足之地。因此，民办高校的内涵发展被提上了日程。内涵发展是指从关注民办高校的办学规模转向注重人才培养质量和办学层次的提升，这也是民办高校未来发展的主要任务和策略。

2007 年以来，山东省印发了国家《关于加强民办教育规范管理引导民办教育健康发展的意见》，紧接着《关于加强民办教育管理的若干规定》《关于严格规范民办学校办学秩序的通知》《关于加强民办高校党的建设工作的若干意见》等一系列政策法规也相继颁布，2013 年《民促法》进行第一次修订。以上政策法规均对山东省民办高校的内涵发展提出了要求。这期间，民办高校的内部治理政策变化不大，基本维持了 2002 年《民促法》的要求。这一时期，民办高等教育的公益性受到重视，治理主体呈现出多元化。一方面，政府开始参与民办高校的内部治理，山东省于 2007 年开始向民办高校派驻督导专员，2017 年 4 月开始选派党委书记，以弥补民办高校外部监督力量的缺失，加强对民办高校的监督和引领作用。另一方面，随着民办教育政策环境越来越好，民办高校的制度日益完善，民办高校教师队伍的稳定性逐渐提高，再加上教师和学生的权利意识增强，教师和学生开始普遍参与学校的民主管理和民主监督。

四、分类管理新时期(2017 年 9 月至今)

《民促法》(2017)的实施，开启了民办高校内部治理的新纪元。民办教育分类管理改革的实施，将民办高校分为非营利性和营利性两类。两类民办高校决定了两种不同的内部治理结构和治理机制。山东省 2018 年颁布的《山东省政府实施意见》对这一改革进行了深化。山东省民办高等教育进入分类管理的新时期后，民办高校的内部治理将随之产生巨大变化。在内部治理结构方面，《民促法》(2017)规定，民办学校要建立监督机制，《实施意见》(送审稿)对于监督机构的人员组成类型和比例进行了规定，强化了党组织和教职工的监督权力，并实行决策机构成员亲属回避制以保证监督机构的独立性。在决策机构方面也有变化，对于非营利性民办学校，鼓励社会公众代表进入决策机构，从而对于非营利性民办学校办学的公益性从决策层面增加了一份保障。

由此可见，该时期民办高校的内部治理结构中将增加监督机构，从而使民办高校的内部治理结构更加完善，有利于形成“决策机制—执行机制—监督机制”三位一体、相互制约的内部治理机制。而且，实行分类管理后，民办高校依据办学属性，修改办学章程，建立与之相适应的内部治理结构，构建内部治理机制，从而形成泾渭分明的管理格局。

分类管理将使民办高校在法人属性、财产权归属等方面的问题得以解决。在政府方面，便于在财政、税收、土地方面实施差别化的扶持政策；在高校方面，两类高校可根据自身属性，修改办学章程，建立相应的内部治理结构和治理机制，从而促进山东省民办高校的内部治理实现科学化和法治化。

第二节　山东省民办高校内部治理政策法规落实情况

改革开放以来，山东省政府积极响应国家对于民办教育的指导精神，在国家政策法规的引领下，结合本省实际情况，适时出台各类政策法规，不断完善民办教育的政策法规制度体系。笔者通过调查研究，从政府落实和民办高校的落实情况两方面分析了山东省民办高校内部治理方面政策法规的落实情况。

一、各级政府民办高校内部治理政策落实情况

由前面山东省民办高校内部治理的政策沿革可以知道，改革开放 40 周年以来，山东省颁布了一系列民办教育政策法规，这些法律的颁布和实施，逐步建立起了山东省对民办高校的设立条件、审批、管理等方面的制度要求，对民办学校的内部治理结构提出了具体要求，规定了法人财产权及管理使用制度，并保障教职工参与民主管理和监督的权利。2018 年山东省颁布《省政府实施意见》对于民办高校内部治理做出了更为详细的规定，在完善民办学校法人治理结构、加强资产和财务管理、建立分类管理制度、保障师生权益等方面，为民办高校的内部治理搭建了更为合理的发展框架。

以上政策的颁布，一方面是对国家政策的落实，另一方面也为地方政府和山东省民办高校的实践提供了法律依据。通过以上民办高等教育政策可以发现，民办高校的内部治理在各个方面都要受到政策法规的影响。因而，对民办高校内部治理各方面等进行调整和控制是我国政府的重要政策之一。在政府层面，山东省政府积极响应国家的政策文件，对民办高校政策的落实主要体现在政策支持、财政支持、管理机制和保障机制的构建等方面。

(一)政策支持

山东省政府首先在政策上明确了支持与规范民办高等教育发展是各级政府的重要职责。其次,积极组织对政策文件的解读工作,因为做好政策解读是落实民办教育分类管理的先决条件。各级政府充分认识了做好政策解读工作的重要意义,建立了解读队伍,明确了解读责任,确保了政策解读材料严谨合规,规范了解读流程,创新了解读形式,强化了组织领导,加强了督导考评。通过宣传解读,为政策制度的贯彻实施营造了良好的环境。省政府还下达了政策文件的分解任务和落实责任单位。

其中,向民办高校选派党委书记,是山东省政府对于国家政策的落实,也是加强党对民办高校领导的一项重要举措。山东省政府强化了对选派的民办高校党委书记的管理、考核和监督,建立健全了民办高校党委书记向省委高校工委报告工作制度,落实了述职述廉、民主评议、诫勉谈话等制度。从 2017 年 4 月起,分批从公办高校选择合适人选派到民办高校。从表 4-1 可知,目前大部分民办高校已驻派党委书记,笔者调查的 12 所民办高校中已有 10 所完成,只有青岛滨海学院和齐鲁医药学院尚未完成。

表 4-1　山东省向民办高校选派党委书记的政策落实情况调查

序号	学校名称	是否建设党组织	是否选派党委书记	党委书记	选派时间
1	山东英才学院	是	是	王崇杰	2017 年 8 月
2	山东协和学院	是	是	范素华	2017 年 8 月
3	齐鲁理工学院	是	是	向来生	2017 年 4 月
4	青岛滨海学院	是	无	无	
5	烟台南山学院	是	是	刘新生	2018 年 3 月
6	青岛工学院	是	是	荆兆勋	2017 年 4 月
7	青岛黄海学院	是	是	李清山	2017 年 4 月
8	潍坊科技学院	是	是	李凤祥	2012 年 11 月
9	齐鲁医药学院	是	无	无	
10	青岛恒星科技学院	是	是	都光珍	2017 年 4 月
11	山东华宇工学院	是	是	徐传光	2017 年 10 月
12	山东现代学院	是	是	朱德强	2017 年 6 月

此外，山东各地区也积极出台地方政策，青岛、潍坊、德州等地相继出台了相关政策，如 2014 年青岛市颁布了《青岛市人民政府关于加快发展民办教育的意见》，提出要完善民办学校法人治理结构，对民办学校的办学章程、董/理事会、行政机构和监事会提出了明确要求，以建立决策、执行、监督相互独立且彼此制约的法人治理结构，并确定了校长及领导层遴选、培养机制和教职工代表大会制度；青岛市 2014 年印发了《加快发展民办教育目标任务责任分解》，将责任具体到每个部门，提高责任感和使命感；2017 年青岛市发布了《青岛市民办教育三年行动计划(2018～2020 年)》(以下简称《青岛市三年计划》)，对民办教育未来的三年发展作了整体布局和系统规划；2018 年 7 月 19 日，青岛市教育局组织召开了《青岛市人民政府关于鼓励社会力量兴办教育　促进民办教育健康发展的实施意见(讨论稿)》座谈会，对讨论稿进行了梳理和解读，与会人员结合办学现状与办学过程中遇到的问题展开讨论，提出了具体的意见和建议。

除政策上明确支持和规范民办高等教育发展是各级政府的重要职责外，还包括下达文件、分解任务、落实责任单位及开展调研工作等。2014 年，山东省副省长就“社会力量办医办学研究”开展重点调研，形成了研究报告，探索了山东省民办高校发展遇到的体制机制难题，促进了民办高等教育的良性发展。2015 年3 月 17 日，省长主持召开民办高校改革发展座谈会，听取了民办高校举办者和管理者的意见和建议，并根据会议内容，迅速确定了对民办高校的具体扶持事项，并对座谈会精神的落实给予了后续跟进，对相关部门关于座谈会议精神的落实情况做出了重要批示，要求有关部门使用当年的省服务业基金和省长预备费支持民办高校发展。

(二)财政支持

财政支持主要是对民办高校实施财政资金扶持，通过财政扶持促进民办高校的发展，从而带动内部治理的优化。山东省政府大力支持民办本科高校优势特色专业建设，对优质民办高校给予奖励。2014～2016 年，山东省财政累计安排 1.18 亿元，开展“民办本科高校优势特色专业支持计划”，在全省范围内对民办本科高校的 60 个优势特色专业进行财政和技术支持。2016 年，省财政安排民办高校奖励资金 5400 万元，对山东英才学院、山东协和学院等 15 所优秀民办高校给予表彰和奖励。尤其是《山东省政府实施意见》的颁布，更是加大对民办教育全方位的扶助和支持力度，并形成体系。首先是财政扶持，要求地方公共财政资助体系打破往昔的单一模式，向多元化发展。鼓励地方设立民办教育发展专项资金，并纳入政府财政预算制度；要求省财政每年设定专项资金，用于鼓励非营利性民办学校发展，主要针对已经完成分类登记的此类型学校进行扶持。其次，在税费和土地方面给予更多优惠政策，为后续落实公共财政支持民办高等教育发展确立了政策依据。

山东省民办高等教育在发展中逐步规范，在规范中不断发展。在省级政策法规的带领下，山东省各地区陆续颁布了相关政策法规。尤其是青岛市和潍坊市，在民办教育扶持性政策方面做得较好，明显优于其他地市。例如，青岛市在2012年就已设立民办教育发展专项资金300万元，并且列入了财政预算，资金额度随青岛市民办教育的实际情况进行调整。经过5年的发展，截至2017年，民办教育发展专项资金已达2400万元。2017年8月印发的《青岛三年计划》对于民办教育给予了更大力度的支持，特别是对于非营利民办学校的扶持，可以与公办学校相媲美。该计划规定，2018～2020年间，青岛市将实现非营利性民办学校在财政税收、土地、教师身份待遇上全面参照或对接公办学校政策。潍坊市也于2012年就已设立民办教育发展专项资金，在土地政策、奖励表彰方面与公办学校一致。其他地区也分别制定了民办教育相关扶持政策，如2016年聊城市制定了《聊城市民办教育发展专项扶持资金管理暂行办法》，对市级非营利性民办学校实施补助养老保险的办法，主要是对学校承担的教职工基本养老保险费和职业年金，市财政补助20%的比例。

以上这些政策文件的颁布和财政资金的拨付，为山东省民办高等教育的良性发展提供了重要的财政扶持，有利于山东省民办高等教育的发展壮大。此外，省委、省政府高度重视和支持山东省的民办教育事业，积极完善各项政策，制定实施细则，并通过各种行政和财政手段推动政策落实，为山东省民办教育进一步获取政府支持和社会认同、进一步规范化发展以及进一步提高教育质量奠定了基础，为民办高校的内部治理打通了路径。

政策落实执行是政策能够切实发挥作用最为关键的环节。当前，山东省对于民办高等教育发展的扶持性政策虽然有很多已经落地，起到了一定的作用，但还有不少政策由于颁布时间较短或实施过程中遇到障碍，没有得到落实或落实程度较弱。2007年《关于加强民办教育规范管理引导民办教育健康发展的意见》要求各级政府切实落实民办教育相关扶持政策，《山东省纲要（2011～2020年）》强化了上述政策。但是从近年来省民办高等教育发展的形势来看，上述政策法规并未很好地贯彻执行。2018年5月《山东省政府实施意见》对于民办教育的发展给予了全方位的政策支持，但相关配套政策尚不完善，加之涉及财政、税收、工商等多个部门，这些政策的落实仍困难重重。

二、山东省民办高校内部治理政策落实情况

山东省民办高校在山东省政府和教育厅的带领下，积极贯彻相关政策法规，改进内部治理结构，完善内部治理机制。通过对山东省 12 所民办高校对于政策法规的学习，办学章程的设置，党的建设工作，内部治理组织建设及机制运行进行调研，总结出了山东省民办高校对于民办高校内部治理相关政策的落实情况。

山东省民办高校对相关政策的学习落实情况较好。通过从 12 所民办高校的官方网站上获取相关信息可以发现，民办高校对于其相关政策的学习十分高效，对于每一部新出台的相关政策法规，各民办高校均会在第一时间进行转载和印发，并开展相应的学习研讨活动。不少民办高校有专门的民办高等教育研究中心，对与民办高校发展相关的政策法规会进行专门的深入研究，并组织研究人员参与国内外各种相关的学术交流和培训学习活动，以达到对政策的深入了解，从而更好地执行和落实。这一方面说明政策对于民办高校的发展影响较大，另一方面说明了山东省民办高校对于学校内部治理的重视。

调研发现，12 所民办高校在学校章程建设、党组织建设、教职工代表大会的建立以及内部治理结构中的决策机构和执行机构的设置上，均很好地执行了政策法规的要求，但是对于监督机构的建置尚不理想。关于监督机构的设置，调查中发现，只有两所学校设置了专门的监督机构，即监事会。这是由于《民促法》(2017)首次以法律的形式对于民办高校设立监督机构提出明确要求，法律于 2017 年 9 月开始执行，很多学校尚未完成建置。建立监事会等监督机构将是山东省民办高校完善内部治理结构和落实新的《民促法》的重要举措。

在民办高校的内部治理机制方面。现行政策法规对于民办高校内部治理机制的规定比较宽泛，加之民办高校的私有性，信息公开制度的不完善性，使民办高校的内部治理机制具有一定的隐蔽性，导致在实践中民办高校的内部治理机制对于政策法规的落实较弱。调研发现，在山东省民办高校中，举办者控制董事会的现象非常普遍；教师和学生参与民主管理和民主监督的权利不能得到保障，教职工代表大会和学生代表大会基本流于形式；举办者担任校长或院长的比例接近一半，管办不分离意味着决策机构和执行机构融为一体，加上监督机构的缺失，意味着民办高校内部治理机构的不完善和治理机制的不合理，将在很大程度上增加民办高校运营管理中的风险指数。

第三节　山东省民办高校内部治理结构

不同类型的高校，由于学校定位不同，功能不同，其内部治理结构也不同。相较于公办高校而言，民办高校的内部治理结构更为多样，治理主体更为多元，治理过程更为复杂，因此对于高校治理结构，应该划分类别进行研究；不同地区的民办高等教育由于政策引导和扶持力度差异，经济社会发展水平不均衡，办学者学识能力不同，地缘生源不同等因素，在治理结构上均有自己的特色。

在国内高校“双一流”建设的关键时期，民办高校作为高等教育体系的重要组成部分，也有着重要任务，即优化内部治理结构。内部治理结构的科学化与合理化是民办高校完善现代大学制度、提升治理能力、助力民办高校整体健康发展的前提和基础。民办高校在治理主体多元化的形势下，针对内部治理结构的改革不能止于对行政化、企业化和商业化的风险规避，更要致力于突破人治之困境：在大学精神的指引下，引入先进的治理理念，以现行法律法规和政策文件为法律基础，通过制定科学、民主、法治的内部管理制度，为民办高校设置科学、高效的内部治理结构，对校长、董事会/理事会、各决策委员会、教代会、学代会等给予合理的权力分配，明确职权范围，确立治理机制。① 民办高校通过内部治理结构的优化，实现治理能力的飞跃，一方面可推动民办高校治理走向法治化道路，另一方面可加强内涵建设，提升人才培养质量，增强学校的核心竞争力。此外，还将大大有利于民办高校社会服务能力的发挥，更好地促进区域经济社会的发展。

一、山东省民办高校内部治理结构的主要形式

在国家和地方制度的规定下，当前山东省民办高校内部治理结构基本是在制度要求下成立的。山东省政府秉承《民促法》(2017)和《若干意见》对民办高校内部治理结构的规定如下：应包含决策机构、监督机构、执行机构、民主机构，其中决策机机构为理事会、董事会或者其他形式，监督机构为监事会或其他形式，执行机构为校长，民主机构为教代会和学代会；并对决策机构成员数量和资质条件做了明确要求，明确规定了董事会或理事会的职权范围；对民办学校的

① 参见王世斌：《“双一流”建设背景下民办高校内部治理结构改革的困境、成因与完善路径》，《教育与职业》2018 年第 10 期。

法定代表人、校长的任职要求和职权范围做出了规定；保障教职工参与民主管理和监督，基本形式为教代会；学校党组织负责人或者代表应当进入学校决策机构和监督机构。可见，董事会领导下的校长负责制是山东省民办高校的核心管理体制。而且，在今后相当长的一段时期内不会改变。

值得一提的是，国家对于民办学校的党性领导和监督机制日益重视，《民促法》(2017)明确提出要加强党的建设，提出民办学校应建立监督机构；《若干意见》中对此进行了细化，要求实现学校基层党组织全覆盖，党建工作上水平；《民促法实施条例(送审稿)》提出学校党组织负责人或者代表应当进入学校决策机构和监督机构。因此，党代表是民办高校治理结构的重要组成部分，起着领导和监督作用。2018 年 5 月颁布的《山东省政府实施意见》在第一条中强调："加强党对民办学校的领导……扎实做好民办高校党委书记选派和管理工作，民办高校党委书记兼任政府派驻学校的督导专员。"并且，为确保此项工作的实效性，从 2018 年起对选派的党委书记进行述职评议考核，民办学校的党建工作也纳入年度考查项目，以保证民办高校办学的正确政治方向及公益性。

在政策法规的规范下，山东省民办高校的治理结构基本相似，一般包括董/理事会(以下统称为"董事会")、校长、党组织、监事会及教职工代表大会等各个利益主体，主要功能有决策、执行和监督，治理结构框架如图 4-1 所示。

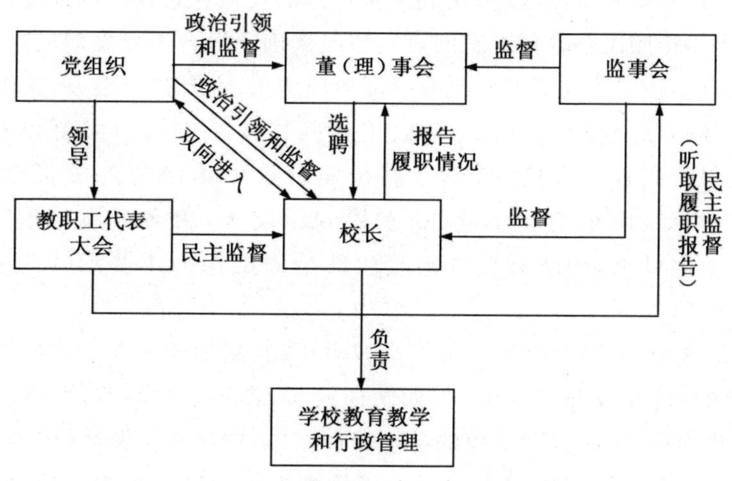

图 4-1　民办高校治理结构框架

在此治理结构框架中，董事会位于治理结构的顶部，是民办高校的最高决策机构，整体负责学校的运营管理，拥有如下职权：校长的聘任和解聘，学校章程和规章制度的制定和修改，制定学校的发展规划，经费的筹集和预决算审核，教职工的编制定额和待遇，学校的分立、合并、终止及其他重大事项。校长在董事会的聘用下，是董事会等决策机构意志的执行者，在职权范围内全面负责学校的教育教学和行政管理工作。党组织是民办高校的政治领导核心，对董事会、校长等决策机构进行指导和监督；民办高校党委书记兼任政府派驻学校的督导专员，并且监事会中应当有党组织领导班子成员。监事会独立于董事会和其他机构，对学校财务运行的合规性、董事会及行政机构成员的履职情况实施监督。教职工代表大会在党组织的带领下，听取校长和监事的工作报告，参与学校的民主管理和监督，促进学校依法治校。[①] 民办学校的内部治理结构体系强调不同利益主体的权责分配与相互制衡，以实现民办高校正常的决策与管理秩序。当然，在这一结构体系中，民办高校也必须彰显高校特有的学术性和专业化特色，兼顾行政权力与学术权力的平衡与制约。

民办高校的内部治理结构除受国家和地方政策的制约之外，还要受举办者理念、资金来源和方式、学校法人属性和产权归属等因素的影响，并且影响深重。民办高校是以社会资本注入为特征的大学组织，与公办高校一样具有维护高等教育事业公益性的本质和目标，以及完成大学理想的使命和责任。因此，大部分民办高校实际上是按照民办教育组织的真实情况来确定适合本校发展的内部治理结构的，在治理实践中形成了多样化的内部治理结构，主要在董事会、党组织、投资者、校长、教师以及学生等不同利益主体间构建适宜自身发展的权力结构和职权机制。调查结果显示，民办高校实行这种体制的院校最多，在被调查的院校中，如：山东英才学院、山东协和学院等，很多都属于这种内部治理结构。由此可见，山东省民办高校内部治理结构的主要形式为董事会领导下的校长负责制。

在此形式中，董事会是学校的最高权力机构，是学校重大事项的决策者，董事会确定学校的建设和发展方向，如聘任校长，筹集办学经费等。校长是学校的最高行政领导，全面负责学校的各项管理工作，对外则代表学校。

民办高校内部管理体制的主要形式是董事会制度和校委会制度。在建有董事会的民办高校中，董事会一般负责研究、决定学校的重大事项，批准建设方

---

① 参见王义宁：《非营利性与营利性民办高校法人治理结构比较》，《浙江树人大学学报》（人文社会科学版）2018 年第 6 期。

案、组织规程和重要规章等。校委会的主要职责一般是对学校内部重大事务提出建议；在校长的领导下，研究和决定学校发展的重大事务；负责日常行政管理，执行董事会和校长的决定等。我国的民办高校内，校务委员会发挥着重要的作用，特别是在未建立董事会的民办高校内。在未建立董事会的民办高校中，校委会的作用主要是研究、决定学校的重大事项，批准建设方案、组织规程和重要规章制度，聘请校长，审查批准工作计划、年度预决算和其他重大事项等。由此可以看出，当前民办高校仍在探索不同的内部治理结构。

综上可知，山东省民办高校内部治理结构要在内部各个不同利益群体中（包括董事会、党组织、投资者、校长、教师以及学生等）建立有利于学校健康可持续发展的权力配置机制，形成科学合理的责任、权利、利益分配体系，使不同权力之间产生有效制衡，辅之以配套健全的决策、执行、监督机制。[①] 在完善和优化内部治理结构的过程中，只有实施面向“分权多元”“交流协作”“资源共享”等现代治理理念和方式的治理转型，才能从根本上推进民办高校内部治理结构的科学化、制度化、规范化变革，保证民办高等教育事业的持续健康发展。

二、山东省民办高校内部治理结构现状调查与分析

本研究选取艾瑞深校友会 2018 年山东省民办大学综合实力排行榜中的前 12 名民办高校，通过网站信息检索、访谈等方式，从党组织建设、董事会、校长、监事会、教职工代表大会等方面对山东省民办高校的内部治理结构进行调查。

由表 4-2 可知，所有民办高校都依据省政府法律法规，建置了如图 4-1 所示的内部治理结构，除了监事会大部分学校尚未设置，党组织、党委书记驻派、董事会、校长、教职工代表大会均设置完善。在调查的样本高校中，11 所采用“董事会领导下的校长负责制”，1 所实行“委员会领导下的校长负责制”。办学章程作为民办高校的基本准则，具有法律地位，在 12 所学校的章程中，有 11 所将董事会认定为学校的最高决策机构，1 所将委员会认定为最高决策机构。在这些学校的章程中，基本描述如下：学校实行董理事会/委员会领导下的校长负责制。由此可见，董事会/委员会领导下的校长负责制也是山东省民办高校合法性的一种体现。

① 参见王世斌：《“双一流”建设背景下民办高校内部治理结构改革的困境、成因与完善路径》，《教育与职业》2018 年第 10 期。

表 4-2　　山东省民办高校内部治理—结构现状调查

序号	学校名称	党组织建设		决策机构	执行机构	监督机构	民主机构
		党组织	党委书记驻派情况	董事会/委员会	校长	监事会	教职工代表大会
1	山东英才学院	有	有	有	有	无	有
2	山东协和学院	有	有	有	有	无	有
3	齐鲁理工学院	有	有	有	有	无	有
4	青岛滨海学院	有	无	有	有	无	有
5	烟台南山学院	有	有	有	有	无	有
6	青岛工学院	有	有	有	有	有	有
7	青岛黄海学院	有	有	有	有	无	有
8	潍坊科技学院	有	有	有	有	无	有
9	齐鲁医药学院	有	无	有	有	无	有
10	青岛恒星科技学院	有	有	有	有	有	有
11	山东华宇工学院	有	有	有	有	无	有
12	山东现代学院	有	有	有	有	无	有

通过对山东省民办高校内部治理结构的调查分析可以发现，山东省民办高校在政策的引领下，在学校内部治理结构的建制上，在形式上都能够较好地遵循，在党的领导下，设置了董事会或委员会等决策机构，并建立了教职工代表大会等组织结构。由于 2017 年 9 月份之前国家和省级层面的法律只明确要求民办高校设置决策机构和执行机构，而并未要求设置监督机构。直到《民促法》(2017)实施，才首次以法律的形式规定民办学校应建立监督机构。但由于实施时间较短，加之《实施意见》等配套政策法规不完善，大部分民办高校的监督机构尚未建置，即主要有决策机构和执行机构，缺少监事会等形式的监督机构，因而对于董事会和校长缺少制约，尤其是两权不分离的“家族式”治理结构中，监督机构的缺失使得内部治理的权力制衡机制基本为零。随着新法的实施，2018 年5 月出台的《山东省政府实施意见》要求民办学校建立监事会，监事会的建置逐步提上日程。

在高等教育的大众化进程中，山东省民办高校由于监管相对宽松，缺少规范和引导，在内部治理结构上不可避免地存在一些问题。尤其是在董事会成员的实际构成上，多为家人或亲信，并不符合法律要求的任职资格。相应地，决策权也被限制于家族内部。因而，这类高校的董事会实际上流于形式，只是应付政策法规的一种摆设，实际上其内部治理结构为决策权和管理权合二为一的“家族式管理”。但在山东省民办高校的办学实践中，这种形式非常普遍。

董事会作为民办高校内部治理机构的核心所在，其设置是否科学直接决定了内部治理结构的合理性，进而影响内部治理机制的运行。对 12 所民办高校的董事会成员进行调查后发现，教育、管理、财务等专家进入董事会的可能性很低，只有潍坊科技学院这一所学校采用专家委员会的决策形式，所以“专家型”董事会不是山东省民办高校的主要形式；在山东省民办高校的董事会中确实有 1～2 名教师代表，但实际上均为中层干部或举办者的“亲信”，普通教职工难以进入，而学生、校友及其他社会公众代表更是机会渺茫，因此也不是“代表型”董事会。对 12 所高校的举办者在学校的任职情况进行分析，发现有 11 所学校的举办者担任董事长或理事长，这 11 所学校中又有 5 所同时担任校长或院长，1 所同时担任党委书记。也就是说，样本高校中有 91.67％的学校的董事长由举办者担任，并且其中有一半以上同时担任校长或党委书记（详见表 4-3）。显而易见，举办者作为董事长拥有着对董事会的控制权，尤其是举办者兼任校长或院长的学校，其控制程度更为严重，不仅在重大决策的制定中，在决策的执行过程也是更多地体现着举办者的意志。由此可见，山东省民办高校的董事会不是专家型，也不是代表型，大部分为举办者控制型。

表 4-3　　山东省 12 所民办高校举办者在学校中的职务

<table>
<tr><th>举办者担任的职务</th><th>频次</th><th>百分比</th><th>分类累加</th></tr>
<tr><td>董事长/理事长</td><td>5</td><td>41.67％</td><td>41.67％</td></tr>
<tr><td>董/理事长兼校/院长</td><td>5</td><td>41.67％</td><td rowspan="3">50.00％</td></tr>
<tr><td>董/理事长兼党委书记</td><td>0</td><td>0.00％</td></tr>
<tr><td>董/理事长兼校/院长兼党委书记</td><td>1</td><td>8.33％</td></tr>
<tr><td>校/院长</td><td>0</td><td>0.00％</td><td rowspan="3">0.00％</td></tr>
<tr><td>党委书记</td><td>0</td><td>0.00％</td></tr>
<tr><td>校/院长兼党委书记</td><td>0</td><td>0.00％</td></tr>
<tr><td>其他</td><td>1</td><td>8.33％</td><td>8.33％</td></tr>
<tr><td>总计</td><td>12</td><td>100.00％</td><td>100.00％</td></tr>
</table>

对举办者控制型董事会进行深入调查，发现有如下显著特征：一是举办者个人在董事会中拥有控制地位。对于个人举办的民办高校，创办者控制董事会；对于企业举办的民办高校，企业董事长掌握董事会，并会在组建董事会时，通过选入多名代表实现对董事会的控制。二是举办者选择家族成员加入董事会。在12所样本高校的董事会中，其成员有两人以上属于举办者家人的有5所，使得山东省民办高校具有了家族化特点。三是举办者"一元决策"。董事会成员所代表利益的单一性决定了董事会内部缺少权力的监督和制衡，由举办者担任的董事长的个人意志基本代表了董事会的意志，容易出现"一元决策"。[①]

由举办者控制的董事会还存在一个奇怪的特点：隐蔽性。通常来说，对于学校的最高决策机构和权力机构，其成员应该公布于众，至少本校的教职员工和学生应该是了解的。但在调研中发现事实并非如此，12所样本高校中，对于学校领导班子成员均作了公开的详细介绍，但只有3所学校的官方网站上公布了学校的治理方式，并公开了董事会成员，其余学校并未提及。对于师生而言，调查发现几乎所有的教师和学生都清楚学校的领导班子，但是大部分并不清楚学校董事会的成员，甚至很多人并不知晓学校董事会的存在。这一方面反映了民办高校的信息公开制度不够完善；另一方面也说明，民办高校的公益性未受到足够的重视和保障，在办学者的意识里，学校具有私有性，内部治理是自己的事情，与国家和社会关系不大。这将使民办高校的内部治理失去基本的外部监督，从而对于办学的公益性和利益相关者的合法权益不能提供有效保障。

举办者控制型董事会作为山东省乃至全国民办高校的典型决策机构形式，有其存在的合理性，这主要是由于目前的民办高校大部分办学资金来源单一，原始投入基本来看是由举办者个人依靠学费、个人补充投资等方式实现滚动发展。由于在办学过程中得到的政府财政扶持和捐赠非常少，民办高校的财产往往被举办者视为私有财产。这就从根本上决定了我国民办高校董事会不能和美国私立高校一样交给"外人"掌控。[②] 山东省民办高校也不例外。但随着民办教育分类管理改革的推进，未来选择非营利性民办学校的董事会将向着美国私立高校的董事会模式发展。

不过，并非所有民办高校的董事会都如此，也有真正意义上的董事会存在。

---

① 参见王一涛、刘继安：《中国民办高校董事会规范结构和行为结构偏差的实证分析》，《复旦教育论坛》2015年第4期。

② Jeffrey Pfeffer, "Size and composition of corporate boards ofdirectors: The Organization and its Environment", *Administrative Science Quarterly*, 1972, Vol. 17, No. 2.

这类民办高校所占比例较少，一般为公益性民办高校，政府对其发展投入较多的政策、财政和人才支持。比如潍坊科技学院，就是这类学校的典型代表。其最高决策机构由五个委员会组成，各委员会的成员实现了多元化，包含政府代表、教育、财务、管理及其他各方面的专家。他们的最终目的是培养高质量人才，实现学校的长远和良性发展，而非追逐资本收益。因而其最高决策机构没有受举办者控制，成员拥有自己的话语权，从而共同实现决策，类似于美国私立高校的最高决策机构。

综上可知，山东省民办高校内部治理结构在组织上除了监事会大部分学校尚未设置外，党组织、党委书记驻派、董事会、校长、教职工代表大会均设置完善。主要治理结构形式是董事会领导下的校长负责制，并有少数学校实行委员会领导下的校长负责制。其中董事会大部分为举办者控制型，具有家族性和隐蔽性的特征；党建工作通过选派党委书记、党组织负责人进入决策机构和监督机构而逐渐加强；接近一半的民办高校校长由董事长兼任，导致决策权与执行权两权合一，董事会的作用更是难以发挥；监督机构的缺失导致大部分高校的内部治理结构不完善，内部治理的权力制衡机制缺失，但随着新政的实行，已被提上日程，这也是未来山东省民办高校内部治理的工作重点之一。

第四节　山东省民办高校内部治理模式

民办高校内部治理模式是指基于高校治理理论，民办高校在长期的内部治理实践中，逐步发展形成的治理范式。通过对山东省民办高校的内部治理模式进行调查，发现主要存在以下三种类型：所有权主导控制的单边治理模式、所有权与管理权共同主导下的双边治理模式以及利益相关者共同治理模式。

一、所有权主导控制的单边治理模式

这种内部治理模式主要存在于由个人或民营企业出资创办的民办高校中。这类高校的一切办学费用均来自于学校的举办者，包括学校的注册资本、成立时所需要的教育教学硬件和软件设施，教职工的工资等。因此，举办者拥有学校的所有权。当此类学校的举办者担任学校的董事长/理事长并兼任校长或院长职务时，该举办者将同时拥有该学校的所有权和管理权，在该学校的内部治理中将起到决定性作用，那么该校的内部治理模式即为所有权主导控制的单边

治理模式。

由本书第四章中表4-3对于山东省12所民办高校的举办者在学校的任职情况调查数据可知，有6所高校的举办者担任董事长或者在担任董事长的同时身兼校长或院长一职，即这6所民办高校的举办者均为学校的董事长兼院长。而这6所高校又均为个人或民营企业出资举办，所以均属于所有权主导控制的单边治理模式，即参与调研的山东省民办高校中采取所有权主导控制的单边治理模式的达50%。由此可知，所有权主导控制的单边治理模式是目前山东省民办高校的主要治理模式之一。

对于采用所有权主导控制的单边治理模式的民办高校进行深入研究可以发现，在这种治理模式下，董事会等决策机构中各成员的话语权极其不均衡，董事会权力集中于董事长；对董事长的意志和决定，其他董事一般难以改变。由此可见，在所有权主导控制的单边治理模式中，董事会是由董事长控制的，也即举办者主控的董事会。在这一内部治理模式下，民办高校内部治理的决策效率较高，有利于充分展示其体制机制灵活的优点，并能够与经济社会发展密切联系，灵敏、迅速地应对市场需求变化。但另一方面，也要不得不面对更高的决策风险。同时，由于资本的逐利性，在缺少制约的治理机制中容易损害教育的公益性。而且随着分类管理改革的出现，对于选择非营利性的民办高校而言，此种治理模式必将被淘汰。

实际上，2017年以来，山东省民办高校的所有权主导控制的单边治理模式已经开始弱化，其中董事长对董事会的控制程度已经开始下降，主要原因有以下两点：一是2017年《若干意见》提出，要优化民办学校董事会的构成，在董事会原有成员举办者、校长和教职工代表的基础上，首次提出加入党组织负责人；《民促法实施意见》（送审稿）也明确规定党组织负责人应进入董事会和监事会。《山东省政府实施意见》对此进行了重申。值得强调的是，自2017年4月开始向民办高校选派党委书记以来，目前山东省绝大多数民办高校的党委书记均为政府选派，代表着政府对民办高校进行监督和制约。因此，党委书记进入民办高校的最高决策机构董事会，必将对董事长的权力运行起到制衡作用，从而改变董事长控制董事会的决策机制。二是新《民促法》要求民办高校建立监督机制，《民促法实施意见》（送审稿）规定了监事会成员的类型和比例，要求包含党的基层组织代表，且教职工不少于1/3，且实行决策机构成员亲属回避制，既实现了监督机构成员的多元化，又从根本上纯净了监督机构成员队伍，从而保证监督的客观性和有效性。《山东省政府实施意见》对此进行强调，并要求民办高校建立健全监事会制度。监事会作为民办高校监督机构，将对董事会和校长的权力运行进行制约，从而逐渐改善董事长控制董事会的状况。目前，山东省民办高校监督机构的建置已被提上日程，被调查的12所高校中已有2所建立监事会，并在逐步完善监督机制。

通过以上分析可知，一方面，董事会和监事会成员的多元化意味着党组织负责人、举办者或其代表、校长、教职工代表等民办高校的利益相关者已参与到民办高校的内部治理中；另一方面，内部治理结构中监督机构的补充，权力制约机制的逐步构建，使民办高校的内部治理机制更加优化，从而将使所有权主导控制的单边治理模式向多元化的利益相关者共同治理模式方向发展。

二、所有权与管理权共同主导下的双边治理模式

所有权与管理权者共同主导下的双边治理模式是由于民办高校的规模较大、管理困难或出资者个人专业领域限制等各种原因，不能直接管理学校，而将学校的经营管理权委托给校长、部门管理人员及广大教职工，形成所有者与管理者共同治理的模式。在这种模式中，其经营管理者不再只是决策的执行者，而是以独立身份参与内部治理，所有者更多的是对管理者的权力运行实行监督，共同致力于学校内部治理水平的提升，推动民办高校的可持续发展。在调查的山东省12所民办高校中，有5所高校采用此种内部治理模式，即参与调研的山东省民办高校中采取所有权与管理权共同主导下的双边治理模式达41.67％。由此可知，所有权与管理权共同主导下的双边治理模式是目前山东省民办高校的主要治理模式之一。

这一双边治理模式实现了民办高校的管办分离，由于所聘用的校长等管理者一般具有丰富的教育管理经验，因此有利于实现民办高校内部治理的合理化与科学化。但是，此种模式存在的主要问题是委托代理问题，即所有者与管理者的利益追求并不一致，甚至在某些问题上完全相反，因而在治理过程中会存在各种矛盾。如何协调二者利益，完善契约关系是所有权与管理权共同主导下的双边治理模式的主要问题。

三、利益相关者共同治理模式

民办高校作为一个典型的利益相关者组织，其内部治理的利益相关者主要有以选派的党委书记为代表的政府、举办者、以校长为代表的管理者、广大教职工以及学生等。顾名思义，利益相关者共同治理模式是指民办高校内部各利益

相关者共同参与学校内部治理的形式。这种治理模式在内部治理的各个环节均注重多主体共同参与，保障各成员的话语权，以实现决策的民主性和监督的有效性。

在山东省民办高校办学的实践中，尚没有民办高校实现利益相关者共同治理。相较于其他两种内部治理模式，利益相关者共同治理模式是民办高校最为理想的内部治理模式。该模式充分发动民办高校各利益主体参与学校内部治理，既使各利益主体的民主管理和民主监督权利得到保障，又最大限度地降低了学校运营管理中的风险指数，对于利益主体的权益实现了最大限度的保护。利益相关者共同治理模式能够在最大限度上保障民办高校办学的公益性，有利于推动民办高校建立“决策机制—执行机制—监督机制”三位一体的内部治理机制。尤其是民办教育分类管理改革的实施，利益相关者共同治理模式将是非营利性民办高校的必然选择。

第五节　山东省民办高校内部治理机制及运行情况

内部治理机制是影响民办高校内部治理最深层次的要素，其合理性是决定民办高校内部治理水平的关键所在。为了深入了解山东省民办高校的内部治理状况，下面从决策机制、激励机制、评价机制和监督机制四个方面了解山东省民办高校内部的治理机制及其运行情况。

一、决策机制状况

决策机制是民办高校内部治理机制中最核心的机制，主要是指校内各级各类事项的决策权在各组织结构和成员间的分配、决策由谁提议、表决的程序与规则等。决策是一种动态的过程，而非在某一静止时点所完成的动作。这一过程具体包括如下步骤：提出议案，决策机构成员了解议案，咨询议案，讨论议案，成员表决，公布结果。

民办高校内部的治理权力机构主要由党组织、董事会、校长、监事会、教代会及各类委员会组成，《实施条例》(送审稿)提出：“鼓励非营利性民办学校理事会、董事会或者其他形式决策机构中包括社会公众代表。”由于新政实施时间较短，在实践中尚未执行，故这些权力代表在不同的领域就不同的事务形成了不同的决策分工。相应地，民办高校的决策机制围绕教学和行政两个核心分为两个系统：二级学院和教师主要围绕教学和科研等学术事务决策，称为“学术决策机制”；董事会、校长、职能部门主要针对行政和财务等事务决策，称为“行政决策机制”。不同层级的决策机构有不同程度的权力，比如董事会作为学校的最高决策机构，拥有对学校重大事务的决策权，而校长和职能部门只能对学校日常事务进行决策。在层级方面，董事会是民办高校的最高权力机构，其对应的决策机制称为“董事会决策机制”。其中，董事会决策机制是民办高校内部治理最主要、最核心的决策机制，也是本研究的重点所在。以下内容为本书就山东省民办高校董事会决策机制现状所进行的研究与分析。

政策方面，在国家和省级层面，对于民办高校的董事会构成人员提出了类型要求，要包含举办者或者其代表、校长、党组织负责人、教职工代表，并鼓励非营利性民办学校决策机构纳入社会公众代表。但对于民办高校的决策机构（董事会或理事会等）的议事规程仅作出了粗略要求，《实施条例（送审稿）》第二十六条指出，民办高校的理事会每年至少召开两次会议，临时会议需要 1/3 以上的成员提议方可召开。并对民办高校董事会的职责范围进行了大致规定，商议职权范围内的重大事件，如“变更举办者、聘任/解聘校长、修改学校章程、制定发展规划、审核预/决算、决定学校的分立/合并/终止及学校章程规定的其他重大事项”等事项时，须由决策机构 2/3 以上的成员同意。《若干意见》和《山东省政府实施意见》在决策机构的规定上基本一致，要求建立健全董事会制度，成员以学校章程为依据参与学校管理，规定了与《实施意见》（送审稿）一致的董事会成员必须包含的类型，并探索实行独立董事、监事制度。值得一提的是，2012 年出台的《教育部关于鼓励和引导民间资金进入教育领域　促进民办教育健康发展的实施意见》提出，要完善董事会议事规则和运行程序，董事会召开会议须做会议记录并要求全体成员签字、存档备查，与其他政策文件相比，具有新颖性，是对董事会决策机制的一种完善。通过以上分析可知，现行政策法规仅在董事会的成员组成上作了要求，对于董事会议事规程仅作了宽泛的规定，并无实质性要求，对于董事会的决策机制、议事规程细则均未涉及。

在实践方面，通过对山东省 12 所民办高校进行调研，我们发现，与董事会的成员结构、职责权力相比，在民办高校的实际运行中，董事会的议事规程、决策流程、权力实现等决策机制更难以了解。通过对教师的调查可以发现，87％的教师对于学校董事会的运行制度和程序并不了解。事实上，由举办者主控的董事会在成员结构上就已注定了其董事会的决策机制不够严谨。此外，在董事会已经由举办者控制的前提下，即便制定了健全的董事制度，建立了完善的决策机制，其实现程度也会大打折扣，信度不可避免地要降低。

通过对民办高校董事会决策机制的调研发现，大部分民办高校每年召开2～4次董事会议，但仍有部分民办高校基本不召开董事会，董事会形同虚设。不少民办高校的领导感叹："学校确实设置了董事会，但从没有听说召开过董事会会议。"一些校领导更是坦陈："在我们省的几十所民办高校中，董事会基本上都是摆设。"有些学校在董事会的召开时间上比较随意，不是如期举行，而是全凭举办者决定。如果举办者不想召开，预定的董事会将会延期或取消，如果举办者想召开，就可以即刻召开。董事会的形式也是多种多样，并非一成不变的会议形式，有些民办高校会以"宴请"的形式召开会议。

上海市教育科学研究院的董圣足曾做过关于董事会重大决策的表决方式的调查，调查结果表明，采取"无记名投票、多数通过"的学校仅占4%，而采取"民主协商、董事长裁决"或者"董事长个人说了算"的学校高达60%。[①] 浙江树人大学的王一涛也做过类似调查，其结果亦表明，在民办高校，董事会普遍存在非常严重的不同成员话语权不均衡的问题。[②] 笔者的调查再一次验证了以上结论，在山东省民办高校中也存在同样的问题，董事会中各成员的话语权极其不均衡，董事长的意志和决定，其他董事一般难以改变。实际上，对于民办高校的董事而言，他们既意识到了董事长权力过大这一事实，也默认这种状况的合理性和难以更改性。一位民办高校的董事说："学校是由举办者投资和举办的，承担着办学风险和压力，因此，作为董事，我的职责是提出建议，而非作出决定。对于学校而言，真正的决策者只有董事长自己。"这说出了大多数民办高校董事会成员的想法。但也存在一些民办高校的董事对举办者控制董事会表示不满，一位参与民办高校创办的董事无奈地表示："顺者昌，逆者亡，要么服从，要么离开。"

对于部分民办高校的举办者来说，他们认为董事会权力集中于董事长身上的现象是正常的、合理的，无须避讳，并且觉得这种决策机制对于我国民办高校的发展状况是适宜的、合理的。一位民办高校的举办者明确表示，如果学校的一切重大决策都遵循少数服从多数的原则来决议，将会在一定程度上阻碍学校的发展。他说："作为董事长，对于自己看中的项目，即使董事会中的大部分人

① 参见董圣足：《民办院校良治之道——我国民办高校法人治理问研究》，教育科学出版2010年版，第232页。

② 参见王一涛、刘继安：《中国民办高校董事会规范结构和行为结构偏差的实证分析》，《复旦教育论坛》2015年第4期。

都不赞同,我也会坚持自己的决定。我相信自己的直觉。”“一元决策制”在决策机制上保证了民办高校内部治理的决策效率,有利于民办高校“船小好调头”优势的发挥,充分展示了其体制机制灵活的优点,能够与经济社会发展密切联系,灵敏、迅速地应对市场需求变化,但另一方面,也不得不面对更高的决策风险。

所幸,并非所有民办高校的决策机制都是如此,仍存在少数民办高校能够真正实现董事会的职权。其董事会是作为一个真正的集体决策机构而存在的,拥有成熟的决策流程、权力实现等决策机制,并能够切实贯彻落实。这些民办高校大致分为两类:第一类是纯粹的公益性民办高校,这也是未来的非营利性学校。这类民办高校一般与地方经济社会的发展紧密相关,能得到地方政府较多的政策利好和财政扶持。这类学校的办学章程也比较完善,校长的选聘和解聘,办学经费的筹集,经费的预算和决算,基础建设,教职工的编制定额和工资标准,学校的分立、合并、终止及学校的其他重大事项等重要决策都在董事会上民主讨论和决策。比如潍坊科技学院就是一所典型的民办公助的该类型学校,该校的决策机构不是董事会的形式,而是专家委员会治校形式,学校聘请省内外各类专家成立战略规划、教学工作、学生事务管理、文化建设、预决算管理五个专委会,作为顶层设计决策咨询机构。还有一类是由企业投资型的民办高校。该类型的高校因为是企业投资,所有资金有账目可查,财产的所有权能够得到足够保护,投资者不必担忧对学校的控制权,而且投资民办高校的企业都有相当规模的经济业务,以烟台南山学院为例,其投资方南山集团拥有八大业务板块与两家上市公司,对于投资者来说,他们在时间精力上和教育管理经验上都是缺乏的,因此通过招聘各类教育专家和管理者组建董事会是他们最为省时省心而高效的选择。

二、激励机制状况

民办高校激励机制的优劣对于学校核心竞争力的塑造和提升有着重要的作用,这也让我国民办高校逐步确立了以高校行政人员、教学人员以及后勤职工为主要激励对象的激励观念。山东省民办高校在学校内部治理过程重视对职工的激励,每个学校都建立了适合学校的激励制度,并形成了相应的激励机制。

调查发现,山东省民办高校现有的激励机制主要分为物质激励和精神激励两大类。物质激励一般包括工资、奖金、福利、资助、带薪休假等保障教职工生存与生活需要的激励方式,精神激励主要包括职业发展、目标、晋升、情感、荣誉、尊重与信任、文化、行为激励等满足员工更高层次需求的激励方式。

在众多的激励机制中，薪酬制度是最主要、最有效的，也是员工最为关心的。在部分山东省民办高校中，存在与公办高校不相同的一个突出特点，即教师的工资水平并非只取决于教师职称这一个影响因素，而是将绩效和教学能力纳入薪酬标准。于是，在民办高校，可能存在这种现象：助教有可能享有副教授的薪资水平，讲师的工资有时会超过教授。这在公办高校几乎是不可能的事情，但在部分民办高校是合理存在的。这种薪酬体系在很大程度上超越了教师薪酬待遇"吃大锅饭"的陈规旧制，能者多劳即可多得，在待遇上以能力为主而非资历。这种激励机制大大激发了青年教师的积极性，但是，由于青年教师的资历尚浅，在自身知识基础、教学能力等方面积累相对薄弱，在教学上出成果存在一定的难度；又由于个人职称限制、经验不足，加之教学任务繁重精力有限，在项目申报时机会较少。因此，青年教师在教育教学和科研工作中做出突出成果并非易事。因此，虽然在山东省的民办高校存在这种有利于青年教师发展的薪酬激励机制，但实现率并不高。加之民办高校以青年教师居多，在调查的12所民办高校的师资构成中，35岁以下教师的比例平均高于65%，最高达81%。青年教师数量的高比例造成了大部分教师对薪酬机制的不满意。而工资水平对于处于人生奋斗期的青年教师来说又是最大的激励要素，因而成了目前山东省民办高校大部分教师对现行的激励机制最不满意的项目之一。

此外，社会福利保障、教师培训、职业晋升等是山东省民办高校目前的重要激励制度。在社会福利保障方面，基本所有的民办高校教职工都能享受五险一金等福利，部分学校为职工补充了企业年金，青岛、潍坊、德州部分试点学校探索了民办高校教师与公办学校享有同等社保待遇；在培训方面，大部分民办高校虽然积极拓展培训方式，但由于办学经费有限和担心教师培训后流失，培训工作没有系统地进行，大部分教师对高校提供的职业发展激励不甚满意。在职业教育晋升方面，我国民办高校的激励方式虽然呈多样化，但大部分流于形式，执行难度大。

三、评价机制状况

评价机制的建立和完善是大学实现自我约束、自我发展的制度保障。[①] 民办高校的评价机制是指参照一定的指标体系，对于民办高校的内部治理结构、

---

① 参见刘彦博、魏海勇、刘世勇：《刍议大学章程对大学内部治理机制的规约与完善》，《黑龙江高教研究》2014年第1期。

规章制度、治理效果进行评价的过程。评价的最终目的是促进民办高校内部治理结构的不断优化和治理水平的不断提升，最终促进民办高校的健康发展。

按评价对象来分，山东省民办高校的评价机制主要包括对党组织、董事会、校长、监事会、职能部门、二级学院、教职工和全体学生进行评价。其中，对于党组织、董事会、校长和监事会等机构的评价依据是民办高校的办学章程。章程作为规范大学内部治理的“基本法”，规定了学校董事会、校长、监事会、行政机构及学术机构的人员构成、选举程序、运作机制、职权范围等，厘清了决策权和执行权的关系。在章程得以实质性实施的大学，其内部治理的过程与章程的实施过程是合二为一的。但是，通过对山东省 12 所民办高校的调研发现，山东省民办高校的章程基本浮于形式，并没有发挥应有的作用。因而，山东省民办高校对于党组织、董事会、校长和监事会等内部机构及其权力运行的评价基本是缺失的。

教职工是民办高校评价机制中最重要的评价对象，也是山东省民办高校评价机制中实施最好的，其评价主体和评价方法均具有多元化的特点。教师的主要任务是教学与科研。在教学方面，主要包括对教师的教学质量、师德师风的评价，分为学生评价、同行评价、督导评价、领导评价和自评几部分；在科研方面，主要是由民办高校的科研处对教师的科研工作量与质量按照一定的计分标准进行评价。此外，人事处对于教职工的年终考核也是一项重要的评价。此类评价一般由民办高校的人事处或人力资源部门负责，采用自评、同行评价和领导评价相结合的形式，从遵纪守法、师德师风、出勤情况及教学科研等方面进行综合评价，评价结果作为评奖评优和职称晋升的重要依据。

总体来说，山东省民办高校比较注重对于教职工的各项评价，建立了比较完善的评价机制，评价方法和评价主体均做到了多元化。但是，针对董事会、校长、监事会尚未建立系统的评价机制。

四、监督机制状况

监督机制是为保证权力运行的合法性、有效性而在民办高校内部实行制衡的自我约束机制。[①] 民办高校建立健全“决策机制—执行机制—监督机制”三位一体的内部治理机制，是民办高校优化内部治理机制的核心所在，也是建立现代大学制度不可或缺的一步，更是民办高校实现健康发展的根本保障。我国民

---

① 参见金保华、顾沛卿：《民办高校规范化办学内部监督机制：问题与对策》，《黄河科技大学学报》2014 年第 5 期。

办学校的监督机构和监督机制无论在政策法规上还是在实践中均起步较晚，山东省民办高校亦是如此。

在政策方面，2007 年民政部出台了《关于进一步做好民办高校登记管理工作的通知》，山东省印发了该意见，意见第一次提出要推动民办高校按照其章程规定建立和完善董(理)事会、监事会制度。在国家和山东省《教育纲要》中也都明确要求要完善民办学校法人治理结构，逐步推进监事制度。但因为缺乏上位法的支持，以上政策只具有倡导性，并无法律强制性，因而对于山东省民办高校建立监事会制度作用甚微。

《民促法》(2017)第二十条第一次以法律的形式规定了民办学校应建立监督机构，自此开启了民办学校监督机制的新篇章。从国家到山东省政府，对于民办学校的党性领导和监督机制日益重视，《民促法》(2017)明确提出要加强党的建设，提出民办学校应建立监督机构；《若干意见》中对此进行了细化，如“实现学校基层党组织全覆盖、党建工作上水平”，《民促法实施条例》(送审稿)中也提出“学校党组织负责人或者代表应当进入学校决策机构和监督机构，且教职工代表不少于 1/3”。山东省政府《山东省政府实施意见》对此进行了重点强调，并要求探索独立的监事会制度。由此可见，山东省民办高校监督机制的建立不仅实现了有法可依，而且对于监事会的人员构成进行了明确规定，体现了政府的政策支持和高度重视。

在实践方面，从 2007 年起，山东省向民办高校派出督导专员，从第一批的 13 人到后来每所民办高校均到位，以弥补法律的缺失。自 2017 年起，山东省响应国家政策，分批向民办高校选派党委书记，调查的 12 所民办高校中已有10 所完成。无论是督导专员还是选派党委书记，均对民办高校起到了一定的监督作用，但他们的主要责任是对民办高校的办学方向起到引导和监督作用，至于深入到对民办高校内部治理决策机制和执行机制的监督，由于民办高校财产权的私有性和盈亏风险性的承担问题，督导专员和选派党委书记既无法律依据，也无章程可循。目前，大部分督导专员和党委书记与董事会已经融为一体，对于民办高校的监督作用不大。

自《民促法》(2017)实施以来，山东省民办高校监事会及监督机制的建立逐步提上了议程。但由于法律出台时间较短，加之《民促法》(2017)的实施意见尚未颁布，各种配套政策尚未完善，山东省目前只有 2 所民办高校设置了专门的监事会。监督机构的缺失在一定程度上导致了山东省民办高校内部治理中监督机制的缺位。监督问责的力度将在很大程度上决定制度执行的程度，加强民办高校监督机构的建立和监督机制的建设将对民办高校内部治理水平的提高起到重要作用。因此，实现民办高校内部治理的优化，必须加强监督机构的建设，规范监督机制的运行，健全监督管理机制，强化民办教育督导。监管是一种手段，更是一种保障。山东省民办高校的监督机制只有依法进行，才能顺利推行，促使学校规避风险、平稳运行。

第五章

山东省民办高校内部治理存在的主要问题及原因分析

通过前文对山东省民办高校内部治理现状的调查，结合专家讨论会，现将存在的主要问题和原因分析如下：

第一节 山东省民办高校内部治理中存在的主要问题

笔者通过对民办高校内部治理的政策环境和山东省民办高校内部治理现状进行调研分析，了解山东省民办高校内部治理的国家和省内政策环境，对于山东省民办高校内部治理历程、相关政策法规的落实情况、内部治理的结构现状、内部治理的模式现状及内部治理机制和运行情况进行了深入探索，发现山东省民办高校内部治理主要存在政策法规不完善、产权界定不清晰、治理结构不科学及治理机制欠规范等问题。

一、政策法规有待完善

通过对国家和山东政策法规的整理与分析可以发现，民办高校内部治理的政策法规多散见于各类民办教育政策法规中，缺乏专门的民办高等教育法律法规，更没有专门的民办高校内部治理政策法规。在现有的法规中，针对民办高校内部治理关键因素的政策法规也不完善。目前，山东省在省级层面上只出台了《山东省政府实施意见》，其中涉及民办高校内部治理的条文也仅限于加强民办学校党的建设，建立分类管理制度，完善民办学校法人治理结构，依法加强资产和财务管理等方面，规定相对宽泛，实操性较弱。而且各地市政策文件不均衡，总体来看，目前只有青岛市、潍坊市和东营市三个试点地区已发布地方民办教育管理的相关政策。但这些地区的政策文件中关于民办高校内部治理的条文也局限于国家和山东省所规定的范围之内。

从政策法规的内容分析，国家层面的法律和《山东省政府实施意见》作为上位法，在内容编制上存在原则性强、操作性弱的特点，对具体事宜的办理和操作缺乏细化的释义。民办高校内部治理所涉及的核心内容和问题，从内部法理结构、机制、产权归属到分类管理、师生参与民主管理与监督等方面的政策法规均不完善，缺乏具体的操作细则。未来需进一步发挥地方层级法律、政策的效力，准确把握民办高校内部治理的关键因素，敢于大胆创新，充分考虑民办高校的内部治理实际，做好域外成功经验与本土化的结合，制定合理化、效率化、差异化的政策法规，让法律、政策变为操作性强的办事指南；同时，不断激发地方创新和高校活力，及时将成功的实践经验凝练、升华至理论层面，进一步支撑、完善、丰富顶层设计。① 政策制度制定部门要树立全局观、系统观、协同观，充分了解制度现状，抓住设计的关键点，遵循科学的设计思路与发展原则，因地施策。

从政策法规的深度分析，目前政策法规规定较为浅显，《民促法》(2017)、《若干意见》、《实施意见》(送审稿)及《山东省政府实施意见》只在各方面进行了大致规定，不够深入，无法适用于复杂的民办高校内部治理实践。比如，在分类管理方面，从法律层面上制定了营利性与非营利性民办学校分类管理的格局，是我国民办教育里程碑式的进步，但对分类管理工作所涉及的核心内容和问题，如产权归属、分类登记管理、扶持政策、办学自主权、收费机制、土地税收、教师权益及退出机制等方面缺乏具体的差别化配套政策。在产权政策方面，尤其是对民办高校法人属性的政策规定比较模糊。相关法律法规对民办学校的产权做出了相应规定，并探索了分类管理，但是，对于产权主体、产权边界、产权分割等问题并未做出明确规定，导致山东省在民办高校产权政策落实执行和民办高校办学实践中容易出现各类矛盾和各种纠纷。在民办高校的内部治理结构和运行规程方面，虽然对于民办高校的内部治理结构给予了明确要求，对于议事规则也给予了明确要求，也明确要求要建立监事会等监督机构，但在举办者控制决策机构较为普遍的民办高校内部治理中，如何保障董事会、监事会成员的组成符合法律规定，如何保证董事会不是举办者的“一言堂”，如何保证监事

① 参见唐诗蕊、魏志春:《供给侧改革背景下民办教育分类管理政策困境与路径》,《现代教育管理》2018 年第 4 期。

会发现违规现象后的监督权、处罚权和执行权，等等，对于这些深层次问题都没有给予相应的法律保障。

从政策类型来看，对民办高校内部治理的规范性政策多于扶持性政策。相较于温州、上海、陕西等地对民办高等教育的大力支持，颁布各类扶持性政策，山东省关于民办高等教育的政策法规较少。从已有的政策来看，山东省的民办教育政策的规范性取向要明显高于其扶持性取向。通过山东省政策法规概况可知，规范性政策法规远远多于扶持性政策法规，在民办高校内部治理的各方面均比较规范。在扶持方面，一般囿于国家政策法规的内容，缺少突破和创新，实操性不强。总体来看，山东省民办高校内部治理方面的规范性政策法规带有比较浓重的“规范性”色彩。同时，山东省民办高校目前大部分处于生存发展期，需要规范，但更需要扶持。

由此可见，山东省涉及民办高校内部治理的政策文件尚不完善，存在政策法规操作性弱的问题，有关产权、治理结构、分类管理、师生参与民主管理等方面的配套文件还基本处于缺失状态；政策法规囿于表面，不够深入，不能够适用于复杂的民办高校内部治理实际；“扶持性政策”较少，不利于激发民办高校的办学活力。因此，山东省政府仍需要进一步打破陈规桎梏，加大立法力度，提升立法层次，扩展立法维度，为民办高校的内部治理更加科学化和高效化扫清法律死角，铺平法制道路。所以，实现山东省民办高校内部治理优化的首要任务是完善政策法规制度。

二、产权界定不够清晰

从国家层面至山东省层面的民办教育政策法规对民办高校产权的界定均不确定，尤其是各权利主体和其相对应的职权范围规定得较为模糊，导致了产权主体不清晰，产权分割不公平，产权边界不明确等治理困境，从而在政策落实执行和民办高校办学实践中容易出现各类矛盾。

（一）产权主体不清晰

山东省当前的民办教育政策法规对高校产权的界定并不清晰具体，其中，对于权利人和其职权范围的规定比较模糊，从而导致产权的边界模糊，主体不清晰。虽然，从立法上看，产权主体包含举办者和管理者，但由于山东省民办高校多元化的资金来源，各个民办高校的举办者权利不尽相同。就资金来源而言，目前山东省民办高校的办学资金主要来源有举办者出资、政府资助、银行贷款及社会捐赠等。《民促法》(2017)和《山东省政府实施意见》对产权主体的界定并不明确,只是作了一个排除性的规定,即国家机构以外的社会组织或个人,利用非国家公共财政经费办学的,均是民办高校的产权主体。因此,政策法律通过否定式的方式来界定民办高校的产权主体和资金来源,形式上看比较明确,但实际上比较模糊。比如,"社会组织"这一概念就比较复杂,因为社会组织的组织者不只有个人和社会团体,还有政府、事业单位等。相对应的,社会组织有民间组织、官方组织、公助民办等各种形式。各种形式的组织其经费来源本身就是不同的。因此,这种排除的界定方式实际上是民办高校产权主体不清晰的根本原因。

此外,《民促法》(2017)第五十九条规定了民办学校终止时其财产的清偿顺序:首先是学生的学杂费等费用,其次是教职工的工资保险费用,最后是学校债务等。在完成以上清偿后,如果还有剩余财产,则分别按照营利与非营利学校的法律规定进行处置。剩余财产是办学投入与办学盈亏之和,办学投入来源于出资者,办学盈亏是办学过程中的盈利或亏损,现行法律对于办学盈亏这部分财产的归属缺乏规定。再者,政府对于民办高校存在奖励、补贴、财政扶持等资金投入,此类财产的性质、在民办高校产权中的地位及办学终止时的归属,法律也没有规定。综上可知,民办高校多元化的资产来源,政策法规的模糊性,必然会造就民办高校产权主体的不清晰,从而在办学终止时易于产生纠纷,这将在一定程度上引起民办高校办学秩序的混乱,从而打击社会力量出资办学的积极性。

(二)产权分割不公平

由于出资主体的多元性,民办高校的产权具有分割属性,归属于多个不同的主体。民办高校的产权分割与出资份额、经营绩效相联系。产权经济学认为,在产权主体明确的时候,多个主体比单个主体会产生更多的边际效益。《民促法》(2017)第三十六条及《山东省实施意见》第十七条规定:"民办学校对举办者投入民办学校的资产、国有资产、受赠的财产以及办学积累,享有法人财产权。"也就是说,民办高校的成立意味着出资人的出资财产所有权转属于民办高校法人,包括其增值部分。此外,社会捐赠、政府资助、学费收入等财产也归属于学校法人,从而为民办高校的正常运营提供了保障。学校法人还拥有财产的处置权,包括举办者在内的一切产权主体不得撤走财产。如果民办高校停办,需要先清偿学生费用、教师工资社保及学校债务,剩余的财产才可依法处理。

可见，举办者对于自己的出资失去了所有权和处置权，收益权要看盈亏。显而易见，这种产权分割方式有失公允。当然，这种现象的出现有其背后的原因。根本原因在于，我国《民促法》(2017)等各类政策法规中均特别强调要保障民办教育的公益性，删除了旧法中的“合理回报制度”。尤其是在非营利性民办高校中，投资者投入财产获得的办学积累完全归属于学校法人，举办者只有在办学终止时可获得奖励补偿，缺乏过程性奖励，而山东省尚未出台具体的奖励补偿办法。这种方式严重忽略了举办者的财产回报权，实质上限制或变相限制了举办者的投资收益权。这将在很大程度上打击社会力量出资办学的热情，阻碍民办高等教育的发展。另外，《民促法》(2017)和《山东省实施意见》对于民办高校产权的使用权也进了限定：因为民办高校法人存续期间，所有的资产应该归属于学校法人管理，任何组织、个人不得随意处置或侵占。举办者不能随意处置、使用其投入财产。在法理角度，这一限定虽然保护了民办高校的法人财产权，但也限制了举办者的产权使用权，对于举办者而言，这种产权分割方式并不公平。

(三)产权边界模糊

产权是一种权利，这种权利与产权带给主体的收益是密切相关的，每种权利在收益的量或质上是不同的，进而分出了权利的重要性程度不同。[①] 因此，产权与权利是对等的，其边界应相一致，总量相同。对于民办高校，主要有固定资产、资金、无形资产、资产增值等。但是，由于民办高校各类资产的投入主体的多元化，造成其在产权边界上存在一定的模糊性。从山东省民办高校的发展历程来看，民办教育所需的资金十分庞大，尤其是民办高校所需更多，其资金来源更为广泛，完全依赖捐资办学的情况几乎没有。这样一来，名目繁多的财产究竟哪些归举办者所有？办学过程中产生的学校品牌、声誉口碑等无形资产如何定价？举办者在学校法人财产增值中享有多少收益权？目前，对于这些问题，上至国家，下至山东省各级政府，均未做出确切回应。

资本的逐利性并不会因为进入教育行业而消失，进入民办高校的社会资本也不可避免这一属性。但各级政策法规对于举办者的出资回报均未给出具体规定，这将导致举办者无法通过法律保障获取收益，部分举办者将会采取各种财务手段取得收益，这些手段可能会触碰法律的边缘。这种收益的获得是举办

① 参见熊倬、邓伟：《我国民办高校产权治理的现实困境与制度创新》，《教育与职业》2018 年第 17 期。

者通过行使对学校的控制权而实现的，具有较大的法律风险。在民办高校办学实践中，因此而触犯法律获刑的案例并不少见。产权边界的模糊性在一定程度上导致司法机关处理此类事件时无法可依，难以抉择。

三、治理结构尚需优化

与公办学校不同，民办高校的资金来源不是来自国家，而是来自社会。因此，其所开展的活动也与企业相同，需要面向市场。一方面，为了适应市场发展，民办高校的内部运营不可避免地沿用了现代企业制度，构建了由党代表、举办者、决策者、管理者等利益相关者组成的民办高校治理结构；另一方面，教育公益性的属性又奠定了民办高校的非营利性，其最终目标在于为人民群众提供更加多元化和特色化的高等教育机会，为国家培养建设者，其内部治理又需要尊重教育的基本规律，体现师生的主体地位，维护师生的利益。由此来看，民办高校的内部治理需要兼顾学校运营的市场性和教育活动的公益性，使二者之间的博弈达到适度平衡。因此，民办高校的内部治理结构在学习企业法人治理结构的同时，也要协调教育的公益性和市场性。既要保证相关利益者的参与度和话语权，尊重高等教育规律，办出教育的公益性，又要充分发挥体制机制的灵活性，发挥市场效益。结合前面对山东省民办高校内部治理结构现状的调查和研究可以发现，山东省省民办高校的内部治理结构存在如下几个问题：

（一）治理结构“家族化”倾向

民办高校的发展历程和学校资金来源决定了其学校的私有性质。民办高校的举办者在学校治理中，由于信任问题，容易出现“任人唯亲”的现象，从而导致民办高校内部治理结构中的成员多为家人等亲信，呈现“家族化”倾向。“家族化”管理在民办高校中并不少见。大部分民办高校的财务、后勤、人事、行政等部门的主管人员都是“自己人”。治理结构的“家族化”倾向导致决策权也被限制于家族内部，董事会实际上流于形式，并不能发挥其应有的决策作用。决策权的偏差使学校的主要目标是维护举办者利益，资本的逐利性必将造成学校的公益性和师生等利益相关者的权益不能得到有效保障。正如某学院老师所说：“家族化管理往往为了加强对学校事务的控制，尤其是对财务、人事、后勤等关键领域的控制。”

此类民办高校在董事会、监事会中也会让自己的家人加入，从而缺少有效的监督，其方向全凭办学人或者举办人的个人意志，容易发生违背教育规律，以营利为目的的违规办学行为的发生。

（二）治理主体参与缺失

教师和学生作为民办高校主要的利益相关者，有着参与学校民主管理与民主监督的权利。在政策层面，国家和省政府对于教师参与民主管理与民主监督均上升到法律层面进行了规定，要求董事会与监事会中必须有规定比例的教师。但是，对于学生参与学校内部治理，在法律层面尚缺少保障。在决策机构和监督机构里，均未提及要求学生必须参与。学生作为民办高等教育的购买者和受教育者，是民办高校重要的利益相关者，有权参与到民办高校的内部治理之中，这一点需要从法律层面上得以破解。

虽然从法律上规定了教师参与民主管理与监督的权利，但现在基本流于形式，在实践中很难落实。在山东省民办高校的董事会中，确实有1～2名教师代表，但实际上均为中层干部或举办者的“亲信”，普通教职工难以进入，而学生、校友及其他社会公众代表更是机会渺茫。

从民办高校教师自身来说，由于薪酬和社会保障的不理想，注定了民办教师较高的流动性，他们相对来说更关注自身的前途与发展。再加上民办高校相对于公办高校本身也存在不稳定性。在这样的环境中，由于内外因素的影响，教师对于高校的内部治理问题并不太关注，加上民办高校以青年教师居多，经验的缺乏也使得他们对学校的内部治理有心无力。教职工代表大会作为教师参与学校民主管理的主要形式，也往往流于形式，并不能真正发挥应有的决策和监督功能。

在学校方面，民办高校的举办者一般认为教师只是学校教育教学工作的执行者，他们的主要任务是执行来自董事会、校长、学院、教务处和教学委员会等机构的决议和意见，而学校的发展并非教师的责任。

正如某学院老师所说：“民办高校发展规划和意见往往由院长提出，校务委员会讨论，报董事会批准。一线教师很难参与进去。”

综合来看，一方面，政策法规的不健全使师生的民主管理和监督权缺少强有力的法律保障；另一方面民办教育体制的资本性决定了民办高校的治理权力集中于举办者，教师和学生的权益容易被忽略；此外，社会舆论和待遇的不理想导致了教师队伍较高的流动性，从而使教师对学校缺乏归属感，无心于民主管理和监督。因此，教师和学生作为民办高校重要的利益相关者，本应是内部治理的重要主体，却在内部治理中基本处于“零参与”的状态。

(三)董事会、监事会权责不明确

民办高校内部治理结构由董事会/理事会(决策机构)、校长(执行机构)以及监事会(监督机构)三大部分组成,各治理机构分工合作,形成权力制约。其中,监督机构作为民办高校内部治理结构的三大组成之一,对决策机构及执行机构成员的履职情况及学校财务运行的合规性实施监督,以保证权力运行的合法性和有效性。因此,监督机构是民办高校内部治理结构的重要组成部分,是完善民办高校内部治理结构,优化内部治理机制的关键因素。然而,我国民办学校的监督机构在政策法规与实践中均出现较晚,山东省民办高校亦是如此。

《民促法》(2017)第二十条第一次以法律的形式规定了民办学校应建立监督机构,《山东省政府实施意见》对此进行了重点强调。《民促法实施条例(送审稿)》对于监督机构中成员的任职条件和数量进行了明确规定,监督机构中必须有党组织负责人和不少于 1/3 的教职工,并注重监督机构的独立性,实行决策机构成员及近亲属回避制度。《山东省政府实施意见》对此进行了重点强调,山东省民办高校监督机构的设立实现了有法可依,并且明确了监督机构的人员构成和比例。

自此,山东省民办高校建立监事会逐步被提上议程。但由于法律出台时间较短,加之《民促法》(2017)的实施意见尚未颁布,配套政策尚未完善,因此山东省参与调查的 12 所民办高校中目前只有 2 所设置了专门的监事会。由此可见,山东省大部分民办高校尚未设置专门的监督机构,监督机构处于普遍缺失的状态。对于少数民办高校已经建立的监事会进行深入分析可以发现,大多数监事会在人员构成和比例上并不符合政策法规的要求,在功能发挥上更是不尽如人意。作为保障民办高校各项权力有效运行的监督机构,在民办高校并未获得应有的地位和重视。

山东省民办高校监督机构的缺失,已建立的监事会成员及比例的不合理和地位的弱势,都为民办高校监督主体行使监督权力造成了障碍,从而不利于民办高校民主监督权的实现。这在一定程度上将可能使教育的公益性和教师、学生等利益相关者的权益受到损害。此外,监督机构的缺失必将导致监督的不到位,对于民办高校决策机构和执行机构权力的行使不能起到有力的监督和制约作用,容易导致董事长或校长的专权,加大学校运营管理过程中的风险指数。

因此，监督机构的缺失与弱势将使学校运行和发展的动力难以凝聚，使民办高校广大师生的权益无法得到充分保障，且存在制度缺陷和道德风险。[①]

四、治理机制规范问题

（一）决策机制问题

董事会是民办高校内部治理结构中最主要、最核心的决策机构，其决策机制中存在的问题是民办高校决策机制中最重要的问题，对应前面对山东省民办高校决策机制的现状研究，对于山东省民办高校决策机制中存在的问题，也主要针对董事会进行分析。通过对山东省民办高校董事会决策机制的现状进行分析，笔者发现山东省民办高校董事会的决策机制主要存在以下三个方面的问题：一是在政策法规方面，山东省民办高校内部治理的决策机制尚缺少完善的法律规定；二是在实践方面，董事会存在举办者主控的现象；三是在信息公开方面，民办高校的信息公开度较低。

在政策法规方面，山东省民办高校内部治理的决策机制尚缺少完善的法律规定。通过前面国家和山东省政策法规对于民办学校董事会及其议事规程的规定可以发现，现有政策法规较为宽泛，对于深层次的决策机制并未涉及。例如，对于民办高校的董事会构成人员仅提出了类型要求，但并未规定各类型成员的比例，不能有效防止举办者专权；对于民办高校的决策机构的议事规程的要求较为粗略，仅规定了会议的召开频次等，对于议事流程、决策权力行使等未作要求；对于民办高校董事会的职责范围仅作了大致规定，缺乏职权的实现程序及细则要求。通过以上分析可知，现行政策法规比较宽泛，对于董事会的决策机制、议事规程细则缺乏深层次的实质性要求，需要进一步深化和完善。

在实践方面，董事会存在举办者主控的现象。通过对山东省 12 所民办高校进行调研，对民办高校董事会召开现状、举办者的任职职务、董事会成员的话语权进行深度分析发现，目前大部分民办高校的董事会实际上由举办者控制。在决策过程中存在举办者通过控制董事会使学校管理呈现“家族化”的现象，董事会成员结构和数量并不符合法律规定，很多举办者所有权与管理权混淆，更愿意任用家人为董事会成员。因而民办高校的董事会决策机制不健全，议事规程不完善，具有代际传承的特点。由举办者主控的董事会其议事规程、决策流

① 参见鞠光宇：《分类管理制度下民办高校的法人治理结构建构研究》，《高教探索》2017 年第 1 期。

程、权力实现等决策机制是以举办者的意愿为首要原则的，举办者的提议在董事会会议上很容易通过，成为董事会的决议，其决策过程在很大程度上是在“走形式”。以人事任命为例，大部分民办高校的举办者在自己卸任前会安排其子女接替自己的职务或担任重要职务，但在对外公布人事任命信息时，学校均会宣称“这是董事会的决策”。显然，举办者掌控了董事会，也就实现了对学校的全面控制。在这种决策机制下，董事会是一种规范结构，但其中对于决策的模糊表述和对于处罚的缺失，导致决策过程和结果拥有偏离规范的实现空间。

在信息公开方面，民办高校的信息公开度较低。笔者在调查过程中发现，民办高校的董事会存在这样一个特征：隐蔽性。董事会是大部分民办高校的最高决策机构，但在学校官网上公开的不到一成；在对教师的调研中发现，绝大部分教师只知道学校的领导班子，但并不知晓董事会成员，甚至不知道董事会这一机构的存在。这一特征使社会公众和教师对民办高校的民主监督权难以行使。民办高校的教育性和公益性决定了其运营管理不同于民营私企，董事会作为内部治理的机构，其成员组成和决策机制应该接受来自师生和社会公众的监督，尤其是非营利性民办高校，建议其在决策机构中纳入社会公众代表。因此，民办高校只有加强信息公开度，才能确保董事会决策机制更加透明化，在各利益主体的监督下得以更好地运行，为民办高校现代大学制度的建立铺垫良好的制度基础。

（二）激励机制问题

通过对山东省民办高校激励机制现状进行研究可以发现，民办高校的激励机制不健全，激励效果不明显，导致民办学校在引进人才时缺乏竞争优势，存在人才易流失、结构不稳定的现象，进而影响教师梯队建设和育人质量的提高。存在的问题主要表现在缺乏股权激励制度、物质激励不足和精神激励不受重视三个方面。

1. 缺乏股权激励制度

在民办高校，投资者与管理者之间不同的利益追求意味着所需要的激励不同。对于投资者而言，实现利益最大化是他们投入资本的最终目的；而对管理者而言，由于缺乏与投资者利益捆绑的股权，他们最为关心的是民办高校教育性和公益性等管理效益的实现，因而更加注重人才培养质量和个人收益。由于利益目标不一致，投资者只能通过严格的考核评价机制来实现对管理者的控制和监督。这种管理不能从根本上调动管理者的积极性，不能达到理想的激励效果，从而导致了民办高校投资者与管理者之间的矛盾。长此以往，必将阻碍民办高校的健康发展。

2. 物质激励不足

调查发现,山东省民办高校对于教职工的物质激励不足,主要表现在薪酬制度和社会保障制度两方面。首先是薪酬水平较低。相较于公办高校的薪酬水平而言,民办高校普遍较低,福利较少,还有的民办高校薪酬制度不规范,标准不透明,绩效工资未与办学效益和个人劳动量相联,不能充分调动教职工的积极性。虽然大部分民办高校意识到了这一点,开始改革绩效考核,提高教师收入,但总体来说增长不多。其次是社会保障制度不健全。民办高校的社会保险走的是企业职工保险,而公办学校是事业保险,民办高校教职工在退休保障方面与公办教师差异较大,导致民办高校在人才引进与挽留时缺乏竞争优势。虽然部分试点地区在探索民办教师与公办教师享有同等社会保障,但涵盖面太窄。政府部门和有条件的高校应尽快出台具体操作办法,建立健全由学校、个人和政府三方合理分担的民办学校教师社会保障机制,对民办高校教师产生有效激励。此外,由于民办高校的私有性质,大部分民办高校为降低办学成本,提高收益,在教师社会保障方面尽量降低投入,部分学校甚至存在"五险一金"未按法律规定落实到位的现象,大部分民办高校是按当地最低标准为教职工缴纳"五险一金",教师的社会保障权益不能得到保障。

3. 精神激励不受重视

首先是教职工的个人发展不明确。民办高校对于教职工的职业规划和晋升空间未建立系统的成长机制,没有将教职工的发展纳入学校总体发展目标。[①]从职称评定到科学研究,均不能提供应有的条件。其次是培训激励匮乏。从学校方面来说,与教师社保较低的原因相同,民办高校为了降低成本,对于教师培训不愿意投入足够的资金;从教师方面来说,较高的流动性和考核制度的不合理造成民办教师对于自身职业规划并不重视,从而导致民办高校对于教师的岗前培训和充电进修缺少系统的组织安排,即便安排了培训也很难达到理想的成效。此外,对教职工的人文关怀也不够。大部分民办高校对于员工归属感的培养处于缺失状态,"打工"心理在民办高校的教职工中并不少见,相当一部分教职工,尤其是初入职的青年教师不能与学校之间达成情感融合。同时,对于教职工的荣誉激励明显不足,以至于成绩突出、贡献较大的教职工并未获得及时的表彰和应有的荣誉,错失激励的正强化作用的发挥。

---

① 参见耿浩:《民办高校教师激励机制的研究》,《中国成人教育》2015年第17期。

(三)评价机制问题

在民办高校竞争日益激烈的条件下,内部治理逐渐成为影响民办高校有效运行的重要因素,民办高校的核心竞争力在很大程度上取决于内部治理的效率水平,因而评价机制至关重要。2010年7月颁布的《纲要(2010～2020年)》提出要"完善中国特色现代大学制度,完善治理结构"。2010年12月颁布的《国务院办公厅关于开展国家教育体制改革试点的通知》则将北京大学等26所部属高校作为"推动建立健全大学章程,完善高等学校内部治理结构"试点高校,把高校内部治理结构的改革和完善工作推进到了实质性的阶段。《民促法》(2017)及《实施意见》(送审稿)对于民办高校的内部治理结构和治理机制进行了完善,2018年5月颁布的《山东省政府实施意见》进一步进行了强化。因此,民办高校内部治理的评价机制对促进内部治理结构的优化和治理水平的提升有着重要意义。

通过前面对山东省民办高校内部治理的评价机制状况的分析,可知山东省民办高校目前对教职工的评价比较系统化。但是,对于内部治理的评价尚处于起步状态。包括对民办高校党组织、董事会、校长和监事会的评价均缺乏相应的指标体系和评价方法,并且随着民办教育分类管理改革的实施,营利性民办高校和非营利性民办高校在面对各个评价对象时,评价主体也不相同。比如,在对董事会的评价上,营利性民办高校的评价主体为投资者或股东大会、监事会,而非营利性民办高校的评价主体则主要为政府、监事会。因此,山东省民办高校内部治理的评价机制缺乏对民办高校党组织、董事会、校长和监事会的系统的评价机制,评价方法、评价主体、指标体系均处于缺失状态。

(四)监督机制问题

民办高校是一种典型的利益相关者组织,民办高校的经营管理应权衡和兼顾各利益相关者的利益,而不能顾此失彼。[①] 民办高校的利益相关者主要包括举办者、师生、政府及社会公众等,为了保障各利益主体的利益不受损害,同时实现民办高校办学的公益性及民办高等教育事业的健康发展,民办高校必须要建立各利益主体参与的监督机构,并健全监督机制。但是,通过对山东省民办高校监事会的调查可知,在山东省民办高校的办学实践中,存在着监督机构普

① 参见杨炜长:《利益相关者视角下民办高校监管体系的构建》,《中国高教研究》2012年第6期。

遍缺失，监督机制尚未建立，利益主体缺少话语权等问题。

1. 监督机构普遍缺失，监督机制亟待健全

山东省民办高校监督机构的缺失在前面内部治理结构不科学这一部分已详尽阐述，在此不作赘述。目前，山东省民办高校中，监督机构缺失较为严重。监督机构的缺失意味着监督机制的缺位。而且已建立监事会的2所高校由于刚刚建立，其监事会机制尚不完善，并不能很好地发挥各项职能，更不能与董/理事会和校长形成旗鼓相当的制约关系。因此，监督机制的健全同样重要。监督机构的普遍缺失和监督机制的不健全对于山东省民办高校实现内部监督与制约造成了障碍，从而导致各利益主体的权益不能得到有效保障，学校在办学过程中的决策和执行具有较高的风险，民办高校办学的公益性及民办高等教育事业的健康发展也受到了损害。

2. 利益主体缺少话语权

利益主体缺少话语权主要表现在教师和学生两个方面。

首先来看教师缺乏话语权。《民促法》(2017)虽然规定民办学校董事会等决策机构中必须有教职工体表，并且要求1/3以上的理事有5年以上教学经验，从任职资格到人员数量上均作了保障。但在实践中，能够进入董事会的教师基本都是中层以上领导，或者是举办者的家人和亲信，普通教师是没有机会进入决策机构的。这就从决策机制上注定了民办高校的教师是没有话语权的。在监督机制上，《民促法》(2017)规定了教职工代表大会等形式用以保障民办学校的教师参与民主管理和监督，但在实践中，教职工代表大会基本流于形式，并不能代表教师行使话语权，无法真正发挥民主管理和监督的作用。《实施条例(送审稿)》对于监事会中教师的人员比例作了明确要求：教职工代表不少于1/3。这将对教师的民主监督权行使起到约束作用，但仍需要配套评价机制来制约，以免流于形式。

其次来看学生话语权的缺乏。学生作为民办高等教育的购买者，是民办高校重要的利益主体，理应享有对服务进行监督和评价的权利。但从法律到实践，对于学生参与学校民主监督的权利均处于缺失状态。在从国家到省级的一系列法律法规中，均未提及学生的民主监督权利，只有在《若干意见》中提出要依法落实民办学校师生对学校办学管理的知情权、参与权，保障师生参与民主管理和民主监督的权利，并要求完善学生代表大会制度。但这只是一种政策导向，缺乏上位法的法律依托。政策法规的缺失导致在民办高校办学实践中，学生的民办监督权没有得到应有的重视。大部分学校没有成立学生代表大会，很

大一部分民办高校的学生不能真正地行使民主监督权，包括对课堂教学和后勤服务等切身相关的事项也没有真正的监督权。这对于民办高校学生权益的保护和民办高校办学质量的提高均起到了负向作用。

因为监督机构的缺失和监督机制的不健全，利益主体话语权的缺失，使山东省民办高校的内部治理缺乏监督，未能形成“决策机制—执行机制—监督机制”三位一体的内部治理机制。这也是山东省民办高等教育发展落后的重要原因之一。因此，在国家和山东省新法新政的引领下，加快建立民办高校的监事会，探索监事会制度，对于保障山东省民办高校各利益主体的权益、民办高校的公益性和民办高等教育事业的长远发展是十分必要的。

第二节　山东省民办高校内部治理失范的原因

由于民办高校的内部治理既要受来自政府和社会的外部影响，又要受内部治理主体、治理模式的影响，因而是一项复杂的工程。针对山东省民办高校内部治理存在的问题进行深度分析发现，山东省民办高校内部治理失范的原因主要有以下三个：思想观念制约，政府政策缺失、滞后、落实不足，管理者的治理理念缺失。

一、思想观念制约

我国著名的民办教育研究专家董圣足研究员曾指出，制约我国民办教育制度改革的最大问题在于思想观念。相较于基础教育，这一点在民办高等教育体制中尤为明显。虽然，我国局部地区在民办教育体制改革与制度创新上取得了一些突破，但就全国整体而言仍然进展不快、成效不大。特别是涉及学校法人属性、产权回报、教师身份、优惠政策、信贷融资以及办学自主权等方面的问题，尚未能从宏观层面得到有效破解，已成为制约民办高等教育深入持久发展的瓶颈因素。而造成这种局面的最大病根，其实就是思想观念问题。值得深思的是，这种思想观念的制约不仅存在于民办高校的政府部门、民办高校的举办者、管理者、教师和学生，在社会环境中也广泛存在，包括家长、用人单位、行业组织等。这些思想观念问题根深蒂固，它们的形成有着深厚的历史原因，既与我国的经济政治有关，也与我国的社会风气相联。正是这些群体的思想观念问题，导致民办高校在政策扶持、财政支持、社会认可度方面与公办高校毫无可比性，因而天然地处于一个不公平的竞争环境中。民办高校在申请贷款、税收、土地、助学、教师待遇、招生及就业等方面缺乏与公办高校公平竞争的机制。我国民办高等教育在很多领域遭受的不公正待遇，追本溯源，是源于各社会群体认识的不到位。

教育观念传统导致了人们对民办高校存在偏见。受中华几千年传统历史观念和几十年计划经济体制的影响，社会各界群体将民办高等教育等同为“差生教育”，学生和家长只有在没有更好的选择时才会选择民办高校。这种根深蒂固的认知与经济社会发展对职业教育的需要形成了巨大矛盾。一些地方政府部门领导也对民办高校存在偏见。相较于我国公办高校师资力量雄厚、基础设施好等优势，很大部分社会群体在内心深处习惯把公办普通高校视为正规的高等教育，把民办高校视为不正规、低层次的高等教育。山东省作为“孔孟之乡”，深受孔孟思想的影响，这种偏见尤为强烈和普遍。但是，从办学实力上来说，取得国家统招资格的民办高校在办学条件、人才培养质量、内部治理上并不比一些新兴公办院校差。比如，烟台南山学院、山东协和学院、山东英才学院、山东力明学院等均发展良好，但在招生与就业方面仍无法和公办院校竞争。虽然在市场经济体制下，学校的优劣应由市场评价，但是政府必须先让民办高等教育摆脱“劣质教育”的阴影。

人才观念传统导致对民办高校存在偏见。长期以来，社会各界对人才的理解主要集中于理论型和研究型人才，此类人才培养模式非常成熟，并建构了较为完备的人才培养机制和人才评价标准。而应用型人才的培养是最近几年才逐渐发展起来的，知晓度较低，很多人不知道何为应用型人才或理解相对较浅。其人才培养模式尚不健全，人才评价体系更是缺失，在人才的培养中缺少指导标准。山东省民办高校大部分为应用型高校，主要任务是培养应用型人才。因此，在人才培养过程中容易步入两种误区：第一，由于对应用型人才不了解，加之缺乏成熟的人才培养机制和人才评价标准，导致会借鉴理论型人才的培养模式和评价标准，不能培养出真正的应用型人才；第二，受传统“重学轻术”观念的误导，对于应用型人才存在轻视的态度，在培养实践中不重视夯实理论，导致学生的专业基础知识不扎实，进而影响其对职业技能的掌握。

管理观念传统导致了人们对民办高校存在偏见。受中国几千年的经济政治文化影响，在我国的行政管理体制中存在着较为严重的官僚风气。我国民办高校整体发展水平较低，内部治理水平不高，从某种程度上看，与政府的政策法规不完善和管理缺失密切相关。正是行政管理制度中根深蒂固的“官本位”思想，形成了对于民办学校的偏见，并且重重地压制了其学术制度，造成了重行政、轻教学的结果。而这种学校风气将在很大程度上消除了教师潜心教学和科研的责任心。因此，应当首先深入改革行政管理体制和机制，建立健全具有现代民主文明的新型的行政机关管理体制和机制，消除官本位意识和官僚主义作风。

教育改革，理念先行。从政策制定到颁布实施再到落实必须经历一个过程，在此过程中，各方对政策的充分理解是形成改革合力的前提。做好政策解读是落实政策的前奏，是一切政策和制度得以落地实施的先决条件。推进山东省民办高校的内部治理，首先应营造民办教育发展的良好氛围，从思想观念上消除各类群体对于民办教育的歧视。

二、政府政策缺失、滞后、落实不足

我国历史上中央集权化的经济政治体系决定了政策法规对民办高校的发展具有先决性的导向作用，政府的鼓励支持和财政扶持是民办高校蓬勃发展的主要动力。作为决定民办高校发展水平的主要手段，内部治理受到国家和地方各级政府的影响。民办高校的资金来源主要是社会力量，因此注定了民办高校的运营将会在很大程度上受市场发展的影响，具有较强的市场性。市场环境下的自由不可能是无限度的自由，要接受政府政策法规的约束和制约。规范性与自由性一样，是市场经济良性发展不可或缺的原则之一，这就需要政府通过政策法规，在自由与规范之间找到一种协调和平衡，从而为民办高校的内部治理提供良好的政策环境，从而促进民办高校优化内部治理，提高办学水平。通过前面对国家和山东省民办高校内部治理政策环境的研究，我们不难发现，当前山东省民办高校在发展上存在不成熟的问题，关于民办高校内部治理的政策法规也不完善。政府政策的缺失、滞后、落实不足是阻碍山东省民办高校内部治理优化的主要原因。

（一）政策法规的缺失性

在国家层面，作为民办教育最高法的具体化和深入化，《民办教育促进法实施条例》迟迟未出台，使民办高校在进行内部治理时缺少关键的指导性文件。国家层面的政策法规还存在规定上的宽泛性，即虽然在民办高校内部治理的各个关键点上都有涉及，但是细节的东西却未规定，导致法律缺乏实践性，难以落地执行。比如，在分类管理方面，相关的扶持政策、奖励补偿政策、土地税收等配套政策都处于缺失状态;在产权政策方面,对于非营利性民办学校收益的分配、对于营利性学校的土地增值的财产权分配,以及两类学校的学校品牌、声誉等无形财产权的归属等,都缺少相关的政策法规。虽然建立了民办教育学会、民办高等教育学会等相关学会,制定了相关制度,发展了工作试点,但至今没有责、权、利相统一的运行机制和奖励政策,缺少专门的协调、服务机构,监督检查、考核评价制度也还没有健全,政府在对民办高职院校的宏观调控政策与指导力度方面还存在缺失现象。在山东省政府层面,目前仅出台了《山东省政府实施意见》,其他配套政策均处于缺失状态;在地方层面,也只有青岛、潍坊等试点地区颁布了部分政策文件,其他地市的政策法规均缺失。

(二)政策法规的滞后性

无论在国家层面还是省级层面,民办高等教育的政策法规都存在落后于办学实践的现象。例如,在民办高校监事会的设置上,从政府到高校都意识到了监督机制对于民办高校内部治理的重要意义,一些民办高校也着手建置了监事会,但在法律规定方面却迟迟不出台,直到 2017 年 9 月《民促法》(2017)第一次以法律的形式要求民办学校建立监督机制。再如,关于民办教育,我国已有系列相关法律规定,但它们一般原则性强,操作性弱。如《民促法》(2017)中对民办学校与公办学校的法律地位做出了如下规定:民办学校的学生与公办学校的学生具有同等的法律地位。但是,究竟具体到哪些方面应具有同等地位,同等的法律地位又体现在哪些方面,具体需要哪些政策措施以保证它们的同等地位,这些都缺少详细的规定。法律政策的模糊性、抽象性为实践中的诸种问题留出了足够空间,直接导致民办高校办学实践与理念大相径庭。

(三)政策法规的落实不足

从国家层面看,主要是政策所要求的民办教育专项资金、民办高校与民办高校教师的平等地位等难以有效落实。不少地区已经通过试点的形式探索民办高校内部治理的有效模式,如部分省份给予民办高校民办事业单位身份,部分地区给予教师社会保障民办事业单位待遇。山东省尚未出台与之相关的、有针对性的政策,无法有效鼓励、支持社会力量参与办学。加强对民办教育的统筹规划是国家明确规定的政府的重要职责。按照对政策的理解以及办学者的认识,对民办教育重视的重要表现就是将其纳入各级政府的规划之中,将发展民办教育作为政府的基本职责。也就是说,纳入规划是支持民办教育的基点。

但从目前来看，这种支持基本限于官方公布的政府部门职责中，未得到很好的落实。像民办教育规划并未在《山东省教育规划纲要》中得到重视，整体上对民办高等教育的发展方向、前景、分布、规模、数量、层次等缺乏宏观、全局、长远的规划。这主要是由于教育行政部门过于重视“规范”，而忽视了“引导、规划和服务”职能的发挥，导致自身的“规划者”角色在民办高等教育发展过程中处于虚位状态。民办高校内部治理政策的落实不足还有一方面的原因，就是政府对民办高校的评价与考核机制不健全。

三、民办高校管理者能力不足

有效的治理离不开高水平的管理者，民办高校的管理者是否有着深厚的教育行业背景、先进的治理理念、出色的治理能力，决定了学校内部治理水平的高低。

企业家办学的现实选择和教育家办教育的固定逻辑之间始终存在着很大差异。家族式的决策机构组成和主观色彩深重的评价方式，使得内部治理极易脱离科学之道，踏上人治异途。以投资者为主的决策者和管理者往往缺乏高等教育管理经验，缺乏对教育教学规律的了解，办学能力和管理素质不高，无法满足民办高校治理现代化的要求和大学组织发展的专业性需求。

企业家办学的模式决定了企业家很难像教育家一样科学地治理学校，基于董事会领导的校长治理模式真正发挥作用道路艰难。部分民办高校管理者倾向于扮演“独裁者”与“支配者”的角色，以俯视的目光对待教师和学生，对于知识和人才未给予基本的理解与尊重。投资者多元化的社会背景及资本的逐利性决定了大部分举办者不可能将全部的精力和热情投入到学校治理中来，而参与实际决策执行的管理者由于缺乏职业活动的自主权，将会在治理的过程中产生疏离感与失落感。

在山东省民办高校中虽然出现了一些优秀的校长，他们有着先进的办学理念和专业的治理能力，因而在学校治理中效果显著，治理出了一些高水平的民办高校，如山东协和学院、山东英才学院等。但山东省大部分民办高校办学时间较短，管理者的治理经验不足。此外，很多管理者为企业家出身，习惯于管理的思维，缺乏治理理念、教育行业专业知识和教育管理专门能力。这些不足不可避免地要体现在民办高校的内部治理中，容易出现治理结构家族化、决策机制一元化、监督机制形式化等问题，从而导致大部分民办高校内部治理水平低下，教学管理混乱，人才培养质量不高，因追逐收益而损害办学的公益性和师生的权益，进而影响山东省民办高教事业的发展。

第 三 篇

民办高校内部治理实践研究报告

进入 20 世纪 90 年代以来，我国的民办高等教育规模不断扩张，教育质量不断提升，发展迅速，已成为我国高等教育事业的重要组成部分，为大众化教育和社会经济发展做出了突出贡献。在过去的 30 年间，我国的民办高等教育发展迅速，取得了很大进步，特别是相关政策法律均得到了一定改善。教育部 2015 年的工作要点指出，要加强民办高校党组织负责人队伍建设。2015 年全国教育工作会议指出，要完善董事会(理事会)、监事会制度，健全民办高校内部治理结构，加强党的建设和思想政治教育工作；加强民办高校内部制度建设，完善资产、财务监管制度，强化审计和社会监督；要将民办高校纳入教育督导范围。长期以来，民办教育处于“粗放式”状态，一直存在一些问题，其中很重要的一个就是内部管理体制缺乏有效的制度建设。《纲要(2010～2020 年)》明确提出：“完善民办高校法人治理结构。民办高校依法设立理事会或董事会，保障校长依法行使职权，逐步推进监事制度。”[①]民办高校内部治理结构是指民办高校建立的，基于利益相关者(如创办者、投资者、决策者、管理者、学生及教职工)的，关于高校权力分配、运营的组织结构和在组织结构基础上构建的权责利划分、权责利制衡关系及相关配套机制等形成的有机整体。民办高校的内部管理系统内，对决策和执行权责的划分，以及各个机构和层面的职权范围和工作职责相对没有公办高校的规范分明。从这一点上看，民办教育改革触及了学校发展的利害。

教育部提出要规范民办高校内部制度建设，从长远上促进了民办高校的健康发展。浙江树人大学副校长徐绪卿认为，只有健全了民办高校的管理制度，才能确定内部各个机构的设置，明确相应的职能，理顺层层关系，同时，也才能明晰利益分配。[②] 规范的管理、合理的治理结构自然会提升学校的办学质量，从而提高民办高校的核心竞争力，改变与公办高校之间的悬殊落差。民办高校的综合竞争力加强，地位上升，高校内的教师自然也会有更大的空间发挥所长。

---

① 参见《国家中长期教育改革和发展规划纲要：2010～2020 年》，人民出版社 2010 年版，第 24 页。

② 参见徐绪卿：《民办高校内部管理体制改革若干问题探析》，《中国高教研究》2010 年第 5 期。

第六章

民办高校内部治理实践的国际比较

国外民办高校的发展历史相当悠远，有的已有数百年之久。这些学校之所以能存续至今，一个重要的原因就是重视完善内部治理结构，通过构建合理的治理结构管理、协调和组织高校内的各种要素，从而形成良好的环境，使要素间的配合与使用达到最优化。所以，我国民办高校有必要学习借鉴国外同类高校的内部治理经验，探索出适合我国民办高校发展的内部治理方式，以促进其健康发展。在此主要借鉴英国、法国、美国、德国和日本私立大学的内部治理经验，通过比较分析，梳理出这些高校的治理特色，进而展望国际高校治理模式的发展趋势与前景，以期为我国民办高校构建内部治理提供借鉴。

第一节　英国私立大学的内部治理经验

英国大学都是独立的法人实体，有其独特的内部治理结构——“一长制＋民主制”，即行政上实行一长制，决策上实行民主制。一般情况下，英国高校实行董事会领导下校长负责制的内部治理结构。

一、董事会领导下的校长负责制

董事会是最高决策机构，是学校法人代表，董事会成员由学校利益相关者组成，包括各方代表。英国的《教育改革法》规定：董事会成员应包括5位学生家长、1位教师、校长和数位社区人员。其中，校长是学校的首席行政长官，是董事会决议的执行者，负责处理日常事务；社区董事可以由董事会推选，也可以任命，但人数必须比其他董事的总数多，且至少要有2位是学校学生家长；家长董事必须进行推选，不能任命。一般规模的学校董事会只设主席，规模较大的则设立正、副主席，主席需由董事会选举（校长不允许同时担任主席），负责主持董事会，并协调董事会与校长间的关系。董事任期4年，主席为1年。董事会的主要职责包括：讨论学校的重要决策并表决；决定学校经费预算与支出等使用情况；负责与学校工作人员（包括教师和教辅人员）签订用人合同；管理学生；与家长交流沟通，处理家长提出的质疑等。其中，经费预算等重要事务需全体董事参与决策，其他不是特别重要的事务则没有严格规定。

校长的主要职责包括：执行董事会决议，有权提出关于学校作用及职能的建议和意见；管理学校的各级组织机构；向董事会报批财政收支情况，管理年度财政预算及各项收入；管理学术问题；管理学校行政人员；管理学生在学校内的纪律。另外，英国高校设立由女王、亲王等社会名流担任的名誉校长，在学校内没有实际权力，是学校的形象代表，主要负责学生的学位授予和主持全体教职员工会议。①

二、均衡权力分配

英国私立大学的内部治理模式很大程度上来源于剑桥大学和牛津大学的传统。学校内部权力基本上均衡分布于行政人员与学术人员手中，既不由行政主导，也不由学术人员主持。剑桥大学的内部治理特点是重视教师的地位，由全校教师及职工组成的教职员大会是学校的最高权力机构，地位相当于公司里的股东大会，负责选举校长和名誉校长等。校长每2年选举一次，每年须向全体教职工大会汇报工作。除了全体教职员大会，剑桥大学内部还设有校务委员会和总务委员会。校务委员会负责牛津大学内部重大事务的处理，由25位成员组成，18位为教职员大会选出，7位委员是由校长等组成的常务；总务委员会主要负责教学与科研管理工作，委员主要来自各个学院，成员总数为21位，其中16位来自学院。牛津大学的内部治理特点也是教师民主治校，其模式与剑桥模式相似，不同之处在于校长每4年选举一次。②

另外，在学校事务管理过程中，校外代表所拥有的行政权力正在发挥越来越大的作用。尽管英国私立大学一直声称教授掌握学术治理权力，但是在现实管理过程中，传统的学术治理的思想和方法已经完全改变。强调业外人士参与

① 参见张斌贤：《现代国家教育管理体制》，上海教育出版社1995年版，第121～140页。

② 参见湛中乐、马梦芸：《论英国私立高校的内部权力结构》，《国家教育行政学院学报》2015年第3期。

治理不能单纯被视为数量增加的中产阶级占有的优势，现在新设的学校都是没有教职工参与的，包括牛津大学新设的学院。甚至可以这样理解，在英国，传统的员工自治模式已经不复存在，并且英国的这个传统模式在19世纪下半叶受到了残酷冲击。

第二节　美国私立大学的内部治理经验

美国的大学历史久远，办学经验丰富，内部治理结构成熟，是各个国家学习的典范，特别是美国私立大学的内部治理模式。美国私立大学的内部治理主要包括两大系统，即权力系统和委员会系统。

一、规范权力系统

权力系统是由上而下的直线型系统，包括董事会、校长、二级学院和系的院长及系主任等；委员会系统包括校级的校务委员会、教授评议会、学术委员会、体育运动委员会、校园管理委员会、福利管理委员会、教师申诉委员会、名誉学位委员会、知识产权委员会等多个权责分明的委员会组织以及学院级相关委员会。

美国私立大学的权力系统中，董事会是学校的最高权力机构，具有绝对的决策权，负责关乎学校长期发展的重大决策，包括学校各项预算工作、基建工作、制定收费标准、专业设置、课程规划、校长任命等。董事会设有章程，规定了董事会的组成、职责、成员任期等。美国私立大学董事会规模较大，多达70～80人，主要是为了扩大学校财源。董事会主要成员包括主席、副主席、书记、司库等，其中主席1人。

美国私立大学的权力系统中，校长由董事会成员推荐选出，代表着董事会的法定权力，同时执行董事会的重大决策，是学校行政管理的最高负责人，对学校内部各项具体工作具有最终决定权。校长主要负责学校发展政策问题，协调处理各方关系及资金筹集等，具体包括一般管理和学术管理。一般管理主要是行政管理人员的任命等行政管理，学术管理主要是与学术有关的管理，如学术评议、学术政策、课程设置、教师评聘等。校长代表着学校，所以绝大部分私立高校的校长都来源于知名企业家或是企业中资深的高级管理人员。除了校长，还有若干副校长，一般5人以上，包括1位常务副校长。常务副校长兼任教务长，负责学校教学、科研、人事等方面的管理工作，其他副校长在校长的授权下各司其职。权力系统中，成员还包括二级学院的院长和系主任，院长和系主任可以由校长推荐，也可由教师选举。

权力系统内，各级人员的任命是在吸取学校专门的人事委员会推荐考评意见的基础上逐级任命，就是高级职务者任命直属下级人员，即校长任命副校长，副校长任命各个处室领导，然后处室领导决定本处室普通职员的选拔、聘任和晋升。具体流程则是直属上级领导确定人选，并推荐给校人事委员会，然后由委员会对候选人进行排序，再交由直属上级领导选择，原则上就是选排序第一名的候选人。逐级任命制既体现了上级主管领导的用人自主权，也体现了人事委员会的参与决策权；既鼓励上级领导选用自己熟悉、称心的候选人，又可以通过人事委员会的排序和提议避免主管领导任人唯亲。美国私立学校的这种逐级任命制也体现了其内部治理结构的良好平衡，即决策机制与监督机制的平衡。

二、完善委员会系统

美国私立大学在内部治理结构中还有委员会系统参与相应的治理工作，主要是制约权力系统中成员的权力。委员会系统主要包括校务委员会和教授评议会，校务委员会负责关于员工薪资、晋升、休假及培训等政策的制定或建议，分设其他专职委员会，由多方利益相关者组成，包括权力系统中的成员（如校长、副校长、二级学院院长及系主任等）、一线工作人员（如普通管理人员和教授、教师等），还包括学生。教授评议会负责有关教学及学生工作，如制定学校校历和教学计划、新生录取和毕业生学位授予等。教授评议会在美国私立大学中占有举足轻重的地位，所以私立大学提倡教授治校，凡是涉及教师利益或者教学问题时，必先通过教授评议会，然后才能报批校长。教授评议会内的成员以副教授以上的教师为主，同时有普通教师成员、行政管理人员、科研人员及学生代表参加，所以教授评议会是全体专职教师利益的代表机构，对学校学术问题做出决策。教授委员会激发了教师参与学校管理的积极性，对维护教师权益有突出作用。美国私立大学中的委员会系统体现了内部治理各系统的制衡关系，同时体现了美国的民主精神。①

① 参见王英杰：《美国高等教育的发展与改革》，人民教育出版社1993年版，第68～89页。

第三节　法国私立大学的内部治理经验

法国私立大学内部治理的基本结构主要是民主型内部治理结构，提倡学术权力占主导的治理模式。

一、民主型内部治理结构

法国私立大学重视民主化管理，其内部治理结构以民主型为主。民主型比较注重教师、职员的参与，政府参与管理较少。民主型治理结构包括权力机构和委员会。权力机构由理事会和校长组成，政府行政管理较弱，学校灵活性较高。理事会人数较多，但一般不超过80人，主要由教师、教学管理人员、研究人员、在校学生、校内其他工作者及校外工作者组成。其中，教师与在校学生的人数必须相等，且教师中60%以上的是教授或者即将取得教授职位；参与学生代表选取的在校学生不能低于60%；校外人士总数不能低于理事会成员总数的1/6，同时不能高于1/3。理事会成员的选举由专门的选举团采用不记名投票的方式完成。①

（一）校长

法国私立大学明确规定了校长和委员会的职权：校长是法国大学行政管理的最高负责人，是法定代表人，主要负责学校预算开支的审批、维持日常基本教学秩序等。校长的选聘主要由理事会负责，一般要求校长是教授职称，否则选票须超过2/3方可，同时报批国民教育部。校长任期5年，不允许连任，不得兼任其他职务，但有权利任命副校长或者秘书做辅助工作。②

（二）委员会

委员会按其职责可细分为行政委员会、科学委员会及教学与大学生生活委员会，成员都是校内选出的师生代表及校外相关人员，且校内从事教学及科研工作的代表要占委员会总人数的3.75%～55%，成员总数没有严格要求。行政委员会主要负责学校相关政策的制定，组织结构变革，校长决策及重要收支预

① 参见高如峰：《简论法国的教育法制》，《教育研究》1996年第12期。

② 参见刘恩允：《治理理论视阈下的我国大学院系治理研究》，苏州大学2014年博士学位论文。

算的审批，学校章程及规则的制定等；科学委员会主要负责关于科研及相关经费使用的建议，是学校职能机构，提供咨询服务；教学与大学生生活委员会主要服务于学生，针对学生的学习、生活提供咨询。①

二、重视教学科研人员的参与

法国私立大学设立"教研机构"代替了传统的二级学院，所设的教研机构由三部门组成，包括系、研究部门以及实验室。"教研机构"主要管理教学工作，包括组织开展教学、制订教学计划、安排学生选择课程、对学生开展考核、组织学生答辩、指导新生入校学习等。"教研机构"与高层管理相结合，构成了法国私立大学内部治理的两级制模式。

法国私立大学设有三个主要机构：校务委员会、教学与大学生活委员会、科学审议会。这三个主要结构的成员构成都有自己的要求：校务委员会要求本校教学研究人员占40%～50%，职工代表占10%～15%，学生代表占20%～25%，校外人士占20%～30%，校长任校务委员会主席。在科学审议会(科学委员会)中，要求教学科研人员占60%～80%，研究生代表占7.5%～12.5%，校外机构或其他学校教学科研人员占10%～20%。在教学与大学生活委员会中，要求教学科研人员及学生代表占75%～86%，校内其他人员占10%～15%，校外有关人员占10%～15%。从人员构成分析，由于教学科研人员在校务委员会中的比例并没有占到绝对多数，所以在学校的总体战略规划和重大决策中，教学科研人员并不占优势；在科学审议会中，教学科研人员占最大比例；在教学与大学生活委员会中，教学科研人员与学生一起构成绝对优势。所以学校的权力主体还是教学科研人员和学生。②

第四节　德国私立大学的内部治理经验

德国大学具有双重身份，其既是国家行政机构，服从政府管理，又是法人组织，享有自治权，所以德国大学也没有公立私立之分，但其内部治理非常重视法律，并以法律的形式明确规定了大学内部的治理、机构与计划，学校的规章制度等。德国大学内部治理结构由决策系统和学术权力系统组成。

---

① 参见赵旭明：《民办高校治理研究》，中共中央党校2006年博士学位论文。

② 参见饶燕婷：《欧洲国家高等教育质量保障中的学生参与政策》，《教育发展研究》2012年第11期。

一、细化决策系统

决策系统有三层：全校教职员工代表大会、校务委员会和系务会。全校教职员工代表大会由教授、助教等其他普通教职员工、学生组成，以教授为主，主张教授治校，是学校的领导机构和立法机构。校务委员会是学校最重要的管理机构，负责推选校长和总务长，审批教授候选名单、学校财务预算、变更学术机构、决定新生录取数量、硕博士考试及与科研学术相关的人才培养等；校务委员会下设校务办事机构，负责向下级部门布置校务会员会的决议要求及具体要开展的工作，一般开会频率较高，一周一次；校务办事机构由校长、副校长和常务秘书组成，校长是学校最高执行长官，负责贯彻执行校务委员会的决定，管理学校的一切行政事务，任期可以是 2 年也可以是 4 年，任期 2 年者必须是教授，4 年者可以不是教授，但必须从事过相应领导工作且接受过高等教育；副校长应来自本校，可以有 2～4 位副校长，分别负责本校的总体规划、教学、科研和财政预算等；常务秘书是终身制，由州政府任命，负责学校的日常事务。系务会是学校的基层决策组织，负责推选系主任、开设课程、推选系教授候选人、协调系内科研教学事务，系主任兼任系务会主席，负责系内日常事务的管理与监督、执行系务会决议、安排系内人员的工作等。①

二、重视学术权力系统

校务会议是德国私立大学的最高权力机构，是全校人员参与的会议，参会人员有四个组别，包括由校内外教授组成的教授组、由在校生和毕业生组成的学生组、由任课教师及科研人员组成的教研人员组以及由从事行政工作的职工组成的行政人员组。在校务会议上，四个组别有自己的席位，且都有表决权，即选举校长的权利。其中，教授组的席位占有重要地位，具有绝对的表决权，特别是在学校关于学术管理的组织会议中，如有关教学的组织活动、科研工作以及教师选聘工作等。在德国，很多私立大学还设有校评议会，这是私立大学的一个重要组织机构，是校务会下的核心领导组织，是学校主要的管理机构和协调部门，主要职责包括做出学术决策、确定教授及校长候选人等。校长代表了学校的形象，管理学校的行政工作，下设副校长，其中一位是由政府选派的监察学校财务的常务副校长，主管财务，直接向高校主管部长汇报工作。德国私立大

① 参见朱绍中：《德国高校体制》，同济大学出版社 1999 年版，第 26～34 页。

学实施的管理是典型的学术自治型。

学术权力系统主要负责系统内经费分配和人员使用等，由教授和学术助理组成，按成员的数量可以细分为两种具体的机构：研究班和研究所。研究班由一位教授和几位学术助理组成，研究所则由 10～20 位教授和百余名学术助理组成。学术权力系统按其管理方式的不同分成三种，即集体制、任期制和集体兼任期制。集体制即集体领导制，由若干位教授组成领导班子共同行使权力；任期制是一位教授行使领导权力，由系统内成员选取产生，规定任期，任期结束后重新推选；集体兼任期制则是集体制与任期制的组合，由若干位教授组成领导班子，每位教授轮流行使领导权力。

第五节　日本私立大学的内部治理经验

日本高校治理有两种类型：第一种是第二次世界大战之前的中央集权型，第二种是战后的学术自治型。学术自治型治理强调大学是学术中心，应当对学生进行德、智教育，重视其应用能力的发展。日本高校分三种，即国立大学（国家设立）、公立大学（地方设立）和私立大学（学校法人设立）。私立大学的内部治理结构主要包括两层：一层是学校法人代表层次的管理机构，即理事会、监事和评议会；另一层是学校内部负责具体事务的执行机构，即校长、教授会和学部长联席会议。

一、明确界定管理机构的职权

理事会是学校的最高权力机构，职责、地位与公司的董事会相似。理事会由包括主持工作的理事长在内的 5 位以上成员组成，有校方的校长和学校出资方的代表。作为掌管经营管理权、财政权和人事权的学校权力机构，理事会在决定学校业务时须经过半数以上成员的同意。理事会的职权主要有决策权（为实现学校发展目标而制定规划、政策和计划，并最终做出决策的权力）、组织权（改编、合并、解散学校，或者成立新校，决定组织结构的权力）、人事权（安排学校主要机构最高负责人的权力）和监督权（监督相关机构、人员按照学校确立的基本运作方针履行职责的权力）。原则上，理事会例会每月召开 1 次，但理事长有权召开临时理事会。监事会是学校的监督机构，由 2 位以上成员组成，职权有监察权（监察学校的财产状况和业务执行情况，监督理事会的行为，避免独断专行）和建议权（监察过程中发现问题有权向评议会汇报，并建议召开评议会）。

在日本的私立大学中，评议会原则上是学校的咨询机构，负责为理事长提供咨询服务，如在合并、解散学校法人，处理资产，预算业务，变更资产行为等事项上提出意见和建议。但在某些私立学校中，评议会是决议机构，学校重大事项须经评议会讨论通过后方能执行，理事会成员中，除了学校总长和校长是自然理事外，另外 2 名必须由评议会成员相互选举产生，其他成员也须得到评议会的同意。通常情况下，评议会成员由内部代表和外部代表组成，包括学校教职工代表、毕业学生代表和社会名人，其中社会名人与学校法人无任何利益关系。这种关系保证了评议会的独立地位，能够对理事会进行监督和制衡。在数量上，评议会成员人数是理事会成员人数的 2 倍。①

二、明确执行机构的职责

执行机构主要负责学校的具体事务，由校长、教授会和学部长联席会议组成。三方配合管理学校，具体分工为：校长负责教学、科研及学校一般行政事务的组织和管理，并定期组织召开学部长联席会议。教授会负责选举校长和学部长，讨论决定本学部相关事宜，包括学部教学工作，如课程设置；学部科研工作，如科研方针；学部人事工作，如教师招聘、使用等；学部预算工作和招生工作等。教授会的工作形式以成员表决为主，多数人同意即为通过，对于某些重要工作，采用无记名投票方式。学部长联席会议是执行机构的重要组成，主要负责与其他两个机构协作处理校内事务，如主持教授会等。

第六节　对各国大学内部治理经验的总结

英国、美国、法国、德国和日本私立大学的内部治理结构各有特色，总体上看，这几个国家大学的内部治理体现了三种模式：公司管理化模式、学术联盟化模式和共同治理化模式。公司管理化模式是管理学中的商业战略在高校内部治理中的实际运用，这种模式解决了高校筹资难的问题；学术联盟化模式是在高校中建立能够让教工集中参与内部治理的学术团体，保障了教工参与学校治理的合法权益；共同治理模式是高校内部治理中建立的一种兼容并包的合作模式，与学术联盟化模式互为补充，是传统学术自治的进一步发展，适应了高校内

---

①　参见姚加惠：《美国、日本、英国地方高校内部治理及其启示》，《西南交通大学学报》（社会科学版）2011 年第 1 期。

部治理分权化发展的进程。无论哪种模式，均重视董事会制度的完善和监督机构的构建。

一、建立健全董事会制度

董事会制度的典型特点是董事会行使高校的决策管理权。作为学校出资人和股权持有人的股东享有投资受益权，董事会成员主要由校内外熟悉管理、善于经营、精通科研和学术的人员组成。董事会的职责就是决定与学校发展有关的重大事项，包括学校发展方向（即定位）；与经费相关事宜（筹措、预算、决算等），如筹集学校办学资金、管理学校资产、审议预算与决算、审核与监督学校经费使用情况等；学校主要负责人选的确定，如选聘和解聘学校校长等；修订董事会章程等。

根据上述几个国家私立大学的内部治理经验，要想建立健全高校董事会制度，关键要做好两项工作：

一是优化董事会成员结构，确保董事会成员组成的科学化与合理化。这就要求董事会成员中要有校内外各类人员，包括学校的投资者、创办者、教育专家、校内的教职工代表、校外企业家、学术家等社会各界人士，以保证董事会组织结构内人员的多元化：从来源上看，既有校内人员又有校外人士；从专长来看，既有懂经营管理的，又有懂学术科研的；从利益相关性来看，既有直接利益相关者，又有间接利益相关者。董事会成员间相互取长补短，充分发挥董事会的职责。

二是规范董事会的运作模式，实现董事会决策的科学性、透明性和民主性。这就要求董事会要明确各方责任，完善议事章程和学校章程，重视合作办学和共同育人，具体来说有以下几点：

(1)高校内的组织机构包括董事会、校长和党务会要各司其职，明确各自的责任：董事会负责学校重大事务的决策工作，对学校享有决策权，但无权干涉学校的具体行政管理事务；校长负责学校教学和行政事务的管理，享有管理权，但无权参与学校的发展决策；党委会负责学校的党务工作和党员管理工作，但无权决策和管理教学工作。

(2)完善校内章程，包括董事会议事章程和学校章程。对于董事会章程，要明确规定董事会召开的程序，议事程序和决策程序，以保证董事会议的公开性、严肃性、透明性和规范性；对于学校章程，要明确决策咨询程序、决策机制和运行机制，使学校章程成为民办高校依法管理的行为准则，进而使民办高校进入良性发展轨道。

(3)创建合作办学、共同育人的长效机制。董事会成员要与学校各利益相关方合作,共同办学,共同育人,以提升民办高校的办学活力和发展竞争力。

二、切实实施校长负责制

国外大学的内部治理经验显示,要切实实施校长负责制,包括严格校长选拔程序,提升民办高校校长的薪酬和社会地位,明确考核评价指标体系。校长的能力直接影响着学校的发展,学校的良性发展又能够进一步提升教学水平和人才培养质量。为此,国外大学要求校长必须具备相应的能力,如擅长管理、熟悉教育、了解市场等。为了寻找合适的校长,国外大学采用多渠道选拔方式,包括公开招聘选拔,并建立了科学、长效的校长考核机制。

实行校长负责制离不开对校长的激励,为此,国外大学构建了相应的激励机制,以激发校长工作的主动性和积极性。依据马斯洛的需要层次理论,人的需要是分层次的,低层次的需要统称为"物质需要",高层次的需要统称为"精神需要"。激发人的工作积极性要先确定其需要层次,有针对性地满足需要,因此,激励措施应包括物质激励和精神激励。高校要充分发挥校长的能力和积极性,不断改进激励机制,设计合理有效的激励制度,科学适度地使用物质激励与精神激励。

三、完善监督体系

国外高校重视教学和科研,以教学、科研为治校之本,将教研渗透到学校行政事务的管理活动中。学校在重视学术权力的同时,也重视行政权力的构建,建立了不同层级的决策机构和监督机构,包括校级的董事会领导下的校长负责制的决策体系、教职工代表大会、教授评议会和校务委员会等监督机构、院部级决策机构。无论是哪个层级的行政管理机构,均有学生代表参加,充分体现了学生的参与权。但是,行政机构均无权力干预学术管理。监督机构与其他组织相互独立,各司其职,彼此监督,是独立于决策组织与执行组织的机构。监督机构的成员有特定要求,如董事会成员、校长以及学校高层领导者、主管财务人员等不允许加入监督机构,必须要有教师代表、未进入董事会的投资方代表、职工代表、学生代表、家长代表以及社会代表等。监督机构的主要职责包括监察学校财务状况;监察相关部门的业务开展情况,有权对异常问题提出纠正要求,特别的可以提起诉讼;监察教职工维权情况;监察学生维权情况;以及其他规定的权利。当然,监督机构的成员中有外部组织和人员,包括政府机构的监督人员、相应协会的监督人员,校友的监督和其他社会组织的监督等也是必不可少的。

第七章

民办高校内部治理实践的国内试点分析

第一节　北京市某样本高校的内部治理经验

北京市某样本学校是一所国家教育部批准的全日制、综合性普通民办本科高校，是北京民办高校中发展速度最快、规模最大的学校。学校由某集团投资兴办，集团董事会是学校的最高决策机构，学校实行“资本与劳动”有机联合的办学机制。学校采取“三权分立”的原则，即决策权、行政权和监督权分立，在充分体现民主的基础上，设立了董事会和教工民主管理委员会，实行以教工民主大会为基础的董事会领导下的校长负责制，实现了民主参与、民主决策和民主监督。该样本学校的内部治理情况主要集中在平衡内部决策权和规范内部管理运行机制上。

一、平衡内部决策权

该样本高校是由某企业集团投资兴办的。该企业集团现有资产超过100亿元，并长期致力于教育事业，以构建大型综合教育基地为终身目标，累计投资教育10余亿元。样本学校以出资企业集团作为坚强的经济后盾，依托其雄厚的资金，解决了学校筹资难的后顾之忧。同时，企业集团为学校投入了大量建设资金、教研资金和管理资金，在成为投资主体的基础上，又为学校提供了40多处实习实训基地，这些基地均是集团下属的企业，从而降低了学校寻找外部合作单位的教学成本。

学校是企业集团的产业分支，作为投资方的企业集团对学校享有所有权，对学校的经营盈余享有剩余控制权和索取权。因此，作为投资者的企业集团是学校的直接领导者，集团董事会是学校的最高决策机构，掌握着学校的最终决策权。集团董事长是学校的第一责任人。董事会的责任明确，包括学校经费使用、学校重要事件处理、学校人事安排、院长任命等重大决策，体现了董事会对学校的实际控制。为了更好地保护学校教工和学生的权益，确保学校的合理正确发展，该样本学校成立了教职工民主大会，与董事会共同决策，即教职工民主大会有权对董事会的决议进行民主表决，决定董事会决议是否执行。只有教职工民主大会成员多数通过时，决议方可实施。教职工民主大会在学校内部有充分的决策权，其成员包括各方代表，有全体教职工、学生家长代表、社会教育名士、政府主管部门代表等。

二、规范内部管理运行机制

样本学校始终贯彻公私利益兼顾的原则，即在坚持公益性的基础上确保学校盈利。建校至今，学校一直按照村办企业的原则享受国家政府的优惠政策，在此运营模式下学校确实存在盈余。作为民办高校，样本学校始终坚持公益教育，如后勤管理社会化，学校只收取成本费；设立多项奖学金、学生重大疾病救助基金和勤工助学活动等。奖学金奖励面高达60%以上，包括入学奖学金、学院奖学金和集团奖学金等，奖励金额高，优秀者可获4000元奖学金。学生重大疾病救助基金，特别是对于贫困学生设立的特困生补助金额高达18万元。勤工助学活动包括实习活动和勤工俭学活动，学生可以在投资企业集团实习，每月获得企业支付的基本实习补助和根据表现确定的绩效费用。学生也可以参加校内或者企业集团勤工俭学活动，由学校或者企业支付相应的报酬。学校的这些举措促进了良好学风和校风的形成，取得了较高的社会评价。

学校的内部管理主要采用董事会领导下的校长负责制，校长直接由企业集团的董事会任命，向企业集团负责，任期一年。在内部治理上，学校的实践包括：

(1)实行专家治校：学校明确要求院系领导需是在本科高校任职多年的教授或者副教授；专业带头人需是善于管理，懂专业懂技术的领头者；专职辅导员需具有本科以上学历，全面负责学生的学习与生活管理；学校的教职员工均采取聘任制，实行年终考核。

(2)制度化管理：学校推行制度管人、机制管人和人管人相结合的管理方式，严格教师管理、机关管理、职工管理和学生管理，构建了相互促进、相互联系又相互制约的一整套制度体系和全方位的动力机制与压力机制，确保了全校师生员工、管理人员和科室人员行事时有法可依和有章可循，强化了教育服务工作，满足了学校教育管理的需要，保证了学校的教学质量。

(3)信息化管理：学校建立了全校范围的计算机网络系统，开展了人事、教学、招生与后勤等信息的全方位信息化管理。同时，学校将基本设施建设和服务等统一委托给投资企业集团管理，实现了后勤保障管理的社会化和一体化，实现了学校教育现代化发展和信息现代化管理的深入发展，为学校提取信息、分析信息和交流信息等提供了快速、必要的数据来源。

(4)市场化运作：包括资金来源的市场化和学科设置的市场化。首先，学校的资金主要来源于外部的资本市场，开展市场化运作；同时，学校的学科专业设置依据市场需求，针对市场变化变更学科和专业，增设新学科、开办新专业等。学校通过自主创新设置专业，形成了独特的专业优势，为培养各类专业人才和为市场提供满足需求的人才资源做出了突出贡献。

北京市样本高校的内部治理实践体现了我国现代民办大学制度的中国特色，即董事会决策、校长负责、党委监督、教授治学、民主管理和依法治校的创新型治理体系。学校的内部治理体系侧重四个方面的制度建设：举办者亲属回避制、干部聘任制度、大部制和大学院制。举办者亲属回避制以公益性、不求回报性和非营利性为基本原则；干部聘任制度采用多元聘任制度，包括董事会、校务会联席会议任命，招聘委员会推荐和校内竞聘等多种形式，特别是校长实行全球公开招聘；大部制主要是指学校为了强化服务而去行政化，成立了四个工作部(教学部、发展部、财审部和行政部)；大学院制主要是指学校将管理中心下移给二级学院，给二级学院匹配相应的权责，以促进各学科间的融合交流，促进学校优势的发挥。

第二节　陕西省某样本高校的内部治理经验

陕西省某样本高校是一所国家教育部批准的国际化应用型普通民办本科高校。学校以经济管理为主，多学科协调发展，是商科教育的领航者，是国家教育体制改革和国家教育信息化试点民办学校。学校内部治理以授权为核心，依托学院，在行政事务支持的基础上，以教学事务、学术事务为主导，建立了民主治校、分权制衡的内部治理结构。该结构对校级领导层、二级学院、学校学科整合等方面的管理均有好处，具体体现在两个方面：

(1)对于校级领导层，加大了管理幅度，提高了管理效率。分权使校级高层领导者能够摆脱日常管理事务的束缚，有更多的精力制定学校发展的战略规划、配置资源和开展监督工作，这拓宽了高层领导者的管理幅度。同时，分权使多数管理活动落到了中层管理者身上，减少了高层领导者与中层之间的协调时间，为决策提供了充足的时间保障。

(2)对于二级学院，分权赋予其充足的人事权、财务权、资源支配权等，这使得二级学院能够结合实际情况自行决策，如根据学科特点和学科发展规律制定教学政策和科研政策等，提高了学院参与的积极性。

学校内部治理由两类机构组成：决策机构和执行机构。决策机构包括董事会、学术委员会、业务发展委员会、师资科研委员会和薪酬绩效委员会。其中，董事会是最高决策机构和权力机构，四个委员会是辅助决策机构。执行机构主要是学校各二级学院。

学校内部治理经验主要体现在规范董事会的职责与成员组成，调整与重构校长、二级学院和院长的管理职权两个方面，具体阐述如下：

一、规范董事会的职责与成员组成

学校最高的权力机构是董事会，学校规范了董事会成员的组成，要求成员由出资者或举办者代表、校教职员工代表、校长、热衷教育工作的社会人士和企业代表组成，一般由 9～21 人组成，其中董事长 1 人，校长 1 人，独立董事 1～3 人。学校治理主要是董事会领导下的校长负责制，因此学校明确规定董事会的主要职责就是制定学校发展政策，无需参与学校的日常管理事务。董事会的具体职责是：审批学校组织机构的设立、合并和终止；聘任及解聘学校校长、董事会秘书和行政人员；审批学校战略规划和年度工作计划；审批学校的年度预算和决算；在校长提名的基础上，决定聘任和解聘学校高级管理人员，包括副校长、校长助理和总监等；审批教职员工的编制定额、福利方案及工资标准等；决定其他重大事项。

作为学校的法定代表人，董事长的主要职责就是行使学校法定代表人的职权，负责召开和主持董事会会议。其具体职责是：督促和检查董事会决议的执行；审查学校的各项发展计划和执行结果；推荐提名校长；定期审阅学校的财务报表等文件，了解学校的财务动态；签署学校对外的经济合同与文件等；在董事会休会期间，行使董事会的部分职权；处理董事会授权的其他事项。

二、调整与重构校长、二级学院和院长的管理职权

校长是董事会的必要成员，在董事会的领导下，负责董事会决议的具体实施，全面主持学校的日常管理事务。校长也是学校的最高行政长官，负责学校各项工作的最终决策，依法独立行使行政管理职权和教育教学职权。校长由董事会聘任，设 1 人，学校根据战略发展需要设副校长、总监和校长助理等职位，辅助校长行使管理职权，其中副校长有权代表校长召开和主持会议(校长无法担任主持或者出席会议，授权副校长时)。校长行使管理职权的基本形式是校长办公会，由校长召开和主持，有关学校管理中的重要事项和贯彻执行董事会的重要决议均通过校长办公室讨论，再由校长作出最终决定。校长也是各辅助决策委员会的必要成员。校长的具体职责是：执行董事会决议；组织拟定和实施学校战略规划、年度工作计划和学校规章制度；管理学校的各项资产，拟定和执行学校的年度经费预算方案；保障教育教学质量，组织开展教育教学、科学研究和学术交流等活动；推荐提名副校长、总监和校长助理等人选，考核和任免各部门负责人，决定教师和管理人员的聘任和解聘等；行使董事会赋予的其他职权。

学校实施分级管理，即“学校＋学院”的二级管理体制，其中学校是一级单位，具有法人资格，主要负责学校的宏观管理工作、监督工作、检查工作、领导工作及协调工作，学校的管理以国家宏观政策和内部相关制度为指导，涵盖全校的工作；学院是二级单位，是学校的下属实体，主要负责二级学院的人才培养工作，包括学科建设、科研工作、师资队伍建设、国际交流和社会服务等。学院管理依托学校的统一领导。二级学院的具体职责是：依据学校的发展规划和管理战略，确定学院发展规划、发展战略和年度计划；自主支配本院的可控经费，对学校分配给学院的预算费用实行独立核算；设置学院内部组织机构，包括教学机构、科研机构和管理机构等；确定学院专业人才培养方案，制订教学计划等，并组织实施；制定学院人力资源规划，开展学院内中层及以下员工的人力资源管理工作，包括人员招聘、各类培训、绩效考核、薪资报酬和关系管理等；负责开展学院内的各类具体活动，包括学院文化建设、学院品牌营销活动、学生教育管理、科学研究、学术活动、社会服务活动、国际交流合作活动等；行使学校赋予的其他职权。

二级学院的管理由院长负责，实行专家委员会领导下的院长负责制。二级学院根据管理需要推选 2 人担任院长助理或者副院长，协助院长开展管理工

作。院长是各个二级学院最高的管理层，主要负责学院日常工作的全面管理。具体职责是：主持学院日常管理工作，贯彻执行校董事会和校长办公会的决议和决定；组织学院发展规划、年度计划及规章制度的拟定与实施；组织学院年度财务预算的编制与执行；负责学院内部组织机构设置，拟订方案；组织开展学院教学活动、科研活动、国际合作与交流活动、产学研合作等活动；任免学院内中层及以下行政人员，负责推荐本院副院长和院长助理人选；行使学校赋予的其他职权。

第三节　广东省某样本高校的内部治理经验

广东省某样本高校是经广东省人民政府批准、国家教育部备案的省属全日制普通高等学校。学校以“创百年学府，育产业精英”为愿景与使命，遵循“育人立校，质量兴校，人才强校，特色荣校，制度治校”的办学理念，立足广州，面向珠三角，服务广东，主动适应珠三角产业结构和区域经济社会发展的需求，深入推进基于“产教融合、校企合作、工学结合、顶岗实习”的人才培养模式改革，致力于培养“德才兼备，技能突出，全面发展”的应用型、高素质技术技能人才。① 近几年，学校大力实施由外延式发展向内涵式发展的转变，推进以扁平化管理为特点的学校内部治理体制改革，大大提高了管理效能，提高了整个学校的办学实绩。

一、调整组织内部机构

学校通过调整组织内部机构，缩减管理层次，实现资源的合理配置。解决民办高校现有的治理体制及其对高校内外部环境变化的不适应性，甚至是冲突问题的关键手段就是优化其内部治理体系，而扁平化组织结构是能够满足民办高校优化内部治理体系的有效途径，是一种创新的内部治理组织结构。具体而言，扁平化管理即“横向大部制，纵向扁平化”。大部制即大部门制，是民办高校改革行政管理体制、优化内部治理体系的一种结果。较之于科层制，大部制这一新型的组织结构形式更能适应复杂化和带有许多不确定性的外部环境。机构调整的主要目的是通过缩减机构，简政授权，优化资源配置等降低组织内部

---

①　参见马燕霞、许长青：《民办高校内部治理机制优化》，《高教探索》2018 年第 4 期。

的行政管理费用，实现高效的行政管理。

样本院校原有的机构设置层级较多，包括11个系部、15个行政教辅组织，且学校内权责利不均衡，职能设置严重交叉甚至重合，机构内分工过细，部门间存在壁垒，极少进行协同创新，导致学校内基层教职员工的工作积极性不高，学校的整体运行及应急处理能力不强。为了解决上述问题，学校领导层适时对内部机构设置做出了合理调整，优化组织内部治理体系，着力建设能适应外部环境变化的、精简、灵活、高效的结构体系，强化整体应对能力，即探索了扁平化管理。样本院校实行董事会领导下的校长负责制，校董事会具有最高决策权，但在权力运行上存在两个突出的问题：一个问题是行政权力大小自院长、副院长、各职能处（室）、各教学系（部）及主要直属单位依次降序；另一个问题是学校的行政组织机构臃肿，管理层级繁多。为了解决这两个问题，学校以提高管理效率与效益为目标，以扁平化管理为理念精简机构。依据扁平化的管理理念，学校对教学单位和行政教辅组织进行调整与精简，对组织功能相近或工作性质相似的业务单位进行合并，进而提高学校各单位的管理效能。例如，学校将原来的15个教辅行政部门合并，精简为7个职能机构，即"一院一馆＋五部"，"一院"指创新创业学院，"一馆"指图书馆，"五部"指行政党群部、教务科研部、学生发展部、合作交流部和人力资源部。重组优化后的"一院一馆＋五部"实行扁平化管理，其内部机构均不设置行政级别，取消科级与副科级的行政级别，所有工作人员的待遇都按照辅导员和行政教辅人员的职级制来定档。教学单位方面，学校重视二级学院对人才培养的作用，将人才培养工作和教育教学工作的重心及权责下移至二级学院，实行以二级学院为核心的学院制，并合并原有的11个系部，精简为"六院＋一部"，共计7个教学单位，"六院"包括经济管理学院、建筑工程学院、电子信息学院、机电与汽车学院、外国语学院和服装与设计学院，"一部"指通识教育部。

二、合理配置行政权力资源与学术权力资源

学校内各机构权责的合理分配是民办高校内部治理结构改革的一个关键环节。行政权力与学术权力构成了高校内部最基础的权力形式，他们在高校组织结构中发挥着各自的功能。需要引起注意的一点是，行政权力与学术权力在高校内长期并存着，也就意味着其中一种权力并不可能取代另一种权力。学院在扁平化管理的过程中力求实现科学性，力求从校情出发，把科学性放在最重要的位置上考虑。为此，学校在资源配置方面重视学术的主导地位，强调教学

与科研，缩减行政规模，但明确各行政部门的权责，做到了统一领导、统一决策、行政服务教学。为提高学校的学术氛围和科研水平，学校着手筹建相应的科研机构，如华南民办教育研究中心、科技与金融协同创新中心等，构建科研平台，建立科研激励机制，极大地提高了学校教师从事教学科研的积极性。[①]

三、调整与重构二级管理职权

样本高校的扁平化管理主要就是实行校、院二级管理体制，这种管理方式激发了学校与二级学院双方的积极性与创造性：学校摆脱了日常的教学管理事务，可集中精力开展高层决策，如学校顶层设计，涉及学校发展前景的总体规划、重大决策与方针政策等，争取社会各界的支持与多渠道筹措办学经费；二级学院发挥了自己的专业优势，更好地管理学术工作，集中最重要的力量，组成最精干的团队专注于教学质量的提升，聚焦于科研水平的提高。

在优化结构的过程中，广东省该样本高校始终坚持依法办学、民主管理、科学决策的基本原则，严格执行扁平化管理的各项要求，全面实行校、院二级管理体制，明确学术权力与行政权力的协调机制，将学校自主开展教学与科研项目的权力以及开展校企合作的主动权最大化。同时，二级学院在提升了自主管理权后可以设定多层次目标，实施目标管理责任制，以保障扁平化管理的切实贯彻，让二级学院不但拥有人才培养、学科建设、科学研究、服务社会以及文化创新等职能，而且拥有与之完全相匹配的人力、物力、财力，这种责、权、利有机结合的治理模式不但充分激发了基层的创造积极性，而且保证了学校整体上下更富有创造力与发展力。

四、制定保障制度与措施

广东省样本高校在内部治理的改革中取得了一定的成绩，但内部结构改革并不能一蹴而就，变革与创新仍需继续进行。为了确保改革能够持续取得成效，学校提出了几项相关制度与保障措施，现简要阐述如下：

（一）依法治校，完善董事会治理模式

在样本高校的现有治理结构中，董事会的作用举足轻重，一般重大或重要事项均由其做出决策；校长在民办高校内部治理中扮演着重要的桥梁角色，主

---

① 参见李立国、赵义华、黄海军：《论高校的“行政化”和“去行政化”》，《教书育人》2010年第33期。

要负责协调董事会、二级学院与职能部门间的各项工作，对整个学校的资金投入、顶层设计、体制改革、人才培养、全局发展等项目形成集体决议，并负责贯彻落实与实施。但是，因为现在的法律还没有准确界定学校及董事会的相关权利、义务，对民办高校的法人治理结构的描述也不够具体。[①] 因此，民办高校在实际的办学过程中难免会出现一些权责不清的问题。《民促法》(2017)明确规定，民办高校董事会应由出资方及校长、教师代表、职工代表等人员构成，这种做法主要是为了避免民办高校逐步演变为出资方的家族式企业。董事会中的优势力量——出资方的发展势头应该被充分关注。为此，样本高校均衡合理地设置了董事会中各组成部分之间的比例，确保了其良性运营及发展。[②] 样本高校明确规定，避免投资者及其亲属在人事、财务等重要部门任职，因为过多地干涉学校日常管理工作与教学管理运作不是投资者与董事会的明智选择。只有校长在学校的行政管理权力得到充分、有效的保障，才能真正实现专家办学、教授治学的大学理念。

(二)建立各类专业化委员会，实现民主化、高效化管理

在该高校内部，受众不同、职能不同的各种类型的委员会搭建起了综合交错的监督网络。首先，学校设有校务委员会，该委员会有权利开展行政事务，并进行决策，其成员主要是擅长高等教育且熟悉经营管理的专家、学者，职责与权力同样巨大，拥有选举产生校长的权利，并且能够委任选举出的校长担任委员会主席。其次，组建了对本校内各项教科研工作、学科建设与专业建设等有决策权的学术委员会，其组成成员主要是有高级职称的教授和专家，学术委员会与校务委员会各自行使各自的权力，二者侧重点不同，校务委员会主要负责行政管理，而学术委员会主要负责学术管理。再次，设有监事委员会，该委员会有权对校务委员会和董事会进行监督，包括监督行政管理情况、资本使用情况等，监事委员会的成员以熟悉民办教育相关法律的专家为主，相对于行政管理而言，监事委员会的作用更多的是行政监督。最后，由教职工代表组成的教职工代表大会也在学校行政管理中行使着各项民主监督的权利。学校内部事务繁杂而行政管理关系交错，通过建立这些职能不同又带有非常明显针对性的专业委员会，并明确规定每个专业委员会的具体职责，根据其专业性激发了针对专门领域的高效管理，解决了学校或二级院系单独难以解决的问题，并且促进了

① 参见韩玉亭：《民办高校内部治理机制的困境及出路》，《高教发展与评估》2017年第1期。

② 参见欧阳婵：《民办高校内部治理结构优化路径研究》，湘潭大学2010年硕士学位论文。

各职能部门间有效的横向沟通。当然,也提高了学校行政管理的民主化水平,让扁平化管理落到了实处。

(三)推行目标考核聘任,实行绩效分配

样本高校在优化民办高校内部治理体系,改革行政管理模式,推行扁平化管理的过程中,运用目标管理思维实行按绩效分配,有效提高了管理效率,节约了管理成本和人力成本。目标管理思维具体落实到学校的内部治理实际上,就是把学校的总体发展目标与全局性的各种任务逐级分解,从上到下、层层分派,一直落实到每位教职员工的身上,这样还可以根据每位员工的工作完成情况确定每年的考核等级。这种目标管理模式不仅增强了每位教职员工的责任意识,而且让教职工们对学校产生了浓厚的归属感,从而最大限度地发挥了教职工们的主观能动性与工作积极性,实现了高效管理、节约成本的目标。在实际操作过程中,学校借鉴优秀企业管理的成功经验开展绩效分配,如在内部管理绩效分配时,以岗位职责履行情况为基础,以目标任务完成情况为准则,以"绩效工资+岗位工资"为操作重点,不但直接把教职员工的岗位职责、工作业绩、学历资历、职称证书、工资收入等要素全部捆绑在一起,还在具体实施过程中把工资水平划分为初级、中级、副高、高级几个大的等级,并在每一个大等级的基础上再划分出五个小的等级,用这种方式强化教职工的绩效分配意识。这种目标绩效管理制度最大的优势就是引进并留住了大量有能力、高素质、高层次的人才,不仅充分发挥出了教职工的能力素质,实现了高效率的行政管理,也为扁平化管理改革积累了丰富的人力资源基础。

(四)合理明晰行政与专业管理,提高扁平化管理水平

学校内部有两条平衡并行的管理线,即行政管理和专业管理,行政管理是学校各个科层组织处理行政事务、从上到下的管理职能;专业管理是与教科研密切相关的学校基础教学单位的职能。样本高校在内部治理过程中将学术水平和专业建设这两项指标作为学校的核心内部事务与二级院(系)的主要权力和职能重点开展,明确提出行政管理必须围绕学术管理开展,以专业管理为中心;另外,尽管学术管理、专业管理具有专业性和针对性,但却缺乏全面把控与协调整合的能力,因此学校同时强调学术管理需要行政管理的补位。在实施扁平化管理改革过程中,样本高校没有简单地下放某些权力,而是合理地区分和确定扁平化的行政管理组织的权力和职能,以及各专业组织的权力与职

责，不但保证了两者既具有相对独立性，又可以各司其职、各负其能，而且可以保证行政与学术两大权力在各自独立的同时，又可以相互制衡。这样一来，学术权力就可以更好地在教学与科研两大事务上强化各教学基础单位的核心职能作用，而行政权力则可以更好地深入推进行政事务方面的扁平化管理进程。

第四节　我国台湾地区某样本高校的内部治理经验

我国台湾地区某样本高校办学历史悠久，办学质量优异，教学、科研、管理等均位于地区前列。2016 年，在上海交通大学开展的相关排名活动中，该样本高校在台湾私立大学中蝉联首位。同年，英国《泰晤士报高等教育专刊》发布的亚洲前百名最优高校排行榜中，该样本高校位列我国台湾地区全部大学的第 11 位，其研究、教学、品德培养、服务学习、创新教育及毕业生就业率等均取得了不俗的成绩。在科学研究上，该样本高校在台湾地区全部高校中排名前 15 位；在教学上，从 2013 年到 2016 年，该样本高校连续 8 年荣获台湾地区教育部颁发的“教学卓越计划”称号，并获得了补助津贴；在品德培养和提供服务上，该样本高校连续多年位列台湾地区第 1 位；在创新创业教育上，该样本高校是第一所进入台湾所有建有创新创业中心（共 100 个中心）前 4 名的私立高校；在毕业生就业情况方面，该样本高校的就业率在台湾地区的私立大学中名列前茅。可以说，该样本高校在学术、研究、产学合作及国际化等方面取得成绩与其学校治理理念和内部治理结构有直接的关系。①

该样本高校的内部治理始终坚持“教学、研究与辅导”三方平衡的理念，在此基础上构建了合理高效的治理结构。其内部治理结构的构成主体包括董事会、监察人、学术机构和行政机构。董事会是最高决策组织，学校决议需报董事会同意方可执行；监察人主要负责监督董事会的行为；学术机构主要负责学校学术相关事务的管理，包括院务会议、系或者所务会议、教师评审委员会和教师申诉委员会等；行政机构主要负责学校行政相关事务的管理，组织形式包括校务会议、行政会议、教务会议、学务会议及总务会议等，其中校务会议是最高行政组织，与其他组织共同决议学校重大事务。学校内部治理工作由各机构协同

① 参见胡晓娟：《基于台湾高校组织规程视角的高校内部治理结构经验与启示》，《教育评论》2016 年第 11 期。

执行，对于重大或重要决议事项，需由各个委员会先提议，然后送交相关会议进行决议，再报请董事会同意，最后送交上级主管部门审批。

台湾地区样本高校的内部治理经验主要有以下几个方面：内部治理规范有序，重视权力制衡，协商治理，教授治校和学生自治。具体阐述如下：

一、内部治理规范有序

依靠完善的法律法规及学校内部适当的制度安排，学校内部治理结构的整体框架及具体运作过程呈现出规范有序的良好趋向。台湾地区相关机构在给予样本高校充分自治权力的基础上，提出了明确的运作管理规范，包括学校内部行政管理过程、学校法人的设立、学校变更以及具体的运作过程等，强调法制化管理。受相关法律法规的影响，样本高校的内部治理框架主要由四个核心要素构成，包括董事会、校务会、校长以及监察人，彼此间权责清晰、等级分明、管理有序，实行董事会领导下的校长负责制。其中，董事会是最高决策机构，行使决策权，校务会负责审议学校内部管理事务，校长行使学校执行权，监察人行使对学校管理运行状况的监督权。参与决策最多的为高层行政人员，其构成了绝大多数活动的活跃者。教授群体占校务会议的大多数席位，并有机会参与其他行政会议。学生代表对与自身权益相关的事项具有发言权，但此群体参与程度最低。董事会成员对学校具体事务保留最高权力，但不参与，也不干涉。学校拥有一套分工明确的运作制度，此制度是基于校内机构的设置、运作方式、人员安排而建立的。学校内部治理结构的良好运行依靠其指定的严格的规章制度，并且将校内各种会议及委员会的事宜也都列入了议事规程中，明确了相关利益者的权限。

二、重视权力制衡

分权制衡原则在治理理论发展过程中的作用愈加重要，在公司治理和非营利性组织的治理中也得到了重视。分权即不能将权力过分集中于某个机构或个人，而是把权力进行科学划分，让不同的部门、机构或者个人分别掌控。制衡以分权为基础，构成不同权力主体的相互制约，进而彼此牵制。为此，在构建内部治理结构时，应明确划分不同的组织，如决策组织、执行组织和监督组织等，同时构建彼此独立、权责清晰、相互牵制的制衡关系。

依据分权制衡原则，样本高校以各个内部组织相互独立、权责分明、彼此制衡为基础，构建了相应的机构，包括决策机构、执行机构、监督机构，同时非常重视权力机构之间的分权制衡。学校明确规定了各权力机构的权力关系:首先,董事会是学校的最高决策组织,掌握学校经营管理权与决策权,包括制定学校相关政策、制定学校发展规划、筹集经费及其使用分配、人员聘任及使用等;校长是学校行政权力的执行者,在学校行政组织体系中是最高负责人;从法律角度讲,董事会无权干涉校长对学校内部事务的管理,但拥有聘请和监督校长的权力;校务会议是学校的校务决策机构,主要职责包括接收各组织机构的各项提案,有权决定学校重要的校务事务;同样,董事会不得干涉学校的校务事项,因此,校务会议掌握了绝对的自主决策权,只有涉及董事会职权范围内的才需经过董事会的审核;校长虽是最高负责人,享有任免校务会议大部分成员的权力,但是由于校长只掌握一票权,因此在校务会议中不能够起到绝对的任免作用,只是发挥了相应的监督制约作用,校长是沟通董事会与校务会议的桥梁,其需要将校务会议的决议内容向董事会报告;学校内部的监督机构(监察人)产生于董事会,但又独立于董事会,并对董事会及校长权力发挥相应的制约作用,可独立监察学校财务、稽核财务账册、文件及财产资料、审查决算报告等,这样可以有效地避免董事会垄断校务,杜绝专权专制,使学校决策工作合理有效,公平公正。

三、协商治理

对于内部治理问题,学校在重视发挥董事会集体决策的高效领导作用的同时,注重以校长为代表的各个咨询组织、执行组织及审议组织的作用。在私立高校内部治理中,学校内部各类组织的运作管理都需要协商进行。

台湾样本高校董事会成员的组成和美国私立高校类似,尽管董事会的规模不大,但其成员选择非常重视校外群体的参与,特别是直接关系到学校发展前景的人员。学校会吸纳这些人士管理学校事务,参与决策。参与学校董事会的校外群体包括教育界专家、企业专业人员、宗教人士、校友、专职教师等。董事会的决策需要大多数成员的认可才能发挥效用,也能够满足高校利益相关者的诉求,并使之科学合理。学校还设有校务会议、院系务会议、行政会议、总务会议及各种相关委员会等,来分管决策校级及院级层面的各项事务。此类机构成员涉及各个层面,包括以校长为主导的各类行政人员、教授和讲师、院长、教师和学生代表以及校外人士。各机构的成员都可以对相关事务的审议和决策发表意见,甚至还拥有投票权或反对权。这种覆盖面广的决策过程虽然比较繁琐,效率较低,但是能都保障决策的民主性,使决策顺利实施。除此之外,学校还提供了多种途径，让家长、校友、社区代表等人员参与到学校的发展和工作改进的事务上来，吸纳他们的意见和看法。

四、教授治校

学校的主要任务是通过探究知识，将专门的、高深的知识应用和推广服务于社会，因此，教授群体在学术管理活动中起到了至关重要的作用。这也验证了伯顿·克拉克的观点："专家与掌握专业学问的学者拥有支配别人的特殊权利，这是因为他们所掌握的与众不同的知识是一种独具特色的、非常关键的权力形式。"[①]所以，在内部治理中，教授治校是一种有效的模式，在高校运作过程作用至关重要。教授由于掌握着高深性、专门性的知识，所以在私立高校中，作为学科带头人既能主导学术事务，又在校务中发挥着不可或缺的作用。

因此，样本高校给予教授充分的权力负责学校的行政事务和学术管理，特别是学术管理方面，教授拥有绝对的主导权。当然，学校的学术工作是由校内教授经过民主决策共同确定的。教授团队主导学术工作的权力首先表现在对学校教师的选聘、使用及免职等工作上，这些事务主要由学校的评教会开展，而评教会的主要成员是教授团体，因此教授团队实际掌控着学校学术事务中的人事任免权。另外，学校各二级学院部门尽管是一个个相互独立的组织，拥有较大的自主决策权，而且各院系的重大事务也由专门的院（系）务会议完成决策，但教授团队需要参加相应的会议，因此对二级学院的教学管理、科研管理、学生管理以及教师管理等均拥有绝对的自主权。

五、学生自治

高校将拥有独立思考能力和独立行动能力的学生作为重点培养主体，学生自治模式能够满足学生自身发展的需求，符合学生自我存在的规律，是高校治理的典型代表模式。样本高校重视学生自治的管理模式，辅助学生构建校内自治机构，并获得了学校的行政参与权，这也充分证明在高校治理过程中，有适当学生参加会大大提升学校的治理能力，增强治理本身的活力和发展动力。

样本高校开展学生自治模式的过程中形成了专门的机构，即学生会。学生

① ［美］伯顿·克拉克：《高等教育新论》，王承绪译，浙江教育出版社2001年版，第26页。

会是学校内一个独立的组织，有独立的章程及组织内部分工，能够自主运行，学校内部其他行政组织无权干预，如竞选学生会主席及任期的确定、相关活动的举行、经费筹集与使用等事务都依据学生会章程开展，其他组织不能干涉。学生会又分设了多个部门，包括学生行政中心、学生议会和学生评议会，这三个部门形成了“三权分立”的架构模式，可促进学生发挥自主能力和自治能力。这三个部门权责明确：学生行政中心行使“行政权”，学生议会行使“立法权”，学生评议会行使“司法权”并负责对违规事项的检查和判定。而学生行政中心和学生议会下又设有各级组织并发挥作用，学生行政中心下设公关部、学权部、活动部等组织，负责活动的开展；学生议会下设纪律委员会、程序委员会、法制委员会等组织，负责组织章程、条例等审议和制定。除此之外，作为全体学生与学校沟通的代言角色，学生会会长和副会长、学生议会议长和副议长及各个系学会长代表均有权出席校务会议等学校重要会议和委员会，直接或间接地参与学生相关事务的决策，对与学生利益相关的问题发表看法，提出意见，从而维护学生在校内的地位及权益，对校务发展具有一定的影响力。

学校非常重视学生参与治理，并经常安排学校教师、校友、学生干部等为学生提供咨询与指导，担任学生会的专业顾问，以保障学生会的正规化、科学化运作。除此之外，学校设有学生专门的申诉组织——申诉评议委员会，以保障学生的人身安全，避免遭受校园暴力以及其他行政权力的迫害，在制度上为学生提供保障。

第五节　国内民办高校内部治理经验总结

民办高校最大的优势就在于其高效灵活的行政体制及以教育市场化为导向的办学模式，因此在内部治理上既不能重走我国公办高校既成的老路，也不能简单效仿国外私立大学发展的模式。与此同时，正处在国内外环境深刻复杂变化形势下的民办高校面临着来自外部和内部的双重生存压力，正面临着急剧的两极分化。基于以上因素，我国民办高校应积极优化内部治理机制，探索建立一个既符合学校发展规律又适合现代大学制度要求的新的管理模式和办学模式，激发办学活力和全校教职工干事创业的热情，为提升整体办学水平，创建学校品牌特色奠定坚实的基础。民办高校在探索内部治理体系优化机制，大刀阔斧地进行改革的过程中还需要注意的是，要推行与之相适应的内外部条件。

作为民办高校体制改革的新理念，内部治理要从科学的理论变为合理的实践，需要教育领域，尤其是民办高校的教育者们进一步探索和改善其在思想形成、监督管理、岗位配置等环节上的现实问题。同时，还要考虑在民办高等教育事业整体发展、健康发展、和谐发展的基础上，特别是在当前还不可能完全摒弃科层化管理的现实情况下，抓住深化民办高等教育体制改革的中心环节，积极探索把内部治理改革与层级管理有机结合的模式，并让两者其相互渗透、相互影响、相互促进，从而不断提高我们的管理素质与治理水平，以获得更多、更好的发展机遇。①

根据以上经验总结及借鉴比较，民办高校内部治理模式应以办学章程为载体，其战略性架构是：一是优化董事会成员结构，确保董事会成员组成的科学化与合理化。这就要求董事会成员中要有校内外各类人员，包括学校的投资者、创办者、教育专家、校内的教职工代表、校外企业家、学术家等社会各界人士，以保证董事会组织结构内人员的多元化：从来源上看，既有校内人员又有校外人士；从专长来看，既有懂经营管理的，又有懂学术科研的；从利益相关性来看，既有直接利益相关者，又有间接利益相关者。董事会成员间相互取长补短，充分发挥董事会的职责。二是规范董事会的运作模式，实现董事会决策的科学性、透明性和民主性。这就要求董事会要明确各方责任，完善议事章程和学校章程，重视合作办学和共同育人。国内民办高校内部治理的经验主要有以下几个方面：

一、健全董事会领导下的校长负责制

民办高校内部治理的主要形式是董事会领导下的校长负责制，这同时也是满足民办高等教育发展需要的主要形式。但是，当前绝大部分民办高校还不能有效地实施董事会领导下的校长负责制，只是简单地存在这样一种形式，从而严重地影响了民办高校的可持续发展。为此，健全董事会领导下的校长负责制是构建合理有效的民办高校内部治理结构的关键要素，主要包括两个方面的工作：一是完善董事会制度，二是完善校长治校制。

（一）完善董事会制度

借鉴我国几所试点民办高校的内部治理经验，我国民办高校董事会的规模

① 参见李国年：《民办高等教育体制改革与内涵式发展》，《黑龙江高教研究》2015年第12期。

以 15～16 人为适宜，内部成员的构成要强调多元化，确保学校的主要利益相关者能够进入相应的权力部门，由他们代表社会各界的利益参与民办高校的治理。董事会应当由以下人员组成：举办者或其代表，学校领导以及主要学院领导，教职工代表，校友，学生代表，企业、团体、社会贤达等各界代表。为了增强董事会的决策能力，董事会中具有教学、科研和管理经验的专家董事需要占一定比例。为了避免家族化现象，应对有血缘和姻亲关系者予以严格限制，另外也要避免国家公务人员和有监督权的行政人员参与其中。对于董事会成员的产生方式，民办高校应根据《民促法》(2017)和《民促法实施条例》制定学校章程，推选首届董事会会长和其他人员。之后的成员选举应避免采用由董事长独裁式个人推荐的方式，而要采用外部推荐和民主选举的方式。如可以先经过校友提名，由全体师生民主选举产生，一般通过提名选举产生的董事可以保证他们的基本素质和能力。《民促法》(2017)第二十一条规定了董事会的职权，但现实情况离法律规定的相差甚远，很多学校在实际运行中董事会的权责模糊，效率低下。董事会的运行机制可以参照前述样本高校的做法，高校的决策权和执行权必须分开，董事会是高校中最高的权力机构，拥有决策权，不直接参与学校的日常管理，而是把日常事务和行政管理的权力下放给校长，把与学术有关的事务交给教授会。

(二)完善校长治校制

目前，我国民办高校应从以下三个方面入手，改进校长治理学校的制度：

第一，完善校长选拔制度。包括设立专门的委员会、确定校长候选人条件、发布信息、筛选资料、确定候选人、考察评估、推荐给董事会作决策。具体来讲，学校要先设立专门负责选拔校长的委员会，明确提出成员构成的要求，即多元化，要包括董事会成员、教师代表、职工代表以及校友等；然后由委员会根据学校实际情况确定校长候选人应具备的条件，并将招聘信息通过各种渠道发布出去，包括媒体广告、熟人推荐等；再通过资料筛选确定候选人，并进行面试、考察评估，最后推荐给董事会，由其作出决策。由于我国民办高校校长有较大的背景差异，因此选拔校长之前一定要明确其竞聘条件和资格要求，即校长作为学校学术事务的管理者，必须拥有相应的学术造诣、管理实践、沟通能力和外教经验等。

第二，推进校长职业化。校长职业化即将校长作为一种职业，且要求从事此职业的人要有相关的职业素养和专业的知识、技能等，并有能力做好学校工作。推进校长职业化要求强化校长的职业理念，构建相应的培训机制，强调对管理能力的培养。《民促法》(2017)第二十四条明确规定了民办高校校长的职责要求，要有效开展董事会领导下的校长负责制，一定要真正落实相关规定。除此之外，还需要做好以下几个方面的工作，包括明确董事会的职责，即最高决策组织和权力部门全权负责学校总体事务，并协调各个部门的工作；明确校长的职责，即校长是学校行政运行的执行者，可以全权负责学校的行政事务。校长与董事会的关系是负责与支持的关系，即校长的工作向董事会负责，执行董事会的决策，董事会要支持校长，不得干预校长行使职权。校长与教授的关系则是要求校长支持教授治校，给予教授充分的治理空间和治理权力。

第三，完善校长任职保障机制，包括对校长任期的规定、校长任期内的目标和责任以及利益分配情况等。保障机制能够确保校长正确行使其职权，避免董事会和校长在办学动机、办学思路、办学方法、积累分配等问题上的分歧导致校长不断更迭、学校秩序混乱的现象，有利于民办高校校长履行社会责任，避免和消除举办者与办学者之间的矛盾。

二、规范执行机构的运作

组织的决策工作和计划工作都离不开执行工作，执行是各项工作的具体实施过程，决定了组织的发展。民办高校的工作亦是如此，运行机制的核心和中枢是执行机制，没有执行机构对董事会决策的执行与落实，所有决策都没有任何意义。民办高校的执行机制决定了学校的办学质量、水平与效益，对整个民办高校的发展起着决定性作用。学校只有放权给执行机构(经营者)，允许其按照高校运营规律、教育规律和原理，借鉴企业管理基本理论，对决策计划进行全面分解和落实，构建适合高校内部运行的各种机制，进而组织有效的教育实践活动，并时时检查监控教育结果和行为，这样才能保证民办高校执行机构的有效运行，实现自我发展的目标。

执行机制的关键枢纽和核心点是设立适合的执行机构，这时执行机构类似于人体内的神经中枢，通过各个节点的活动把指挥信号发往各个组织细胞，即通过执行机构把学校的各项决策、信息传输给内部各个组织机构。因此，为了实现学校的教育目标，民办高校要遵循高效、精简和适当的原则，并结合学校自身的层次、规模及实际需求，设置适当的执行机构。同时学校执行机构应以教育基本原理和规律为依据，以学校决策机构的决策指示为指导，结合学校经营管理的特点，制定适合学校发展的具体教育实践方案。民办高校执行机构是学校内部运行机构的一个组成部分，除此之外，民办高校内部运行机构还包括指挥中心和监督中心；执行机构又包括三大系统：教学中心、招生部门和后勤服务，无论是哪种类型的内部机构，都应根据学校规模和层次需要，充实各部门的职责和权益，并合理设置相应的分支机构，确保学校的高效运行。民办高校作为一种社会组织体系，其良好社会功能的实现离不开协调稳定的组织结构。因此，为确保民办高校组织目标的实现，按照专业化、权力制衡的原则对民办高校内部机构和人员进行分组和分类，是确保民办高校社会功能得以完成的重要工作。民办高校治理结构的建立过程就是民办高校组织结构设计的过程，它是民办高校行政权力分配的过程。民办高校管理机构的建设过程，就是要正式规定组织中的个人、个人和群体、群体和群体之间的关系，以协调和控制整个民办高校的活动，充分发挥民办高校的职能作用，确保民办教育运行和管理活动更加高效。

民办高校内部治理结构就是民办高校利益相关者治理，即民办高校由拥有所有权，决定学校未来发展法向的最高权力主体（利益相关者），根据章程选举民办高校董事会和监事会成员。学校董事会决定实施民办高校重大战略，负责选拔合格校长全面负责学校内部的日常事务。校长有权力依据教授委员会的提名任命各院系的校长或者主任。学校监事会则一方面直接对股东大会负责，另一方面监督学校董事会和校长的决策。同时，在学术管理上，学校的行政权力不得随意干预教授集团主持的民办高校教学科研等学术事务。另外，民办高校学生参与管理是利益相关者代表成员反映和保护其在民办高校内部合法权益的表现，下面分四方面阐述：

第一，利益相关者大会。理论上，民办高校的最高权力机构是代表所有利益相关者行使剩余索取权和控制权的利益相关者大会。民办高校治理结构的理想状态应该是：董事会成员由利益相关者大会选举产生，而利益相关者大会要求所有利益相关者参与。因此，董事会是利益相关者的代表者，为满足利益相关者的意志和利益行使董事会权力，如制约以校长为代表的民办高校的管理。管理层在为所有利益相关者提供满意回报的前提下，获得民办高校的决策权。但事实上，各利益相关者的目标不同，在一定时期内很难甚至不可能达成一致。将委托人管理的工作成果与在相互妥协的条件下设定的绩效目标进行比较，很难说是否会令所有的利益相关者满意。此外，各利益相关者众多且分散，治理成本非常高，存在“搭便车”的问题，这在很大程度上导致各利益相关者对民办高校管理控制不力。

第二，校长。校长在民办高校中占有重要而特殊的地位。他们不仅是民办高校重大活动的执行者，也是民办高校日常教学和行政工作的决策者和执行者。校长全面负责教育计划的实施、教育政策的实施和教师的选拔任用。他在日常管理中享有民办高校的管理权。

设立董事会的民办高校校（院）长行使下列职权：执行国家的教育方针政策；组织实施民办高校发展规划；执行董事会决议；管理民办高校事务，组织开展教育教学活动；聘任和解聘教师；负责董事会授予的其他职权。

第三，监事会。为防止董事会独揽大权，除了董事会之外，还应设立监事会，作为对利益相关者会议负责的监督机构，努力监督民办高校的运行和董事会的常设工作。监事会成员之一必须具备会计师资格，才能保证对民办高校财务运行的有效监督。监事会的主要职责是对民办高校的教育、财务、人事等重大事项进行监督，并向董事会提出建议。监事会成员中至少应有 1 名母公司代表。

第四，教授/学术评议会。教授/学术委员会是民办高校的最高学术管理机构。通常，要么设有常设委员会，要么设有临时委员会，主要职责包括决定学校运行的相关事务，如预算委员会有权决定资金的使用以及各机构教授的数量，科研委员会有权决定具体的科研事务，教学委员会有权决定具体的教学事务，学术委员会有权决定具体的学术事务。委员会代表全校专职教师就民办高校的主要政策进行咨询，并对民办高校的建设提出教师的基本主张，在制定学术政策中发挥了重要作用。

三、建立和完善监督机构

样本高校在内部治理上，注重内部权力机构之间的合理分权与相互制衡。借鉴公司治理的有效机制，通过构建完善的内部法人治理结构，明确董事会行使最高决策权，校长行使行政执行权，校务委员会为教学事务审议机构，监察人则行使监督权，可较好地实现学校内部权力之间的协调和制衡。为有利于“两权分离”，除了在董事会和学校高管层实施亲属回避制外，还规定学校校长不得进入董事会，但也明确禁止董事会干预学校行政管理，同时规定学校内必须设立监督机构，对学校财务、资产、运营管理状况等进行监察。

目前，我国民办高等教育普遍存在的比较严重的现象是权力集中于董事长一人，缺少必要的监督和有效的制衡，由于董事长一权独大，导致校长缺乏独立权；也有一些民办学校没有采取亲朋回避措施，形成了家族化管理模式，不设立专门的监督机构;少部分民办学校在机构设置上有专门的监督部门,但在实际运作过程中不能发挥实质作用,形同虚设。这些问题对民办高校的发展产生了极大的消极影响,影响其健康性和可持续性。为了解决上述问题,我国民办高校应建立并完善学校内部的权力制衡机制,实现民主化管理与科学化治理,这也是全世界私立高校治理的基本方向。

因此,我国民办高校有必要设立真正意义上的、独立的监督机构——监事会。监事会的成员应包括未在学校担任董事或校长的举办方代表、上级教育行政部门指派的代表、教职工和学生代表、家长及社会人士代表等,同时需明确规定董事会成员、校长及其领导的高级管理人员、财务负责人不得进入监事会。监事会行使以下职权:检查学校的财务;检查董事和校长的业务执行情况,发现有异常现象时及时提醒并要求其纠正,必要时对其提起诉讼;检查教职工和学生权力的维护状况;负责法律法规和学校章程规定的其他职权。外部的监督力量也是不容忽视的,政府对民办高校的宏观调控与监督,认证协会通过一定标准对学校进行的认证也起到了监督的作用,校友以及其他社会人士通过参与董事会或通过参与董事和校长的选拔程序来参与学校的治理,也可对学校进行监督。

四、把握多元性、开放性特征

治理理论、利益相关者理论告诉我们,民办高校内部治理模式应当具有开放性、多元性的特征。这一特征体现在董事会与董事长方面,要求董事会作为决策机构,其构成成员的身份、背景应多元化,即董事会成员除出资者、教职工代表外,还应当向校外吸纳与办学特色相关的实业界人士和法学界人士参与,并明确议事规则,确保董事会成员之间能有不同角度、不同利益的碰撞、交流,相互制约。同时,基于高教属性,决策机构成员的开放性还必须有高度要求,不仅在资格或准入方面设置条件保证其质量,且应从制度上杜绝因出资、捐资行为、因近亲属关系而担任董事长、出任董事的现象。此外,还应明确董事的契约性义务,即忠实义务和勤勉义务,并明确其法律责任,即在董事滥用或侵占学校财产时,或因其过错做出了错误决策而给学校或利益相关者造成损失时,应对学校承担相应的法律责任。开放性、多元性的特征还必须体现在董事会、校长与监督机构的关系上。

我国民办高等教育完善内部治理结构的一个主要任务就是实现多元化治理。根据我国目前的现实状况,实现多元化治理需要学校创办者更新教育理念，也需要国家相关政策和法律法规的引导。学校方面一要重视集权式领导，充分利用董事会决策过程中的适度集权式领导，发挥其高效性；二要注重民主性参与，充分发挥各委员会、评议会的咨询、审议及监督作用。在其人员构成上，也要关注成员的代表性和广泛性，确保各利益相关者都能够参与到学校的管理事务和决策活动中。

在处理学校发展的重大事项时，要十分注重学校各利益主体的全员参与，集体领导，发挥各方优势。不管是学校的董事会还是学校内部各种组织机构的运作，都充分地体现了民主协商治理的理念。良好的内部治理模式运行需要制度的保障。为了保证民办高校内部治理的顺利运行，教育相关部门应出台能够保障民办高校决策民主化运行的法律规章，对内部治理机制运行进行明确的规定。董事会的决议要在各利益相关者多方参与、多方认同的基础上确立，要满足民办高校内外部利益相关者的诉求，同时也能更好地吸纳为学校更进一步发展提供助力的利益相关者参与民办高校治理，保证民办高校决策的科学性和合理性。此外，民办高校还要积极开拓各种各样的途径，吸纳校友、家长、社会热心人士等与学校发展相关的人员，参与对学校内部治理问题的探讨，为学校的发展和工作改进等提供良策。

第八章

山东协和学院内部治理实践

山东协和学院是民办全日制普通本科学校，具有独立的法人资格，依法享有民事权利，承担民事责任。学院大力实施“质量立校，人才强校，特色兴校，专家治学”战略，全面提高办学质量与效益，努力为促进区域经济社会发展提供智力支持和人才保障。学院设立有董事会，实行董事会领导下的校长负责制。董事会为学院的最高决策机构。董事长由出资人担任，出资人不要求取得合理回报。

第一节　山东协和学院内部治理的特点

山东协和学院在内部治理实践中，重视董事会的规范化运作，重视专家、董事和校长之间的合理分工以及资源配置机制的合理运作。

一、规范董事会运作

约翰·范德格拉夫明确指出，董事会的作用是“由兴办学校的群体设立的一个上层组织，它由上至下产生，拥有全部权力，进而依据自身的意愿将权力授予校长和专家教授，由其管理学校，负责学校的正常运转”[①]。所以，山东协和学院首先规范了董事会的运作，为实现内部有效治理提供了前提基础，具体措施包括：

---

① [美]约翰·范德格拉夫：《学术权力：七国高等教育管理体制比较》，王承绪译，浙江教育出版社2002年版，第116页。

(一)优化董事会结构

董事会是利益相关者的集合,为利益相关者服务。学院强调董事会成员构成的多元化,明确规定董事会成员包含各利益相关者,包括投资者或其代表、校长、党委书记、教师代表、学生代表以及社会专业人士等。投资者的参与保证了学校的正常运转和资金的充裕及其正确使用;校长的参与方便了和董事会的顺畅沟通,保证了校长能正确领会董事会的意愿和要求,进而依据教育规律管理学校,实现董事会的利益目标;党委书记的参与有助于协调各方利益相关者,坚持社会主义办学方向;教师代表和学生代表的参与方便了维护学校师生的合法权益;社会专业人士的参与有助于融资和增进学校与社会间的沟通,进而提升董事会决策的科学化水平。多元化的董事会结构能够均衡各方利益,实现利益相关者的共同治理,提升董事会的决策能力。学校董事会主要由擅长经营管理、精通科研和学术的人员组成。

学校的董事会行使决策管理权,作为学校出资人和股权持有人的股东享有投资受益权。董事会的决策管理权表现在:与经费相关的事宜(筹措、预算、决算等),如筹集学校办学资金、管理学校资产;与学校发展有关的重大事项,包括学校发展方向即定位;审议预算与决算、审核与监督学校经费使用情况等;学校主要负责人人选的确定,如选聘和解聘学校校长等;修订董事会章程等。从某种意义上说,由于董事会的作用,近年来学院董事会的工作才会取得成效。

(二)完善董事会决策机制

我国的相关法律条例对民办高校董事会的运作程序与决策规则都有明确的规定,包括召开会议的频率、参会人员数量、决策人员数量等,强调要完善民办高校董事会决策规则和运行程序,召开董事会会议讨论学校重大事项,应做会议记录并请全体董事会成员签字、存档备查。

为了保障董事会内部各利益相关主体间的合理分工、高效协调和有序运作,学院首先不断完善了董事会章程,明确规定了董事会成立的依据和目的,董事会的组织结构、职责、规模和人员构成,董事会主席产生的程序、职责和任期,董事的资格、选拔和任期等,以规范学院董事会决策运行程序。然后,为了监督和制约举办者的权力,学院通过制度、规定等形式不断增强校长、教职工、学生等利益群体的决策权和话语权。具体包括:由督导专员担任学院党委书记进入董事会,参与董事会决策;严格审核校长的任职资格,强化校长在教学管理和科研事务中的独立决策权;不断完善学院教代会制度,规定每年至少召开一次教代会,学院重大决策须有教职工代表参与审议,以避免重大决策失误,同时提高教职工的工作积极性和主人翁意识。最后,为了避免董事滥用职权保障董事会集体决策的权威性,学院明确区分了董事会与董事的职责权限:董事会是学院的最高决策机构,实行集体决策;董事参与董事会决策,并为决策结果负个人责任。这样,董事会集体决策能够聚集各董事的智慧,集思广益,避免个人主义决策;同时,由于必须承担决策责任,每位董事都会更加审慎地运用自己手中的投票权,谨慎决策,提高董事会决策的效率和质量。

二、明确董事会和校长、党委之间的合理分工

学院构建了内部制衡机制,规范了董事会与校长、党委的权力界限,明确了各自的职责。董事会与校长的关系就是董事会领导下的校长负责制,因此,董事会与校长之间要相互信任,目标一致,及时有效地沟通。在实践中,为了防范董事会干预学校具体行政事务或者校长脱离董事会自行其是,学院进一步强化了以校长为代表的校务委员会和学术委员会的建设,提升了民主决策的氛围,均衡了学院决策的博弈力量;制度上,明确规定校长要进入董事会与董事会直接交流,提高董事会决策的科学化水平和行政系统的执行效率;同时,校长要严于治学,注重自我提升,追求教育质量的提升,注重与董事会的沟通,与董事会共同努力,提升学院的层次和知名度,最大限度地实现社会价值目标。

专家、教授在学院任职时,均与学院董事会主席签署了《学院董事会与校长工作关系条例》,明确了董事会与校长的职责、权益,规定董事会在办学中应充分尊重校长的执行力,校长应尊重董事会的原则和方针。学院充分保障校长的教育管理权,校长基本实现了权利和责任的统一:首先,人事权方面,副校长由校长提名,报董事会批准,其余干部由校长批准;其次,财权方面,在预算范围内,校长有权批准各种预算资金;第三,校长可就学校发展和招生投入等重大问题召开扩大的董事会会议。在学院内部,可以说真正实现了学院所有权和经营权、决策权和执行权的"两权分离"。

党委在民办高校虽然不是领导机构,但其具有政治核心作用,在学校内部集三权于一身:政治上的领导权、管理上的参与权和运行上的监督权。因此,民办高校应摆正董事会与党委的位置。山东协和学院为了切实发挥党委的作用,明确规定党委书记须成为董事会成员,参与董事会决策,确保董事会坚持正确的办学方向,依法治教;同时,要求党委要认清办学定位,切实做好工会、共青

团、学生会和教职工代表大会的工作，为董事会决策建言献策，积极协调行政部门依法办学，促进董事会、校长与党委的密切配合，相互合作。

三、构建合理配置资源的运行机制

影响学校治理效率的主要因素是资源的配置。资源主要是物力资源和人力资源。学院重视资源的合理配置，其教学资源和管理资源均得到了科学合理的配置，确保了学校的正常运转，保障了学校能获取正常的经济效益和社会效益。

首先，在物力资源配置方面，主要是办学资金的筹措和土地资源的使用。办学资金是民办高校创办的根基，如何筹集到所需资金并合理规划是民办高校物力资源配置的首要任务。山东协和学院采用多渠道筹措办学资金，包括政府财政资助、银行贷款、社会捐赠、企业合作、公共经费申请等。政府财政资助主要是政府的政策支持和资金支持；银行贷款主要是学院以固定资产做抵押向银行申请贷款；社会捐赠主要是社会各界力量给予的资金支持；企业合作主要是产教融合，引企入校，聘用企业具有实践经验的专业技术人员进校指导教学、管理和实践等工作，与企业合作不仅拓宽了学校的融资渠道，还提升了学生的实践能力，加深了学生与社会的联系，同时提升了教师队伍的整体水平；公共费用申请主要是通过申请各类基金项目、科研项目筹集资金。土地资源对于民办高校而言一直是紧缺资源，如何合理配置直接影响着学校的发展。因此，学院在依托政府用地扶持的基础上，倡导和兄弟院校资源共享，如通过共享图书资源、共用实验室资源、互聘教师资源、共享课程资源等建立校间教学资源共享体，实现了资源的互通有无，提升了人才培养的质量。

其次，在人力资源配置方面，主要是师资队伍的建设，包括师资培训、双师队伍建设和有效改善待遇。学院改进了教师培养重体系中偏重科研的倾向，完善了教师终身培训制度，并在制度设计中纳入了实践性培养项目。具体表现在以下三个方面：

（一）重视对教师的培训管理

学院对教师的培训工作非常重视，已形成了系统化的管理模式：一是从制度体系上搭建了各类教师的培训通道，加强对教师建设的精细化管理，支持教师终身学习，完善教师终身培训制度，设计满足不同教师的培训需求的制度体系，最终提升教师的整体素质。从近期目标看，学校定期有针对性地安排教师参加相应的培训项目,促进了师资队伍结构的优化。二是学校制度的安排重点体现了实践性培训项目。学校高度重视实践教育,经常开展相关项目活动,为教师创造了良好的学习条件,鼓励更多的教师进行再教育,弥补工作经验的不足。学校的实践性培训不管是顶岗锻炼、参观考察还是邀请企业技术人员定期培训,都做出了相应的制度安排,从申请条件、培训时间、培训接收单位、培训期间工资待遇、培训考核等方面做出了明确的规定,让教师对实践性培训有了清晰的认识和规划。

(二)重视教师实践能力的提升

学校制定了"双师型"师资建设行动计划,逐步改善了师资结构。通过"双师型"师资建设行动计划对教师队伍盘点,学校更好地把握了现有的师资队伍状况,针对后续学校发展状况做出了需求分析和需求预测。结合学校的现有师资队伍结构及规划目标,将师资的引进和培养细化为若干专项计划,如"教授引进计划""博士引进计划""技师引入计划""教授培育工程""双师型教师培养计划"等。为了有效推进师资建设行动计划,学校从四个方面搭建了"双师型"教师优先发展的保障机制。

(1)调整人才引进政策,向具有实践经历的教师适当倾斜。学校坚持引进高校、科研单位的教育教学型、学术型的高层次人才,充实学校师资队伍,让这些善于教学、长于研究,具有深厚学术修养的教授、副教授投入到本校的教育教学研究工作中,投入到对人才培养方案的制订工作中,投入到对年轻教师的培养工作中,帮助提升学校的教育教学水平和学术研究水平。此类教师有的来自其他民办院校,有的来自公办院校或科研单位,因此在管理中学校充分体现了对来自不同院校的高层次人才的尊重。对有教学专长的按低职高聘,如副教授按教授聘任;对他们参评职称做好服务、咨询工作;开展人才评价模式改革,给予宽松的科研环境,不唯科研论。同时,结合人才引进安家费、特殊工资制、住房条件等,加大对人才的引进力度。

(2)坚持引进综合素质高、具有实践经验的企业高级管理人员、高技术技能型人才,让他们充分参与论证专业建设、人才培养与产业和行业对接的问题,充分发挥理论联系实际,课堂对接产业的重要作用。学校对于应用型高层次人才的引进政策主要考虑两个方向:一方面,由于大多数在企业工作的应用型高层次人才不注重职称评审,缺乏相应的职称,对他们的聘任主要通过低职高聘或直聘,体现学校对他们的尊重。另一方面,薪酬待遇除了以低职高聘或直聘来实现，学校还采取了特殊薪酬制（如年薪）的方式来核定，结合人才引进安家费、人才公寓、安排配偶工作等，共同构成了应用型高层次人才的引进办法。

(3)采取“柔性引进”的方式获取具有省级以上人才称号的高层次人才和海外高层次人才，并拓宽人才柔性引进渠道，吸引了一批专业造诣高、热心民办教育事业发展的高层次人才，通过给予“名誉教授”“终身教授”等荣誉称号，增强他们对民办教育事业的关注，加强沟通往来，创造合作机会。此外，学校积极拓宽人才引进渠道，改变较单一的应届毕业生双选会的招聘方式，关注并有选择地参加区内外的行业招聘会、综合性招聘会，吸引具有行业实践经验的再就业人员；做好网络招聘，甄选符合招聘需求实践型教师，充实师资队伍中实践型教师的数量，从结构上逐步优化“双师双能型”教师队伍结构。

(4)加强与合作办学单位的合作，实施校企合作的有效对接。学校重视与企业、事业单位、科研院所的合作，强化合作办学，着力将合作办学覆盖所有的专业集群，促成合作双方资源的互通有无，实现互溶互补。基于合作办学的专业集群一则解决了应用型人才培养目标与产业紧密对接的问题，二则合作单位具有大量专业性强的实践型师资，这些师资可以充实“双师型”师资队伍，解决了教学与应用脱节的问题。学院还建立了合作伙伴共管学校发展平台，积极引进合作办学伙伴共建共管二级学院，实现了互利互惠、发展共赢。通过专业指导委员会、教学指导委员会、就业指导委员会、教师发展委员会等形式，给予行业、企业一定的人员比例，引导合作办学单位参与学校专业建设、课程设置、人才培养和师资建设等工作，引导办学单位深度参与学校的发展事业。学院还促进合作办学伙伴文化共融，这是合作办学的最高层次，对合作办学具有可持续、实质性的意义，同时它也是联合培养“双师型”师资队伍的重要因素。学院基于校园文化和企业（行业）文化形成合作办学的校企合作“双师型”师资队伍培育文化，再细分为物质合作文化（包括师资专业、师资课程、师资教学）、精神合作文化（包括合作宗旨、合作目标、合作精神）和制度合作文化（包括规章制度、行为规范）。

（三）注重对教职工的人文关怀

学院注重对教职工的人文关怀，强调以人为本，优化教师的工作环境，提升教师的薪资水平，做好职称评定工作，提供良好的科研平台和科研激励政策，鼓励教师参与学院管理和决策等，既提升了教师的待遇，也调动了教师的工作积极性和主人翁意识。

学校建立了一套长效的、较为完善的考核体系，克服唯学历、唯职称、唯科研等倾向，形成多元的人才评价模式，通过与教师共同制定教师个人的发展定位规划，形成教学型、科研型、应用型等类型的师资评价模式。在教师评价考核方式上，学校从两个方面入手：一方面探索符合自身需求的职称评聘机制，破除论资排辈，体现能力、业绩、质量的导向，并参考国外高校经验，形成急需紧缺人才职称直聘办法，即根据学校的发展定位制定校内职称评聘标准，通过校内的评审委员会，聘任一批思想素质好、业务能力强、为学校的发展、学科专业建设、人才培养做出了相应贡献的教师成为副教授、教授，使他们将个人的发展和学校的发展紧密结合起来，产生不断向上的工作动力。另一方面，探索引入职业资格聘任制度，学校专业的设置直接对接地方产业的发展，以培养高素质的技术技能型人才为己任，为此，学校重视企业高级人员的引进，特别是企业实践经验丰富、专业素质强的高层管理者及具有特殊技能的高级技术人才，并让他们融入到学校的重要工作中，充分发挥其在理论与实践、课堂与企业间的衔接作用，如参加学校专业建设论证会、关于人才培养如何与企业需求对接问题的讨论等。学校引进高层次技能人才主要思量两个问题：第一个问题是由于绝大部分在企业从业的高层次技能人才不重视职称，未参加职称评审，无相关的职称，对于这些人才，对他们的引进主要采用低职高聘或者直接特殊聘任，以表明学校的诚意和对他们的敬重；第二个问题是对高层级技能人才薪酬的确定，学校除了采用低职高聘的方式付给他们薪酬外，还采取特殊薪酬制（如采用年薪制），并完善了学校的高层次技能人才引进办法，如通过提供安家费、住房、解决配偶就业等。

第二节　山东协和学院内部治理经验

基于山东协和学院的内部治理实践，笔者研究总结出其治理经验主要有四个方面：构建了合理高效的治理结构，规范了成员组成；健全了领导体制，明确了权力制衡；坚持专家治学，重视决策咨询；完善了民主管理，构建了监督机制。

一、构建治理结构，规范成员组成

山东协和学院构建的治理结构合理高效，包括决策机构与执行机构，明确了机构职责、成员构成等。学校构建的决策机构主要有董事会和各类委员会，其中董事会是学校的最高决策机构，对学校的日常活动全权负责，包括决定学校的组织形式，如合并、分立或者终止；制订学校发展规划、管理战略和规章制度；修订章程；筹集办学经费和支配学校财产；批准学校年度工作计划；审核预算与决算；任用及管理校长；决定学校教职员工的工资标准和编制定额等。学校的执行机构有校长、二级学院及院长，其中校长是主要的执行机构。校长由董事会决定聘任，执行董事会的决议，负责管理学校的日常事务，包括教育教学与行政管理。校长的具体职责包括执行董事会及各类委员会的决策；报批组织机构设置方案；拟定学校年度工作计划、规章制度及财务预算；开展实施学校发展规划；组织开展教学工作、科研活动及学校其他日常管理活动；管理学校教职工人员，包括聘任、奖惩、解聘等；实施决策机构授权的其他一切事务。

学校明确了董事成员的组成。在民办高校的董事会内除了有举办者，还有诸如投资者等各方利益团体。具体而言，学校董事会由以下两部分组成：一是学校负责人、部门负责人、教师代表，主要是在学校日常工作中创造性地贯彻执行管理委员会的决定，确保学校的正常运转；二是社会各界对教育充满热情的人，主要职责是指导学校的教育活动和研究，传播国际发展信息，为学校发展筹集资金。

二、健全领导体制，明确权力制衡

学校实施董事会领导下的校长负责制。董事会认真履行最高决策机构职责，决定校长任免、学校组织机构设置、战略规划、年度预决算等重大事项。校长负责贯彻落实董事会的决议和上级教育部门的工作要求，依据法律法规和学校章程行使学校教学、科研和其他行政管理权力。校长办公会集体研究决定有关学校的办学理念、办学方针、发展规划、年度工作计划等重要行政事项。校务委员会对校长办公会提出的重大决策进行审议，保证学校领导机构决策的科学化、民主化。党委会发挥政治核心作用，保证社会主义办学方向，参与学校重大事项决策，推动学校发展。学校推进管理体制改革，管理重心逐步下移。

目前，学院采用董事会领导下的校长负责制，这种内部治理模式在我国被民办高校普遍采用，有其自身独特的优点，特别是在资金筹集方面，可以快速、大量地融资，推动民办高校的快速扩张。学校在构建董事会领导下的校长负责制的内部治理模式过程中制定了明确的内部治理权力制衡机制，使学校内部权力分散、互相制衡，实现了学校内部各种权力之间的相互配合和协调，达到了权力平衡的和谐状态，形成了较为完善且稳定的内部治理结构。

董事会为最高决策机构，负责学校发展总体方向的把握。校长作为校内行政的负责人，主要负责执行董事会的决议，并且保证学校教学科研的健康、有序运行。监察人由董事选出，负责监察董事会以及校长的工作，同时监察学校财务状况，以保证学校的正常运转。校务委员会是校务决策机构，主要职责包括决定重要校务活动，处理各部门的提议，组织学校内部各委员会实施提案和决议等。学校实行“四权分离”制度，即董事会行使决策权、校长行使执行权、监察人行使监督权、校务委员会行使决策权，四权分立有效地推进了学校的有序发展。由于四权的相互制衡及有效协调，保证了学校各个环节的有效运作。

另外，学校非常重视创办人与董事会的权力制衡关系。出资人与董事会之间是典型的委托—代理关系，出资人是委托方，董事会是代理方。出资人有权选择自己信任的董事负责经营管理学校资产。出资人与董事会成员各有各的职权，如出资人享有按其出资份额分配收益、决策及选择代理人的权力，享有对学校发展规划、利益分派的决定权等；董事会成员则主要是接受出资人的委托经营管理学校的资产等。双方关系维系的基础就是信任与道德：出资人信任董事会成员；董事会成员遵从道德，诚信管理学校。但是学校在实际运行过程中，往往由于“信息不对称”的原因，导致董事会在行使出资人赋予的财产权力时违背道德诚信，不考虑出资人的利益，而是侵吞学校财产；同时，由于分散和“搭便车”等原因，出资人对董事会疏于监督。因此，学校在构建内部治理结构时，首要解决了出资人与董事会之间的权力制衡。二者的制衡关系关系到众多利益主体间的利益平衡，如学校利益、出资人利益、学校员工利益和学生利益等。

为此，学院提出，作为权力机构的董事会要以保护出资人权利为出发点，以实现出资人利益最大化为根本目的。出资人信任是董事会行使权力的基础，出资人监督是董事会行使保护股东权力的保障，出资人与董事会之间是信任与监督并存的双重结构关系，双方均不得越权，即出资人不得干涉董事会行使权力，董事会不得损害出资人利益。作为学校的出资者，其有权掌握与学校生存发展相关的信息，包括发展规划、财务信息、学校高层人事信息、各项重大决策信息等，还包括办学定位、教学评价结果、招生收费等关于教育教学的重要事项。学校实际运行过程中，真正负责运营工作，掌握学校详尽信息的是董事会。董事会公开信息后，出资人才会了解学校的运营情况。因此，出资人和董事会所掌握的学校信息是不对称的，董事会显然是掌握信息的优势方。要形成出资人和董事会间的权力制衡，信息对称是必要条件。所以，学校要求董事会必须向出资人公开与学校有关的各项信息，然后进行表决，这样既保证了出资人的信息知情权，也对董事会形成了制衡；既有利于出资人对学校发展做出正确的评价和估计，保证决策的正确性和学校自身的公益性，也有利于董事会更加明确自己的责任与义务，在自己的权力范围内更好地为学校服务。

三、坚持专家治学，重视决策咨询

学校设有学术委员会、学位评定委员会、教学工作委员会、教学督导委员会等，为学校提供决策咨询服务，充分发挥专家、教授在学术、教学事务中的作用。

学术委员会是学校学术评价的最高权威机构，是专家治学的象征和学术权力的重要表达渠道，学术委员会致力于发扬学术民主，开展学术交流，弘扬学术道德，提高学校人才培养与科学研究的水平，促进学校教育事业发展。为了确保学术委员会能够发挥应有的功能。学校充分做好各项保障工作，包括体制保障工作、事务保障工作以及利益保障工作等。体制保障主要是学校按照章程将相关学术工作交给学术委员会，同时明确规定行政部门不能进行干扰，要完全信任，让学术委员会能够独立开展学术工作，处理学术事务。事务保障就是学校为学术委员会正常开展工作配备好相应的办公设备，搭建合适的治理平台与沟通渠道，确保交流的顺畅，同时不断完善相应的组织体系。利益保障就是为专家提供相应劳动报酬，即学校在专家的工酬系统中纳入其进行学术管理活动时付出的劳动。传统的观点认为，专家参与学校学术治理工作是义务性的，是专家的名誉工作，这种观点违反了按劳分配的基本原则，对全面开展专家治学有一定的影响。学校将专家参与学术治理的劳动纳入工酬范畴的举措是对专家付出劳动的回报，表明了学校对专家的尊重也起到了极大的激励作用。学院采取的措施主要是提供专项科研经费与专项补助相结合，就是学院每个年度为学术委员会划拨专项经费，为其提供专项资助，确保其有足够的经费进行专项科研及推广成果。另外，对所选聘的学术委员学校定期发放补助，一般每月一次，补给学术委员相应的课时费，保障他们有足够的精力参与学校的学术工作。

四、完善民主管理，构建监督机制

学校建有教职工代表大会、学生代表大会制度，实行校务公开。按时召开教职工代表大会、学生代表大会，为学校发展建言献策，形成了较为完善的校内民主管理和监督机制，依法保障了广大师生参与学校民主管理和监督的权力。

在民办高校的实际运作中，除了极少数的捐赠办学外，更多的是具有投资性质的投资办学，尽管很多民办高校投资者都承诺办学完全属于公益性，但是也有人以公益性为幌子，实则是以盈利为目的办学，而且投资者由于掌控了民办高校的所有财产，很多投资者便成了高校创办者。因此，如何在这样的办学环境下保证高校办学的公益性将尤其重要。对于投资者而言，投资利润率最大化是根本目的，对于民办高校而言，这种投资利益最大化的思想必须加以制止，另外，不同的高校、不同的专业都有很大的区别，我们一直强调高校应该有“经营”的高校发展理念，借此顺应市场发展趋势，同时根据市场波动趋势实时调整高校发展计划。但是，我们所强调的经营思想本质上不是要求学校以经营为目的，而是指学校的运作过程。董事会作为民办高校最高的权力机构（一般情况下，民办学校的创办者只包含一人或少数几个，而创办者掌控着学校的全部财产，所以，创办者都选择参加董事会，并且在董事会有决定性的决策作用）和决策机构，其人员组成尤为重要。而且《民促法》(2017)为了高校办学的自主性而给予了董事会太多的自主权，在这种情况下，如何防止董事会的一言决策权，以防止董事会不合理地运用自主权，保证民办高校的公益性，保证学生以及学生家长的利益不受侵害，就是确定董事会人员组成的关键问题。

为了解决上述问题，学校强调民主监督，严格要求董事会成员的组成，即董事会中不低于 1/3 的成员必须有相关教育管理与教学经验，且不能低于五年。这是保证学校健康办学极其关键的因素。董事会中一部分组成人员并不代表高校投资者的利益，但正是由于他们才有效地保证了学校办学的公益性，他们代表了国家利益、社会利益、学生利益和教职工利益，这部分董事会人员不仅遵从《公司法》中对于董事会人员的职能要求，也展现了办学和办企业的区别。学校董事会成员主要由创办者或称投资者、社会知名人士以及校长等人组成，其中社会知名人士拥有丰富的社会经验、教育经验和社会资源，对于董事会关于学校重大事项作出的决策具有制约、监督、修正等作用，有效地保证了学校隶属于公共事业部门的可能性，提高了学校办学的公益性。学校为了更长久、健康地提高办学的质量，增强办学的公益性，在改善董事会组成基础上，重点关注对董事会人员进行科学的职位安排和权力分配。在学校董事会内部也形成了权利机制和制约机制，尽管这会影响学校办学的效率，但是发展学校就要在效率与公平之间寻找一个平衡点甚至是进行取舍。对于不同性质的决策问题，学校有不同的侧重和倾向，如学校的资金筹集与使用安排、学校发展方向等问题主要倾向于董事长的决策；而对于学校的专业设置、教育方针、招生收费等问题则主要倾向于董事会中具有教学经验和专业知识的董事会人员的意见。董事会内部越注重组织决策的民主性，越有利于学校形成高效的高校内部治理机制，作出更明确的决策。

第四篇

山东省民办高校内部治理与政策优化建议

民办高校的最大优势在于其高效灵活的行政体制及以教育市场化为导向的办学模式，在内部治理上既不能重走我国公办高校既成的老路，也不能简单效仿国外私立大学发展的模式。山东省民办高校的内部治理应基于山东省民办高校内部治理的发展历程与特点，立足于其实际发展现状，优化内部治理结构，完善学校内部行政管理制度，构建学术权力系统，进一步优化内部治理政策，完善政策法规，落实法人财产权，明确利益相关者的责任和权力，构建权力制衡机制，切实解决民办高校办学和管理的自主权问题，探索建立一个既符合学校发展规律又适合于现代大学制度要求的新的管理模式和办学模式，激发办学活力和全校教职工干事创业的热情，为提升整体办学水平，创建学校品牌特色奠定坚实的基础。

第九章

山东省民办高校内部治理优化建议

创办高水平的民办高校，必然要求民办高校内部建立科学、合理、高效的内部治理体系，优化内部治理结构，改变由出资者控制的“单边治理”模式，树立利益相关者共同治理的理念，根据学校章程、董事会章程、学校组织结构及岗位说明书规定的工作职责和权限、工作流程，厘清学校内部各级、各层次的行政关系，完善学校内部的行政管理制度，遵循学术管理的特点与规律，构建学术权力系统。

第一节　优化内部治理结构

优化民办高校内部治理结构，应从以下方面入手：充分发挥党组织的政治核心作用，完善健全董事会领导下的校长负责制，建立监事会，建立以学术委员会为最高学术决策机构的学术权力运作模式，落实学院办学自主权，健全以教代会和学代会为核心的民主管理和民主监督机制。

一、充分发挥党组织的政治核心作用

民办教育是社会主义教育事业的重要组成部分，承担着培养社会主义建设者和接班人的重任。实践证明，加强党的建设，发挥党的政治核心作用，有利于民办高校坚持正确的办学方向，提高办学质量和水平。

民办普通高校如何发挥党组织的作用，是一个全新的课题，直接关系到能

否坚持正确的办学方向和科学发展。[①] 民办高校要想发挥党组织的政治核心作用,可以通过以下途径:

(一)健全党组织,确保党组织在法人治理中的重要地位

健全党组织,首先要抓好各二级学院的党支部建设,发展思想政治觉悟高、教学效果好、科研能力突出的骨干教师入党,充分发挥党员教师的模范带头作用;对新入党的教职工加强谈话和考察,及时掌握其思想动态,提高其理论素养,加强其党性锻炼。其次,坚持党管一切的思想,在民办高校法人治理结构中,党组织处于核心领导地位,股东大会、董(理)事会、监事会所有的活动都要服从党的领导,接受党的监督。

(二)加强党的作风建设

党的作风建设包括思想作风、工作作风、生活作风等全面的作风建设。首先是抓好领导班子的作风建设。思想是指导行动的源泉,抓好党的思想作风建设是作风建设中最关键的一环。党组领导班子要以党的八项规定作为作风建设的切入点,提高思想的纯洁性和先进性,以崇高的马列主义、"三个代表"重要思想、习近平新时代中国特色社会主义思想武装自己,廉洁奉公,率先垂范,德、能、勤、绩全面提升;正确处理工作与生活的关系,个人利益服从集体利益,集体利益服从国家利益。其次是在全体党员教职工中加强作风建设的宣传和教育,要求党员严格要求自己,树立纯洁高尚的思想作风、积极上进的工作作风、健康和谐的生活作风。最后是建立健全作风建设考评制度,细化作风建设指标与要求,明确考评主体、考评内容和考评程序,将作风建设成效作为考评领导班子业绩的重要因素。

(三)提高党员思想觉悟,增强教师队伍凝聚力

在教学活动实施过程中,学生是主体,教师是主导,全体教师,特别是党员教师的学习动力和教师队伍凝聚力是增强教师工作积极性的关键。优化绩效考核制度,不仅要进行教学效果、科研成果的考核,还要考核教师的思想先进性、作风正派性。要以加强师德师风建设为抓手,帮助教师树立良好的道德风尚,对党员教师进行爱国、爱校、爱学生教育,提高民办教师对职业的认同感、获

---

① 参见赵奇:《构建民办高校"四位一体"法人治理结构的探索》,《中国高等教育》2013 年第 5 期。

得感和自豪感；定期举办教师座谈会，倾听教师的心声，觉察教师的思想动态，做好对教师的人文关怀；以党员教师为带动，增强教师间的合作意识，提高教师队伍的凝聚力。

（四）加强学生思想政治教育

民办教育是社会主义教育体系的重要组成部分，学校的责任不仅仅是传授课本知识，更重要的是育人。要加强学生思想政治教育，将思想政治教育融入课堂，帮助学生树立正确的世界观、人生观、价值观三观取向；通过举办讲座、研讨会、民主生活会等多种形式，对学生加强党性教育，激发学生的爱国情怀；改进评优评先制度，将政治思想作为一项重要的评价指标，思想觉悟有重大问题的一票否决。

（五）切实加强监督，抓好党风廉政建设

以《中国共产党党内监督条例》作为党内监督的法规依据，结合现代信息技术，充分运用电子邮件、微信、论坛、网站等多种方式，畅通监督渠道，完善监督体系。重点要制约领导班子的权力，加强对领导班子民主集中制和廉洁自律情况的考察，有效遏制权力封闭式运作产生的腐败。

二、完善健全董事会领导下的校长负责制

（一）建立健全民办高校董事会制

世界范围内，私立大学的内部治理大都实行董事会制。我国的《民办教育促进法》对于董事会制也有明确的相关规定，要求民办学校应当设立学校理事会、董事会或者其他形式的决策机构。董事会制的典型特点是董事会行使高校的决策管理权，作为学校出资人和股权持有人的股东享有投资受益权，董事会成员主要由校内外熟悉管理、善于经营、精通科研和学术的人员组成。董事会的职责就是决定与学校发展有关的重大事项，包括学校发展方向（即定位）；与经费相关事宜（筹措、预算、决算等），如筹集学校办学资金、管理学校资产、审议预算与决算、审核与监督学校经费使用情况等；确定学校主要负责人的人选，如选聘和解聘学校校长等；修订董事会章程等。

建立健全民办高校董事会制，关键要做好两项工作：一是优化董事会成员结构，确保董事会成员组成的科学化与合理化。这就要求董事会成员中要有校

内外各类人员，包括学校的投资者、创办者、教育专家、校内的教职工代表、校外企业家、学术家等社会各界人士，以保证董事会组织结构内人员的多元化：从来源上看，既有校内人员又有校外人士；从专长来看，既有懂经营管理的，又有懂学术科研的；从利益相关性来看，既有直接利益相关者，又有间接利益相关者。董事会成员间相互取长补短，充分发挥董事会的职责。二是规范董事会的运作模式，实现董事会决策的科学性、透明性和民主性。这就要求董事会要明确各方责任，完善议事章程和学校章程，重视合作办学和共同育人。民办高校内的组织机构（包括董事会、校长和党委会）要各司其职，明确各自的责任：董事会负责学校重大事务的决策工作，对学校享有决策权，但无权干涉学校的具体行政管理事务；校长负责学校教学和行政事务的管理，享有管理权，但无权参与学校的发展决策；党委会负责学校的党务工作和党员管理工作，但无权决策和管理教学工作。

此外，完善校内章程包括董事会议事章程和学校章程。对于董事会章程，要明确规定董事会召开的程序、议事程序和决策程序，以保证董事会议的公开性、严肃性、透明性和规范性；对于学校章程，要明确决策咨询程序、决策机制和运行机制，使学校章程成为民办高校依法管理的行为准则，进而使民办高校进入良性发展轨道，创建合作办学、共同育人的长效机制。董事会成员要与学校各利益相关方合作，共同办学，共同育人，以提升民办高校的办学活力和发展竞争力。

（二）切实实施校长负责制

校长是学校的灵魂，他们既懂教育又懂经营，具备强烈的市场意识，是教育专家和管理专家，能够将学校的教育管理与市场有效结合。校长是学校日常运作管理的总负责人，民办高校发展运营的好坏，很大程度上取决于校长。校长负责制，是对学校董事会重大决策落到实处尤其重要的一环。董事会领导下的校长负责制正常运转的关键是董事会要切实尊重校长，充分发挥校长在学校具体事务管理中的重要作用，这也是民办高校实现“两权分离”治理模式的关键。因此，要依法保障校长全面负责具体事务管理工作的权力，独立负责行使其职权，这是董事会，尤其是董事长义不容辞的职责。

董事会的决策、决议都需要校长去推行。校长是学校日常运行的总负责人。董事会领导下的校长负责制既要强化董事会的领导地位，又要实施好校长负责制。校长对哪些问题负责，如何负责，有没有负责的能力，负责后的效果如何，这就需要对校长的职责、权力、议事规则、招聘选拔、考核激励等一系列问题进行规范和管理，具体来说有以下几点：

第一，完善校长的招聘选拔程序。民办高校的校长对学校的发展起着至关重要的作用。校长的理念、能力、经验是学校良性运行的保障。校长既要有投身民办教育的热情，又要精通教育规律，有较高的管理能力。因此，要广开招聘渠道，明确招聘选拔程序。既可以是学校内部晋升，也可以是从其他学校招聘。要根据民办学校的办学规模与特色，制定校长岗位说明书，明确校长的任职资格，对校长的受教育程度、职业背景、履历作出规定，必要时可通过职业测评来增大应聘者与岗位的匹配度。

第二，明确校长的职责和权力。大多数民办高校董事会章程明确规定，校长是董事会组成成员之一。通过参与董事会会议，校长对董事会的办学理念、决策事项有了更准确、更深入的理解，通过校务会议、将董事会的决策传达给副校长、职能部门管理者、二级学院院长等各级管理人员，并加以贯彻执行。因此，民办高校校长最基本的职责是贯彻执行董事会的决议，维护学校的良性运转，实现办学目标。为了更好地实现这个目标，校长需要具备必要的权力。民办高校校长的权力既有来自于民办高校章程等法律赋予的权力（合法权力），也有董事会的授权。校长的权力主要包含：对副校长的提名建议和罢免权，对处室领导及二级学院院长的任用和罢免权，学校日常管理事务的决策权、指挥权、监督权、财务权。

第三，完善校长行使职权的内部管理规章制度。赋予校长日常管理所需的权力，同时，要完善学校内部管理规章制度，使校长行使职权的过程中有法可依、有章可循，这样既有利于校长职权的行使，也有利于董事会对校长行使职权给予相应的约束。董事会不能过多干预校长对学校日常管理的运行，不能随意干扰校长的工作，需要制定规范化的内部管理制度，以制度建设加强对学校的管理，以制度约束和激励校长的管理行为。学校规章制度的制定是一个系统工程，需要各职能部门、各学院、各方代表共同制定，防止各部门各自为政，避免制度之间相互脱节、重复、冲突的现象。既要符合学校的办学理念、办学方针，又要给予二级学院适当的灵活性，允许各二级学院根据办学特色、专业设置在校级总体制度的框架下，在不违背校级规章制度的原则下制定具体的实施规则，避免各个二级学院千篇一律。规章制度的制定首先要成立组织，可以院长办公室为牵头单位，成立规章制度制定委员会。委员会的成员涵盖各职能处室、各二级学院的负责人及骨干员工代表。具体制定步骤包括：第一步，召开规章制度制定会议，在学校的办学方针、办学理念的指引下，结合当前学校管理的实际情况，确立规章制度制定的原则、目标、各单位的责任和进度计划安排；第二步，讨论现有规章制度运行中的问题和不足，制定修改方案，明确需要补充制定的规章制度，并根据学校总的进度计划制定出具体的制度制定日程；第三步，各级各职能规章制度初稿拟定出来后，要召集各部门、各二级学院的负责人和骨干员工多次讨论，对制度的合理性、可行性进行论证，提出优化、改进的意见，由执笔人进行修改，并标注好版本号；第四步，下发全校试运行，运行一段时间后，收集运行中的问题，再次修改完善，最终制定出正式版本发布实施。随着外部办学环境、内部办学规模、人才培养要求、专业和院系设置等方面的变化，会使原有的部分规章制度不再符合学校当前的实际，甚至是无法实施。因此，规章制度要定期修订，通常 1～2 年组织一次，或者根据变化了的情况随时予以修订调整。

第四，做好对校长的绩效评价。校长是学校的总负责人，对学校的工作全面负责。因此，对校长的绩效评价也是全过程、全方位的。要对考核主体、考核环节、考核指标、考核过程进行科学设置、系统规划。评价指标的设置要力求规范性、独创性、导向性和发展性结合。可运用关键绩效指标（KPI）考核法，从多个指标中提炼出影响校长业绩的关键指标，设定各个指标的权重和考核标准。关键指标通常有过程性指标和结果性指标两大类，过程性指标主要涵盖战略执行、教育教学管理、学生管理、招生管理等方面，结果性指标主要反映学校综合水平的提升和发展进度幅度，具体可以从教学质量提升、教师的发展、学生的发展方面来设置指标。

第五，加强对校长的激励与约束。民办高校的校长是受董事会的委托管理学校，为了减少由于信息不对称所导致的委托—代理问题，民办高校需要对校长进行有效的激励，激发校长为学校长远发展尽心尽力的意愿和潜力。具体的激励形式可以借鉴公司治理的经验，采用股权激励，让校长的工作目标与学校的长远发展紧密联系起来。在激励的同时，要合理利用学校章程、规章制度和绩效考核结果，实施对校长工作的事前、事中、事后全过程的约束和控制。

第六，推行职业校长制度。近几年，不少高校不惜花重金从各领域、各大学甚至从国际上选聘学术领先、管理经验丰富的领军人物担任校长职务。这一方面需要学校有雄厚的资金来源，另一方面还需要学校有较高的学术平台和良好的社会声誉，才能吸引来并留得住这些顶尖人才。目前我国民办高校的办学属性、资金来源、社会声誉等方面还远不能与公办高校相比，民办高校的出资者主要是个人、企业集团或其他类型的投资者，政府投资相对较少，特别是营利性民办高校，企业属性相对明显一些。因此，对民办高校校长的选拔、提升、考核都可以借鉴企业的职业经理人制度。对职业校长的选聘要立足学校规模、办学专业、资金状况的实际，不要盲目追求应聘者的名气与地位，适合的才是最好的。因为一旦职业校长与学校的期望不匹配，双方不能达成一致的心理契约，容易导致心理契约违背，甚至是离职与被迫解聘。职业校长的频繁更换会对民办高校的可持续发展造成极大的不利影响。因此，民办高校选聘的职业校长首先要认同民办高校的办学理念，要热爱教育事业；其次，要熟悉国家对民办高校的相关政策，精通民办教育发展规律；最后，民办高校职业校长的职业背景要与学校的办学特色、专业设置相关，如果对学校的核心专业不够熟悉，不利于校长工作的开展，也很难树立校长在全校的领导地位。

此外，民办高校的校长没有国家体制内的行政级别，在民办高校的管理体制中真正做到了高等院校去行政化管理，一方面提高、增大了民办高校管理的灵活性和适应性，提高了民办高校的管理效率，但另一方面也加重了民办高校职业校长的不稳定性。而人才培养是一项持续、长期而又复杂的系统性工程，关系到学校的健康、持续发展，所以应建立科学、长效的校长绩效考核制度。具体实施中，可以根据职业校长的任期，通过与校长签订绩效合约的形式，来明确校长的考核标准及相应的奖惩。绩效指标应在很大程度上属于校长可控范围内，否则不能作为考核依据。绩效合约的期限应长短结合。根据职业校长的任职期限，可以签3～5年的长期绩效，同时，还需要签订年度绩效合约，促使校长做出有利于学校长远发展的规划并付诸实施，而不是短期行为。

实行校长负责制离不开对校长的激励，因此民办高校必须建立利益相关者共享制度(即激励制度)，以提高校长的工作积极性和工作效能。按照著名心理学家马斯洛的需求层次理论，把人的需要由低到高分为物质与精神两个方面，共五个层次。要想真正发挥校长的能力和作用，必须完善激励机制。激励手段主要有物质激励手段和精神激励手段两种，激励制度的设计就是要合理有效地组合使用这两种手段，推动民办高校校长充分发挥其效能。民办高校校长激励机制的建立可以借鉴公司治理的经验，采用股权激励方式，让校长的工作目标与学校的长远发展紧密联系起来，将学校的长期经营管理绩效与校长的物质待遇中的一部分相关联，这样校长的自我实现需求就相对容易实现了。同时，他也有了优越感和责任感，归属的需求和尊重的需求也就更容易实现。荣誉、地位激励与情感激励也很重要，有效使用此激励手段能保持校长与理事会、董事会的良好关系，使他们之间沟通更融洽，有利于学校的发展。

（三）树立利益相关者共同治理理念

马克思曾经说过："人们为之奋斗的一切，都同他们的利益有关。"[①]民办高校的科研服务和教书育人具有准公共产品性质，既具有公益属性也具有社会属性。民办高校是一个典型的利益相关者集合体。

树立利益相关者共同治理理念，首先要有效地识别和分析利益相关者。利益相关者指的是利益在某个层面、某种程度上具有相互关联性的个体组成的集合。民办高校的利益相关者既包括其利益受民办高校办学行为影响的政府、社团、学生、家长、教师，也包括影响民办高校办学前景和办学效益的举办者、捐赠者、董事会、以校长为代表的内部管理人员等。从利益相关者来源的角度，可将其分为外部利益相关者（政府、社区、资产捐赠者、投资者、产学研合作者等）和内部利益相关者（学生、教师、学校的经营管理者等）；从利益相关程度的角度，可以将其分为关键利益相关者（学生、教师、学校的经营管理者）、一般利益相关者（政府、投资者、产学研合作者、校友）、边缘利益相关者（资产捐赠者、社区）。

其次，要厘清利益相关者之间的利益关系。随着民办高校的运行和发展，利益相关者的角色可能发生转换，形成一个开放的、相互作用的动态系统。同一个利益相关者，其行为可能对民办高校的整体利益带来重大影响，同时，其自身利益也受到民办高校的影响。每个个体的出发点不同、目的不同、理念价值观不同，会导致各利益相关者的利益存在很大差异甚至相互冲突。实现利益相关者的共同治理，就要通过建立畅通的沟通平台，鼓励利益相关者充分表达与协商，在求同存异的基础上提炼利益相关者的共同利益。

再次，要以实现共同利益最大化为目标。利益相关者共同治理的核心是治理权力的分配，但要做到分散与集中相统一，分而不乱，分而不散。在治理权的分配与制衡中，当某一部分利益相关者的利益与民办高校整体利益发生背离、冲突时，要以实现共同利益最大化为准绳，平衡各方的利益与诉求，提高共同治理的有效性。

最后，要注重学校各利益主体的全员参与，集体领导，发挥各方优势。不管是学校的董事会，还是学校内部各种组织机构的运作，都充分地体现民主协商治理的理念。董事会的决议要在各利益相关者多方参与、多方认同的基础上确立，要满足民办高校内外部利益相关者的诉求，同时也能更好地吸纳为学校更

---

① 参见《马克思恩格斯全集》第1卷，人民出版社1956年版，第82页。

进一步发展提供助力的利益相关者参与民办高校治理，保证决策的科学性和合理性。它不仅需要民办高校举办者树立利益相关者共同治理的理念，还需要通过建立监事会、学术委员会、教职工代表大会和学生代表大会等多边治理的内部治理结构来保障。

三、建立以学术委员会为最高学术决策机构的学术权力运作模式

大学的基本功能是教学和科研，教学是培养人才的基本手段，科研是促进人才培养和科技进步的摇篮。教学、科研、人才培养都以学术为前提。学术实力的强弱是衡量大学综合实力的重要指标。学术权力是大学功能内在逻辑的外在体现，是学校发展的基本要求。教授是学术拥有者的代表，教授的学术水平和治学能力是学校长远发展的根基。因此，在民办高校建立以学术委员会为最高学术决策机构的学术权力运作模式是民办高校内部治理现代化的基本要求，是民办高校综合实力提升的基本保障。

(一)厘清行政权力与学术权力的关系

现代大学内部管理体系中，行政权力与学术权力是高校最基本的两大权力，行政权力与学术权力是两条平衡、并行的权力线，它们之间是相辅相成的关系：学术权力是核心，行政权力是学术权力行使的保障。行政管理系列的领导不能统揽学术大权。近几年，随着“去行政化”理念在高校的推行，学术权力的重要地位逐步得到重视。但由于我国民办高校出资者和举办者学术性不够强，仍然存在“行政权力膨胀、学术权力弱化”的现象。专业设置、教学评价、职称晋升、学位授予等学术事务都集中于校长、院长、职能处室、教务人员等行政管理岗位，大多数教授、副教授没有真正的话语权，只是被动接受。根据对山东省民办高校内部治理现状的调查，目前大多数民办高校中，学术委员会的主任由院长担任，副主任由分管教学或科研的副院长担任，院长和副院长集行政权力与学术权力于一身，加大了学术舞弊的可能性，弱化了学术专家的管理权力，造成的结果是学术较突出的人员都通过各种渠道尽力晋升行政领导职位。这与民办高校的发展要求极不适应。事实上，学术成就突出的人不一定适合担任高层管理职务，高层管理人员不一定学术造诣高。学校是以教学为中心的，教学质量是学校的生命线，因此，在民办高校强化学术权力的重要地位尤为必要。这需要董事会、校长、各级行政领导转化观念，从根本上去除“官本位”思想，重视并落实学术权力，不要过多干预学术权力的行使，培育教授独立行使学术权力

的氛围，为学术权力的有效运行保驾护航。只有落实学术专家的学术管理权，真正做到学术权力与行政权力的分离，才能使学术专家潜心学术钻研，提高学术管理的能动性和积极性，营造良好的学术氛围，提高民办高校整体的学术水平。

（二）明确学术权力行使领域

明确学术权力的领域是学术权力行使的前提。明确学术权力的领域是指界定学术组织制订计划、开展工作的范围。学术权力是学校学术活动开展应具备的权力，是学校基本功能的内在要求。因此，学术权力行使的领域应紧密围绕学校的基本功能和学术活动来设置。就民办高校而言，学术权力行使领域主要包括专业设置权、人才培养方案制定和修改权、学位授予权、教材制定和选择权、教学规程及教学文件制定权、教学和科研评价权、教学人员聘用考核权、职称评定权，以上权力属于直接的学术权力，学术委员会等学术机构应在不违背国家教育方针政策的指引和学校办学理念的前提下具有最高学术决策权，而不是建议咨询权。

（三）构建学术权力运行组织

学术权力运行组织是学术权力运行的载体，是学术权力行使的主体，对学术权力的运行起着组织保障作用。学术权力运行组织应由拥有较高学术权力的代表组成，教授通常在所在领域具有较高的学术造诣，由教授组成的学术委员会是学术权力组织的核心。学术委员会是由教授和教师代表组成的学术审议和学术决策机构，按照决策的有效性原则和满意原则，委员会成员人数不能过多，因为人数过多难以形成统一的意见，增加沟通协调的成本，容易陷入“议而不决”的低效率局面。学术委员会的成员数量应视民办高校教师规模、拥有教授和副教授职称的人数而定，如果全校拥有教授、副教授职称的人数较少，比例较低，学术委员会应由全体教授、副教授组成；如果教授、副教授人数较多，所有拥有教授、副教授职称的教职工都可以成为候选人，由全体教师进行投票选举产生学术委员会成员，因为学术权力不是靠行政授予和任命，而是依赖于“影响力”树立的权威。影响力离不开被影响者的认同和追随。由全体教师选举产生的教授参与学术委员会能增加学术委员会在行使学术权力中的认同度和影响力。

如前面所述，学术权力涉及学校的专业设置、人才培养方案制定和修改、学位授予、教材制定和选择、教学规程及教学文件制定、教学和科研评价、教学人员聘用考核、职称评定等多个领域和环节。学术委员会成员数量有限，不可能对各学术环节都有效行使权力，因此需要根据民办高校教育教学需要，设立专门委员会。专门委员会通常包括教学委员会、学位委员会、科研委员会、考核评价委员会。专门委员会成员由学术委员会任命，专门委员会的运行受学术委员会的领导。

"教授治学"是民办高校自主办学的本质要求，也是民办高校功能的实现途径。学校的核心功能是培养人才，教育教学活动的开展是培养人才的基本途径，教书育人是教师的天职。教授是拥有较高学术水平和教学能力的教师代表，在教育教学和科学研究方面最有发言权。学术组织体系是教授治学的组织载体，完善学术组织体系为教授治学提供了基本的组织保障。

（四）强化学术委员会民主建设

要加强学术委员会民主制度的建设，提高教授治学的动力，增强全体教师做好教育教学和科研工作的积极性。目前，民办高校学术权力运行中普遍存在的问题是权力运行层存在"倒三角形结构"，校级学术委员会学术权力较大，参与治学积极性较高，而院系级基层学术委员会学术权力很小，没有发挥教授治学的作用。学术权力的行使效果是自下而上的，强化学术委员会民主制度，应该使学术权力下移，扩大院系教授参与学术决策的权力。

（五）完善学术委员会规章制度

《高等教育法》和《民促法》(2017)等法律都没有对学术委员会做明确规定，学术委员会的权力运行需要依靠学校章程和学术委员会章程来保障和规范。章程要对学术委员会的产生、职责和权力、议事规则、会议的组织等做出明确规定，使学术委员会学术权力的行使有法可依、有章可循。在此框架下，学术委员会制定相应的成员任期与考核、会议召开、决策落实等具体的规章制度。同时，加大对学术委员会的监督，杜绝"权力寻租"的现象发生，树立学术为本、治学为上的学术氛围，将那些以名利为重、滥用职权的人员逐出学术委员会队伍。

四、落实院系办学自主权

随着民办高校招生规模的扩大，二级学院（系）的日常管理工作范围也越来越大，工作内容越来越复杂化。为了提高管理效率，越来越需要在教学与科研、教师聘任与管理、学生管理与评价、招生与就业等方面拥有一定的自主权。但是,目前山东省不少民办高校或多或少还有"家族制"管理的色彩,受传统观念的束缚,他们很难做到将决策权真正下移,导致二级学院(系)基本上没有自主权,只是被动地完成学校布置的任务,不利于调动二级学院的积极性和创新性,不利于内部治理结构的优化。因此,民办高校必须进一步转变观念,将院系的办学自主权落到实处。

(一)落实办学自主权应遵循的原则

院系办学自主权的落实需要遵循如下原则:

一是坚持分级管理原则。要切实加强分级管理,形成职责明确、权限清晰的层级管理体系;实现权力两级运作,围绕学校办学总体目标形成有机整体;推动重心下移,提高管理效能,着力提高工作执行力和落实力。

二是坚持权责一致原则。要明晰学校、职能部门、学院的职权划分,实现责权利相统一;强化职能部门按照职责履行服务、协调、监督、评估等职能;强化学院办学主体地位,依照学校章程等规章制度赋予相应的办学和管理自主权;明确学院在学校总体发展中的目标定位,以此为导向配置相应的职权和资源。

三是坚持放管结合原则。要把能够下放到二级学院的职权分批下放,边实施、边总结、边完善;在学校管理重心下移、扩大学院自主权的同时,完善各类监督和考核体系;学校重点管好宏观,会同职能部门对学院的工作进行监督、检查和评估,充分激发二级学院的办学活力和创造力。

(二)明确学院办学自主权的权利范围

一是院系财务管理自主权。应以目标为导向,根据不同学科的特点和学院管理运行实际,采取分项测算、总额下达的办法核定学院办学经费,学院自主安排经费使用计划。学校实行大类管理,并根据《专项及包干经费绩效考核管理办法》对经费使用效果进行评价。调整学校财务管理、科研管理、平台基地管理、创收和捐赠收入管理等政策,增强学院的自主管理能力。自觉接受上级和学校有关部门的监督审计,将奖励性绩效工资、教学工作量津贴、业绩津贴、教学质量奖等经费核拨到学院,由学院根据年度考核结果进行分配。

二是院系人事管理自主权。应进一步扩大学院引进及招聘人员、教师培养培训、岗位聘任的自主权。学校可根据校内基本政策及校院两级人力资源规划,将各类岗位及相关资源整体配置给学院。学院根据发展规划和学科建设需要拟定人才引进和招聘计划，经学校核准后，自主组织引进和招聘教师，报学校备案，统一办理进入手续。学院在人力资源规划框架内，根据学校聘任条件，自主开展教学科研人员的聘用，这是高校现行的学院制方案的基本思路。[①]

三是院系对教学、科研和其他事务的管理自主权。学院根据学校事业发展规划，结合自身实际，制定学院事业发展规划并组织实施，组织落实学院任期目标和年度目标任务，接受学校的目标考核和评估。应强化学院的教学管理职责，学院负责本院教学工作的组织实施与管理，在学校的指导下完善培养方案、专业及学位标准，自主加强课程、教材、实习基地建设。学院加强科研项目和经费管理，细化管理办法，自主按照项目任务书或经费预算进行审核。学院制定和组织实施本学院学科建设发展规划，统筹协调本学院学科资源分配。

（三）学院办学自主权落实措施

学院的自主权是在国情、区情和校情的基础上，从实际出发，对政、校、学院权力关系进行的配置，一般来说有以下方面：

一是进行自主的教育和教学改革。这个层次的自主权比较容易获得，因为改进教育教学质量是包括学校在内的所有群体的共同利益要求，教育行政部门也希望在此领域内学校有所创新。

二是落实学院内部管理制度的创新自主权，包括人事管理制度、分配制度、内部机构和职位设置等，直到改革的独立决策权。这些制度虽在学校内部运作，但它们与行政部门所敏感的政策紧密相关，而且多与政府部门的资源供给有关，所以在这些方面行使学校办学自主权的难度较大，需要从外部创造更为宽松的宏观环境。

三是有条件地部分变更公立学校办学主体，实施以赋予学校承办权为中心的全方位自主办学。这种自主办学形式涉及除学校财产权和教育大政方针以外的诸多办学政策，更多地赋予学校以独立的法人的性质，成为介于公立学校和私立民办学校之间的一种办学类型，称为“国有民办”或“公办民助”学校，这种自主办学形式更具有深刻性。

五、建立监事会

内部治理的核心是权力的配置与制约，自主管理不等于自由管理。为了防

---

① 参见杨义芬、杨淑萍、李海曼：《基于普通高校学院制改革的开放大学学院制改革研究——以云南开放大学为例》，《云南开放大学学报》2017 年第 1 期。

止董事会独揽大权，有效遏制“内部人控制”，除了董事会和股东大会之外，还应该依法设立监事会。监事会制度是民办高校内部治理结构中不可或缺的重要组成部分，是民办高校各利益相关者权力制衡的组织保障。民办高校应当确保监事会独立履行监督职能，规范监事会的运行，为监事会的运行提供保障，不断提高内部治理水平，走上科学发展的轨道。

监管是一种手段，更是一种保障。山东省民办高校的监督机制只有依法进行，才能顺利推行。监事会作为对利益相关者会议负责的监督机构，应致力于监督民办高校的运行和董事会的常设工作。监事会的主要职责是依据国家有关规定和学校章程对民办高校的办学行为进行监督，并向董事会提出建议，范围涉及教育、财务、人事等重大事项。监事会要加强动态监督，多管齐下，为民办高校的内部治理把脉、问诊、体检、护航，促进学校规避风险、平稳运行。

监事会的成员应考虑从三个方面产生：一是教育行政机关指派的代表，如现行的督导专员，二是学校的教职工代表，三是学生或家长代表以及捐资者等社会人士。为了使监事会独立行使监督职能，监事会成员与董事会、校务委员会之间不能有利益关系存在，理事会、董事会或者其他形式决策机构的成员及其近亲属不得兼任、担任监督机构成员或者监事。值得注意的是，监事会成员之一必须具备会计师资格，才能保证对民办高校财务运行的有效监督。

监事会的监督活动具有完全独立性，并且它监督的是学校的一切活动，以董事会和校长为监督对象。为了完成其监督职能，监督机构负责人或者监事会成员应当列席学校董事会、股东大会等决策机构会议，以便了解决策情况。

六、健全以教代会和学代会为核心的民主管理和民主监督的机制

教职工代表大会（简称“教代会”）和学生代表大会（简称“学代会”）是教职工和学生实施民主监督的主要渠道，是民办高校实施民主管理的基本形式。

教代会代表以教师为主体，通常教师代表比例不低于60%，教代会的职权包括：听取和审议院长工作报告，讨论学院年度工作计划、发展规划、改革方案、教职工队伍建设等重大问题[①]。教师代表对教师的人事管理、绩效考评、工资福利、教学安排等影响教师工作和利益的问题具有知情权、管理权和监督权，以实现自主管理、自我发展的良性循环。

学代会以学生为代表，由于学生数量庞大，学代会的学生代表要具有广泛

① 参见赵奇：《构建民办高校“四位一体”法人治理结构的探索》，《中国高等教育》2011年第5/6期。

的代表性，不能只选学生会或班委担任学生代表，要吸纳足够数量的来自各地区、各民族、各专业的学生进入学代会，不能把成绩不理想的学生排除在学代会之外。只要是积极上进、有能力、有意愿代表学生来参与民主管理和民主监督的学生，都有资格入选为学代会成员。

教代会和学代会成员要通过讨论会、民主生活会、社交软件等多种形式和渠道，广泛征求其他教师、学生的意见，倾听他们的心声，整理并形成提案呈报学校。学校要充分重视教代会和学代会的作用，落实学生的主体地位，调动教师的主人翁意识，对每一项议案都要充分重视、逐条讨论，形成意见并逐一落实。要畅通信息反馈渠道，及时将反馈信息传达给教代会和学代会。

多渠道、多形式实行校务公开为教代会、学代会的民主监督提供了信息支撑。对涉及教职工和学生切身利益的规章制度、奖惩办法、师资队伍建设、民主评议结果、评优评先等事项，应向教职工、学生及学生家长公开。公开的形式可以是教职工会议、学生代表大会、家长大会等各类会议、公告栏、意见箱、来信来访等。校务公开要根据公开的内容确定公开时间和频率，做到制度化、常态化。

第二节　完善学校内部行政管理制度

一、理顺内部行政关系

完善学校内部各项行政管理制度，首先要理顺内部行政关系。根据学校章程、董事会章程、学校组织结构及岗位说明书规定的工作职责和权限、工作流程，厘清学校内部各级、各层次的行政关系。

学校内部管理应有两条平衡并行的管理线，即行政管理和学术管理，行政管理是学校各个科层组织处理行政事务、明确行政关系的管理职能，具有从上至下的层级性特征；学术管理是各种形式的学术组织对专业设置、教学与科研、学业评价、学位授予等与学术相关的活动进行决策、计划、组织和领导的管理职能。专业管理是学术管理中最为重要的管理内容，也是与教科研密切相关的学校基础教学单位的职能。实现民办高校内涵发展的关键在于学术水平和专业建设，这两项指标是一所学校的核心内部事务，也是二级院（系）的主要权力和职能。所以，从本质上看，行政管理必须围绕学术管理开展，以专业管理为中心。但另一方面，学术管理、专业管理虽然更专业化也更具针对性，却缺乏全面把控与协调整合的能力，需要行政管理的补位。

民办高校要理顺内部行政关系，首先要梳理和优化工作流程，重新设计组织结构图和岗位说明书，明确职权关系。适应信息化、智能化的普及和发展，行政管理去掉多余的、不利于提升行政管理效率的工作环节，找准关键工作环节，合并、重组日常工作环节，实现行政管理工作流程的再造。在此基础上，重新设计岗位说明书和组织结构图。岗位说明书要明确各岗位所属部门、上下级关系、工作职责、工作流程、工作中要遵循的相关规章制度。组织结构图要体现组织整体的岗位、部门关系，既包括纵向的层级关系，也包括横向的协作关系。组织结构跟随战略走，民办高校应根据其战略实施的需要，结合所处的发展阶段，以提高行政管理效率为宗旨，选择合适的组织结构形式。

其次，要分析行政运行与监管、内部服务与外包的关系，实现“两个分离”。

第一个分离是教学运行与教学监管的分离。教学文件的执行、教学活动的组织与实施要与监督检查分开，不能由同一批领导班子担任。然而，通过对山东省民办高校内部治理现状的调查，目前绝大多数学校的教学运行与教学监管都是由二级学院院长、副院长担任。教学检查领导小组组长往往由二级学院院长担任，副组长由二级学院副院长担任，教务办公室其他职员和教研室主任担任教学检查小组成员。负责教学运行组织与实施的人与监管的人合二为一，这种“既当裁判又当运动员”的管理体制很难发现教学管理和运行中存在的问题，不利于改进教学活动，提升教学质量。

第二个分离是后勤服务与行政管理的分离。民办高校的食堂、校园绿化、卫生保洁、安保等后勤工作可以借鉴企业管理中服务外包的模式，通过招标的方式，与优秀的餐饮公司签订合作协议；把绿化、保洁、安全事务外包给物业公司。学校负责后勤的行政管理人员只需要选择优秀的服务提供商，拟定合作协议，监督协议的履行情况，提出改进建议和措施。具体的后勤事务由最擅长的专业公司去做，既提高了后勤服务的质量，又使行政领导班子能够从繁杂的日常事务中解脱出来，轻松上阵，集中精力提高内部行政管理的效率。

最后，要加强各职能部门间的合作。民办高校的办学灵活性和地方适应性给内部行政管理工作提出了更高的要求。民办高校的内部行政管理是一个由人事管理、财务管理、教学管理、科研管理、招生与就业管理等多个子系统组成的相互区别、相互独立又相互联系的开放、动态的系统。各个子系统是为了完成某项行政管理职能的需要而设置的，体现在组织结构中就是职能部门。管理的分工越来越细，管理越来越专业化，部门间合作在实现民办高校整体目标中发挥着至关重要的作用。

二、有效实施扁平化管理

扁平化管理是完善学校内部行政管理制度的一种有益尝试。具体而言，扁平化管理即“横向大部制，纵向扁平化”。大部制即大部门制，是民办高校改革行政管理体制，优化内部治理体系的一种结果。较之于科层制，大部制这一新型的组织结构形式更能适应复杂化和带有许多不确定性的外部环境，其主要优势在于：通过整合职能相近的部门为一体以应对外部日益多元化、复杂化的需求；通过部门整合、权力下移等多种方式减少行政部门数量，提高管理效能。因其横向性结构与扁平化管理特征，大部制内部架构协调度高，同时具备了机构调整的灵活性以及大框架的稳定性，能够以以不变应万变的姿态灵活应对外部环境的变化，其目标在于通过简政放权、精简机构、优化结构，降低行政管理成本，实现行政管理的高效能。

按照扁平化管理的改革思路，民办高校可以通过调整、精简行政教辅机构和教学单位，优化各职能部门的行政效能，合并业务功能相近、工作性质类似的机构，令其合署办公。同时，学校实行专业二级学院为核心的学院制，让人才培养和教育教学工作的责任、权力、重心向二级学院下移。在资源配置上，学校应以学术为主导，使行政规模变小，做大教学科研，但“小行政”不会成为“弱行政”，而要成为“强行政”，使学校各项管理力求“权责明确”“统一决策”“集中指导”和“服务为主”。

在实施扁平化管理改革过程中，简单地下放某些权力没有可行性，正确的做法应该是合理区分和确定扁平化的行政管理组织的权力和职能，以及各专业组织的权力与职责，这样不但保证了两者既具有相对独立性，又可以各司其职、各负其能，而且可以保证行政与学术两大权力在各自独立的同时，又可以相互制衡。

三、加强内部行政管理制度的落实

制度贵在实施，实施贵在坚持。制度的约束力是全面的，制度面前人人平等，没有特权，没有例外。不论制度如何科学，如何完善，得不到落实，制度也是形同虚设。全校要建立内部行政管理制度督导委员会，建立内部行政管理制度的监控机制。

制度的落实重在领导带头。校长、处长、院长等各级领导是学校内部行政管理制度的主要制定者和实施者。领导严格按制度办事，对全校各项制度的落实起到良好的示范和带头作用。只有领导严格按工作流程办事,以制度为准绳,才能要求教职工维护好、落实好制度,才能保证学校行政管理的有效推行。

制度的落实难在抓住关键。内部行政管理制度是对学校行政管理工作的规范和约束,是提高行政管理效率的基本保障。制度的实施需要全校领导和教职工共同推行,关系到各领域、各部门、各层级工作的开展。提高内部行政管理制度的实施效果,需要分析影响行政管理制度落实的关键点,从全面中把握关键,才能够起到事半功倍的效果。影响行政管理制度落实的因素有很多,关键环节主要有三个:一是抓好末端落实。领导的示范带头作用是顶层推行,实施的源头和关键还在末端、在基层,因为基层是各项行政管理工作具体的执行者。应将制度的推行进行层层分解,坚持自上而下、区分层次、突出重点,抓好末端落实的质量和效果。二是完善制度的问责机制。应对制度落实不到位的部门负责人予以问责,对不按制度办事、违背制度甚至破坏制度的人和事,根据影响程度的大小给予相应的处罚。三是做好对内部行政管理制度落实效果的跟踪检查,将行政管理制度的落实效果明确写进督导委员会的工作职责,定期对行政管理制度的落实情况进行检查,对落实效果进行评估,发现落实中存在的问题,及时予以改进和完善。

第三节　构建学术权力系统

学术权力是国内外高等教育研究领域中的一个重要概念,它是专家学者依据其学术水平和学术能力,对学术事务和学术活动施加影响和干预的力量。与行政权力相比,学术权力具有松散性、自主性和民主性的特征。学术权力的运用应以学术自由为前提和基础,要遵循学术管理的特点与规律,要有程序的约束和规制,使它沿着规范性和程序性的轨道运行,以避免学术权力行使过程中的绝对性、无序性和随意性。

一、学术权力系统的要素与文化

系统是由多个要素组成的,是为了实现组织目标的有机整体,具有目标性、层次性、动态性、开放性等特征。学术权力系统的要素包括来源要素、主体要素、对象要素、运行要素、保障要素五个方面。学术权力来源于学术权威,而不是行政任命,只有拥有较高的学术造诣,才会得到学术上的认可与敬仰,在学术上才有威望与权力。主体要素指行使学术权力的主体,教授/副教授是经过学术评价和学校评聘而获得的职称，教授/副教授学术水平的高低对学校的教学和科研质量起着关键性的作用，因此，民办高校学术权力的主体应是教授/副教授及优秀教师代表。对象要素指的是学术权力行使的客体与对象，主要包括人员、经费、信息等内容。运行要素指学术权力行使的方式与渠道，比如开展多种学术活动、评审会议、审核会议等。保障要素指学术权力赖以行使的组织保障，如学术委员会、教授委员会、职称委员会等组织。

从根本上讲，大学学术权力制度安排的最终确立仰赖于大学学术文化的培植和张扬。为有效建构中国大学学术权力制度体系，有必要充分利用改革开放以来社会文化生态朝开放、民主、多元、包容方向发展的契机，努力打造以人为本、尊崇权利、法治本位的宪政、法治与廉政文化，以矫正过于强势的行政文化与“官本位”意识，为大学文化在中国社会的扎根和壮大准备必要的文化条件。另外，须以大学为中心，由内而外地加强对大学中人、社会公众和政府部门的大学启蒙教育，使其理解和接受现代大学的理念、思想、制度和文化，认同和支持大学学术权力的制度安排。

二、学术权力系统的运行

基于对学术权力的表现及形成路径的剖析，可以看出知识精英对学术权力的垄断主要存在两种特性：一是某些其实还没有进入学术状态的或早已过时的“学者们”欲通过知识与权力的交换占领学术制高点，进而形成学阀、学霸乃至学术寡头；二是各类行政官员或权力“变种”的学术官员通过“合规合法”的途径获取学术支配权，以谋求更多的学术资源。

学术权力系统主要负责系统内经费分配和人员使用等，由教授和学术助理组成，按成员的数量可以细分为两种具体的机构：研究班和研究所。研究班由一位教授和几位学术助理组成，研究所则由10～20位教授和百余名学术助理组成。学术权力系统按其管理方式的不同分成集体制、任期制和集体兼任期制三种。集体制即集体领导制，由若干位教授组成领导班子共同行使权力；任期制是一位教授行使领导权力，由系统内成员选取产生，规定任期，任期结束后重新推选；集体兼任期制则是由集体制与任期制的组合，由若干位教授组成领导班子，每位教授轮流执掌领导权力。

第十章

山东省民办高校内部治理政策优化建议

民办高校内部治理的优化离不开相应的配套政策，科学的政策体系能为内部治理的优化提供保障和支持。山东省民办高校内部治理的政策优化应着眼于完善政策法规，落实法人财产权，明确利益相关者的权力和责任，构建权力制衡机制，解决民办高校办学和管理的自主权问题。

第一节　完善政策法规，落实法人财产权

民办高校的产权是指各级各类民办高校在筹资办学过程中各办学主体（举办者、办学者、教育行政部门、教师、学生或家长）关于教育财产的归属、占有、支配、使用等权利的界定、保护、分解及重组所形成的产权关系及其运行机制。当前，民办高校内部治理优化的首要任务是建立健全现代大学制度，优化办学体制。办学体制优化的重点是建立激励性的财产权制度，即明晰产权归属，保障法人财产权的落实，规范营利收益，保护办学者的利益，借助政府营造自由开放的民办高校法人财产权氛围。

一、明晰民办高校产权归属

民办高校的产权本身所具有的公益性与营利性的双重属性，使得明晰民办高校的产权归属意义重大。只有建立明确的产权制度，明晰民办高校的产权归属，才能进一步理顺民办高校不同产权主体之间的经济关系与法律关系，协调平衡教育的公益性与资本逐利性之间的博弈，保证民办高校的健康长远发展。

明晰民办高校的产权是指实现民办高校各产权主体在责、权、利方面的有机统一，这种有机统一反映在办学管理中，将促使产权主体积极从学校长期利益出发，规划学校的发展。明晰产权是构建民办高等教育内部治理结构的重要途径。按照《教育法》《高等教育法》以及《民办教育促进法》的相关规定，明晰产权要坚持四项基本原则：应坚持社会主义办学方向和教育的客观发展规律；坚持教育的公益特性、学术特性和准公共产品的特征及提供者属性；坚持私有财产的不可侵犯性；坚持对民办高等院校进行分类管理，即由出资人创办学校时明确学校是非营利性的还是营利性的，非盈利性学校有权选择是否要求合理回报。综上所述，民办高等院校出资人的收益权是保障其取得合理回报的关键因素，而所有权的存在是收益权的前提保证和基础条件。

民办高校的财产所有权归属问题需要在学校创办审核时就清晰、明确地定位，这关系到民办高校资金的正常运转、对外责任主体的确定及学校运行时各种利益纠纷的解决等。民办高校的资金筹集渠道较多，且一般不是一次性的投资，经营期限较长，这样在学校存续期内其增值部分将关系到民办高校财产所有权的问题。对资金进行明确的界定以及详细地划分职权责任可保证投资者的合法权益。明晰产权归属能够对各种不可预期因素进行权利与责任的合理分配，有效地维护民办高校法人的财产权。明晰民办高校产权归属必须抓好以下三个方面：

一是要明晰产权主体，这是产权明晰的基本前提。举办者投入民办高校的资产归举办者所有；国有资产投入部分属于国家所有；受赠的资产和增值部分归学校所有。

二是要做到对产权的合理分割与重组，这是产权动态性的基本要求。民办高校的出资者主要是自然人、社会团体、企业等非政府个体或组织，根据资源配置的要求和市场的调节，民办高校财产的所有权、占有权、使用权、支配权、收益权等既要保持相对稳定，也要实时动态调整，实现教育资源的优化配置。为确保学校的稳定发展，学校存续期间的所有资产归学校支配和使用，政府依法加强监管、控制办学资金流向，个人不能随意处置。投资者可以根据其投资额享受一定比例的回报，回报收归己有的，按章纳税；回报重新投入学校的，累计为其资产，并按投资公益事业减免税收。

三是确保产权的完整性。在产权分割和重组过程中，要确保各产权要素内部不因分割和重组失去完整性，各产权要素在分割和重组后仍能独立发挥应有的作用。学校停办时，在清偿债务后，应以剩余资产为限归还举办者的投入。

在此基础上，要建立合理的退出机制，即在尽可能不影响学校正常秩序的前提下，民办学校的举办者对举办权、所有权拥有合法转移、出让、变更和买卖的权利。

二、保障民办高校法人财产权的落实

民办高校法人财产权的概念源于现代企业管理中所有权与经营权相分离的思想，这种财产权实际上是法人所享有的以经营权为核心的全部财产权的总称。[①] 落实民办高校的法人财产权，就是要通过投资者所有权与民办高校经营权的分离，为民办高校运营所需要的财产物资提供必要的保障，是民办高校持续健康发展的物质前提。《民办教育促进法》和其他相关法律都对民办高校法人财产权的落实进行了规定，民办高校在存续期间，任何个人和组织都不能侵占、转移民办高校的财产，非营利性民办高校办学取得的收益只能用于民办高校的发展而不能挪作他用，投资者不能分享收益和回报。

保障民办高校法人财产权的落实，首先要深化理论研究，加强对民办高校法人财产权的本土化认同。相对于美国、英国等西方发达国家而言，我国民办高校起步较晚，民办高校法人财产权的理论研究还不够深入，实践还比较匮乏。民办高校的所有权与经营权没有实现分离，投资者或举办者直接管理学校，这既不利于民办高校法人财产权的落实，又限制了民办高校的办学质量和效益提升。教育提供的产品属于准公共产品，具有社会性、公益性特点，教育有其自身的内在属性和发展规律，不能照搬企业法人财产权的理念和政策来管理民办高校法人财产。要从教育学的角度，结合目前我国教育产权面临的问题，深入开展对民办高校法人财产权的理论研究。美国、英国等西方发达国家民办高校中捐资办学所占比例较大，而目前山东省乃至全国的民办高校大多由投资者出资举办，财产来源不同，法人财产权的归属、剩余财产的分配就会有很大差别。要立足于地方实际，加强法人财产权的本土化研究，提高政策的合理性和可行性。

其次，要完善政策法规，简化过户流程，降低过户成本，提高民办高校举办者完成资产过户的积极性。通过政策宣传，使举办者意识到落实法人财产权，实现所有权与经营权分离对民办高校发展的重大意义，财产不会因过户到民办高校法人下而丧失或减少。

最后，要扩大融资渠道，吸引更多的社会资本进入民办高校，扩大民办高校

---

① 参见莫姣姣:《陕西民办高校落实法人财产权的问题与对策》,《法制博览》2016 年第 4 期。

法人财产的来源。根据调查统计，山东省民办高校资产来源大部分为举办者个人出资，受举办者资产数量和规模的限制，民办高校普遍存在资金不足、法人财产规模小、办学经费紧张的现象，在很大程度上影响了民办高校办学质量的提升。山东省要根据2018年5月山东省政府发布的《鼓励社会力量兴办教育、促进民办教育健康发展》的文件精神，探索适合民办教育融资的金融产品，鼓励社会捐赠办学，扩大民办高校的法人财产。

三、规范民办高校的营利收益

《民办教育促进法》规定："非营利性民办学校的举办者不得取得办学收益，学校的办学结余全部用于办学。营利性民办学校的举办者可以取得办学收益，学校的办学结余依照公司法等有关法律、行政法规的规定处理。"[①]这项条款明确规定了营利性民办学校可以在办学的结余中取得合理回报。同时，在高等教育发展过程中，由于教育资源分配不均衡，国家资金投入不及时等原因，民办高校为了满足社会高等教育发展的需要，可引入市场机制(即在教育筹资过程中引入民间资本)以促进民办教育的发展，推动教育结构多元化共生的局面。民间投资的目的非常明确，就是要在教育投资中获得回报，而不是单纯地以发展教育事业为伟业。现实运作中，民办高校是面向社会的教育，本身不具备营利特性。由此可见，法律制度的安排与现实中的实践是相互脱节的，这就导致了投资方在民间教育投资中往往采取较为隐蔽的方式来获利。通过规范民办高校的营利收益，可以实现教育公益与私立的共生，帮助民办高校获取更多、更宽的融资渠道。对民办教育投资利益的承认也是对民办高校的一种认可，能够推动高校教育的进一步发展，进而能够惠及社会及受教育者的利益。

四、通过优惠政策来保护办学者的利益

相对于本身就有政府扶持和维护的公办大学而言，民办高校更需要政府扶持及法律保护。民办高校的办学性质、办学方向、产权的界定等都深受各类政策法规的影响，尤其是民办高校法人财产权的落实，必须要由政策法规明确地规定才能更具合理性与合法性。在使其产权明确的基础上对民办高校的各方权利进行规定和保护，实现民办高校的可持续发展。

要落实民办高校的法人财产权，必须以维护办学者的合法权益为出发点。

---

① 参见《中华人民共和国民办教育促进法》第十九条。

通过优惠政策来保护办学者的利益，最直接的措施是简化过户的程序，统一政策，简化流程，降低过户的税费等，或者通过政策补贴的形式返还给办学者，保障办学者不会因为资产过户承担过多压力或遭受太大的损失。教育事业不同于一般企业，它不是以追求利润的最大化为目标的一种组织，所以在税费方面不能与企业相提并论，高额的税收不但不利于促进民办教育的发展，反倒会起抑制作用。同时，还要对办学者合理回报的收益加以保护。办学者将资产过户至民办高校，使学校有充足的资金运作，那么举办者应该对资产增值的利益有部分索取的权利。在市场经济条件下，教育除了要遵循自身的办学规律之外，还要服从市场运作规律。应对出资人的投资行为及其增值部分提供有效的法律保障，来维护投资办学者的合法利益，以此鼓励办学者将资产划拨至学校名下。我们必须认识到，民办高校是自负盈亏的组织，资产增值是其发展的需要，而非都是以营利为目的。对收益的合理分配应看成是对办学者投资成本的补偿与激励。

五、借助政府营造自由开放的民办高校法人财产权氛围

民办高校在没有国家财政上的支持和稳定的资金渠道的情况下，依靠自己的力量筹集资金投入教育事业。这种情况下，单纯依靠社会力量会给民办高校的教育发展带来不利的影响，故需政府介入，利用宏观经济政策调控实现对民办高校的支持，如利用税收杠杆调节对教育投资者的税收征收，减免教育投资者（团体或个人）的税收，鼓励社会各类主体参与民办高校的资金筹集；制定相对宽松的教育政策，延伸发展教育产业的各类产品和产业链条，拓宽教育发展的资金收入来源，为民办高校的进一步发展奠定经济基础。

第二节　明确利益相关者的权力和责任

利益相关者指的是利益在某个层面、某种程度上具有相互关联性的个体组成的集合。民办高校的利益相关者既包括其利益受民办高校办学行为影响的政府、社团、学生、家长、教师，也包括影响民办高校办学前景和办学效益的举办者、捐赠者、董事会、以校长为代表的内部管理人员等。这些利益相关者对民办高校有着不同的利益诉求，民办高校要充分调动、激发各利益相关者的主动性与积极性，在更大程度上平衡民办高校公益性与营利性的双重身份，进而促进

民办高校的可持续发展。然而，鉴于利益相关者范围广泛、成分复杂以及性质各异的特征，各利益相关者的关系和治理地位都应予以明确，并得到尊重和落实。

一、建立和完善现代大学章程，规范利益相关者权利和责任

大学章程是民办高校内部规制治理权力、协调成员权利的最高纲领，责权关系是民办高校章程的核心要素之一。通过现代大学章程的制定与完善，界定学校与举办者以及学校内部各利益主体的权力和义务，明确师生的基本权利及保障办法，厘清学校的政治权力、行政权力、学术权力、民主权力四大权力边界。

大学章程在制定过程中，要扩大制定主体。利益相关者都应该成为制定主体或者是选派代表参与大学章程的制定。要充分听取各利益相关者的意见，对于涉及学生、社区切身利益的条款，要采取听证会的形式，让意见得以充分表达，合理诉求得以宣示。章程的制定要体现公平、自由和秩序。公平是正义的体现，指所有利益相关者的权益都应该得到平等对待，而不能忽视任何一方；自由指的是利益要自由地伸张，自主地表达，而不能受其他主体的暗示甚至操控；秩序要求民办高校章程的规范体系严谨化、程序化，良好的秩序是民办高校章程得以实施的基本前提。

章程的内容要权责对等。由于民办高校章程通常是在学校正式成立之前，由学校筹备委员会制定出来的。筹备委员会是学校举办者、董事会、校长等高层管理者的代表，因此，章程内容往往是有利于投资者和高层管理者的，用来扩大他们的权力范围，但对他们的责任规定比较含糊。教师、学生的权力常常受到忽视，社区权力、义务的维度与广域不够明确。权力和责任的不对称会使章程的实施大打折扣。

二、以构建体制机制为依托，保障师生的合法权益

民办高校的核心功能是培养社会所需要的人才，而人才的培养离不开教师，因此，教师和学生是民办高校最重要、最核心的利益相关者，保障师生的合法权益是优化民办高校内部治理的重要环节。民办高校应始终坚持以学生为中心、教师为主导的办学理念，以构建体制机制为依托，保障师生的合法权益。

由于绝大多数民办高校的教师没有事业编制，教师的合法权益，特别是社会保障、公平发展方面的权益得不到充分保障，严重影响了教师致力于民办教育事业的积极性。根据《民办教育促进法》《教师法》等相关法律的要求，教师除

了享有法律规定的权力外，还应该享有合理使用学校公共资源、公平获得发展机会和奖励、获得公正评价、知悉重大事项、参与民主管理、申请救济等权利。

此外，作为重要的利益相关者，学生享有合理使用教育教学资源、组织参加社团活动、获得公正评价、获得学历学位证书、获得奖助学金、申请和诉讼等权利。为了落实师生的这些合法权利，防止权力遭到侵害，学校应该制定申诉处理规定，健全师生员工正当权益受到侵害时的校内救济制度，为师生维权开辟合法渠道。

三、促进学校信息公开，强化利益相关者监督权

公开学校信息，实现透明问责，为利益相关者的监督提供有效渠道，是增强对利益相关者监督力的最有效方式。民办教育主管部门应借鉴美国对非营利组织信息公开的经验，加强对民办高校信息公开的规定，具体来说有以下几点：

一是明确信息公开的内容。信息公开是为了让民办高校利益相关者知晓学校的方针、政策，强化监督职能，更好地为学校的发展出谋划策，从而更好地维护各方利益，实现共同治理。因此，除了涉及国家机密和民办高校商业秘密、个人隐私的信息以外，学校的基本信息、学校章程及基本规章制度、发展规划、专业课程设置、财务信息等都属于需要公开的内容。

二是畅通信息公开的渠道。信息公开的渠道以方便、快捷为总体原则和要求。针对不同的信息内容和不同的利益相关者，应采用不用的渠道，实现多样化渠道并存。学校的办公场所、图书馆、内部刊物、校园广播、校园网站都是信息公开的常见渠道。此外，要充分运用 QQ、微信等网络渠道，实现信息的实时公开。校园网站或学校内部办公平台要开辟信息公开专栏，设置有效链接，及时更新信息，并开设意见箱，收集并及时处理对学校信息公开工作的意见和建议。

三是明确信息公开的范围。民办高校的信息公开并不是对所有利益相关者公开所有信息，要根据利益相关者的权力和责任，以满足利益相关者行使权力和履行义务所需信息的要求为限，同时要做好信息保密工作，明确泄漏学校机密所应承担的责任。

四是确保所公开的信息的真实性和及时性。拟公开的信息应经过审核，确保信息的真实性和完整性，发现不利于校园和社会稳定的虚假信息或者不完整信息的，应当在其职责范围内及时发布准确信息予以澄清。信息发生变更的要及时更新，法律法规规定了公开期限的要严格按照规定时限公开，不得拖延；法律法规没有明确规定公开时限的，学校要在信息公开制度中明确时限。

第三节　构建权力制衡机制

民办高校优化办学体制是学校的责任，正确处理好学校与社会各界的关系，是学校稳固、健全、可持续发展的必要条件，包括学校与政府之间、学校与企业之间以及学校与市场和社会中介组织的外部关系，同时，更重要的是要处理好学校内部关系。处理这些内外部关系的核心问题就是权力的界定、行使与制衡。权力制衡是指在权力行使过程中，组织内部和外部存在着与权力主体相抗衡的监督与制约力量，确保权力运行的规范、有序、廉洁、高效。

民办高校举办者、教师、学生、社会等利益相关者各方的合法权益都应该予以保障，权力的正确行使是合法权益得以保障的前提条件。一方权力的行使又会给其他方权力的行使带来影响，各利益主体的权力相互制约、相互牵制，形成一个有机的权力系统。

民办高校权力制衡的形式有多种，主要体现在横向制衡格局、纵向制衡机制、外部制约效力等方面。需要从学校内部和外部，横向和纵向各个层面界定各方的权力边界，形成以权制权的相互制衡机制。

一、完善法人治理结构，构建三权分立的横向制衡格局

民办高校董（理）事会、校长团队和监督机构是学校重大事项决策权、日常行政管理权、监督权的实施主体，形成了董事会决策、管理层管理、监督部门监督的内部横向制衡体系。因此，民办高校必须完善法人治理结构，以权力制约权力，形成三权分立的横向制衡机制。

（一）完善法人治理结构

首先要厘清举办者与管理者的权力，形成所有权与管理权的制衡机制。举办者是民办高校的创始人，为学校的成立与发展投入了大量资源与精力，按照投入与产出效应，理应得到合理回报。但民办高校又不能完全按经济学的投入产出原理去运作，民办高校虽然出资者是个人或非国有单位，但从本质上讲，它还是以培养社会所需要的合格人才为己任，具有明确的公益属性。不论营利性还是非营利性民办高校，都应把公益性放在首要位置，而不是利润最大化。在一定程度上，举办者是民办高校所有者，以校长为代表的管理团队是民办高校

的管理者，所有权与经营管理权的分离是民办高校法人治理结构的发展趋势。维护好举办者的所有权和合理报酬权，为民办高校的持续发展所需资金和资源提供保障，有利于集中多方资源办好民办高校，提高资源利用效益；维护好校长团队的行政管理权是民办高校正常运行的前提条件，有利于调动管理团队的积极性，提高日常行政效率，提升办学质量。目前，我国民办高校的校长大多数受聘于董事会并执行其决议，就民办高校董事会和校长之间的委托—代理关系来看，董事会和校长的决策趋向内在一致性容易导致两者合谋的道德风险出现。一旦两者合谋的道德风险出现，当前部分民办高校董事长权力越位，董事会形同虚设，权力就会趋向集中甚至出现“家族制”董事会治理模式，对此，我们应参考我国刑事诉讼法等法律中的回避制度，积极实行董事会成员亲属回避制度。此外，可以借鉴美国、日本等国外私立大学法人治理的成功经验以及基于分权制衡的治理理念，就民办高校校长与董事会的职责、权力分工制定明确、详细的规定，校长与董事会之间应构建合理、和谐的权力运行机制，成立民办高校评议会和监事会等相应的民主监督机构，加强决策民主化、公开性和透明度，形成董事会—校长—监事会，集决策、执行、监督三位于一体，打造新型多元共治的民办高校法人治理机制，以保障我国民办高校的持续、健康发展。

（二）健全董（理）事会制度，强化监督机制

一是健全董（理）事会制度，优化董（理）事会成员结构，将党组织负责人、教职工代表作为必有人员，合理吸纳社会专业人士，将举办者（代表）及其亲属等相关人员在董（理）事会成员中的比例限制在合理范围内；加强董（理）事会规章制度建设。

二是完善校长负责制和校长选聘机制，对董（理）事会选聘校长的学校，由董（理）事会根据法规并结合学校实际状况选聘最佳人选，在校长聘用合同中明确校长的教学、财务、人事等管理权限，建立校长与董（理）事长权限冲突协调机制。

三是强化监督机制，引导非营利性民办高校根据学校规模、已有机构设置等状况，设立监事会或监察室等日常监督机构，明确职能属性、权限范围、运行程序等。

二、保障各主体权利，完善纵向权力制衡机制

保障各主体参与学校治理的权利，实现以权利约束权力的纵向制衡机制，

需从提高权利意识、明晰权利边界、完善权利保障机制等多方面着手。首先要明晰并保障举办者的合法权益，促进民办高校内部治理权力的归位。此外，应明确学术权力与行政权力的界限，防止学术圈中“权力寻租”现象的产生，以更好地解决民办高校运营中的激励、监督与约束等一系列问题。其次要提高师生的权利意识，畅通师生参与学校治理的渠道。当前，我国民办高校较多采用了企业管理模式，一些民办高校教师往往缺乏主人翁意识。因此，针对目前民办高校普遍存在着的民主制度建设不到位、各利益相关者参与权实现困难的问题，我们应当充分认识到民主管理的价值意义，大力培养教师的利益相关者意识和对学校的归属感，这在民办高校法人治理机制的完善过程中是相当必要的。比如，为充分发挥教师在民办高校法人治理中的积极作用，投资者可以在新教师就职期间分配一定的股权，使教师的职责与学校的发展挂钩。总之，一方面要引导民办高校根据法规在章程中明确师生参与学校民主决策、民主管理和民主监督的权利；另一方面在积极宣传、提高师生权利意识的基础上，督促学校加强和探索适用于民办高校的教代会、学生会、学术委员会等制度建设，完善师生参与内部监督的程序，为师生行使和维护自身权利提供有效途径。

三、做好政府和社会监督网络，强化外部制约效力

要进一步彰显外部监督的效力，形成民办高校内部治理权力内外制衡的合力，需在畅通外部力量介入通道的基础上，强化外部制约的效力，具体来说有以下两点：

一要强化政府监管。当前，尤其要健全党组织参与非营利性民办高校决策制度，为学校党组织建设以及党组织负责人进入学校决策机构和行政管理机构提供良好的制度环境。

二要培育社会监督氛围，挖掘社会组织和力量制衡的潜力。一方面要不断优化社会组织力量与政府、非营利性民办高校之间的关系，彰显其独立性和专业性，避免社会组织力量出现“选边站”的现象。另一方面要规范社会组织和力量参与非营利性民办高校内部治理权力制衡的程序，鼓励社会组织和力量以媒体报道、评估或审计等多种形式参与对非营利性民办高校内部治理权力运行的监督。此外，还要完善非营利性民办高校信息公开制度和年检制度，及时有效地公布学校内部重大事项决策和社会关注的重点、难点以及热点信息，增强内部权力运行的透明性，为外部监督提供有效信息。

第四节　解决民办高校办学和管理的自主权问题

“自主权”指在法律允许的范围内独立地做出决策并执行决策、处理日常事务的能力。民办高校的自主权是指民办高校在符合国家法律法规、教育方针政策的前提下,根据教育教学规律和市场对人才培养的需要,结合民办高校自身资源,自主地做出有关学校发展方向、教育教学、科学研究、校企合作等方面的决策并处理日常事务的权力。

民办高校的自主权主要包括办学的自主权和管理的自主权。办学的自主权主要是学校结合自身的办学理念和资源优势,结合人才市场的需求调研,依法自主地制定招生政策,设置专业及课程、学费定价,授予学历学位等权力,这些权力主要来自于政府职能的转变,来自于政府的放权;管理的自主权是指民办高校在日常运行管理方面的自主权利,这些权利的行使主要体现在学校内部管理能力和管理水平的提升上,依赖于学校的民主管理、行政管理、监督管理等内部管理的完善和优化。

一、民办高校管理自主权的落实

民办高校管理自主权主要体现在民办高校整体管理与各利益主体之间自我管理的关系方面,是民办高校整体发展与局部协调关系的内在要求和体现。民办高校整体管理是民办高校有效行使管理自主权的内在要求,着眼于办学理念和方针、办学特色、发展战略等关乎学校整体性、全局性、长远性、战略性的问题以及与之相适应的组织结构和规章制度;各利益主体之间的自我管理是民办高校管理自主权落实的基本保障。

(一)理顺行政权力与学术权力的关系,落实学术自主权

行政权力与学术权力是学校最基本的两大权力,落实民办高校管理自主权,首先要理顺行政权力与学术权力的关系,明确两类权力的行使范围、行使程序、行使效力及相应的监督约束机制。民办高校的基本功能是培养人才、开展科学研究和服务社会,这三项功能的实现都离不开学术,离不开拥有较高教学能力和较深科研水平的教师。学校的一切活动都以教学为中心,一切资源配置都要有利于人才培养。应努力提升行政部门谋划运作、组织协调、监督管理及

综合服务能力，推动学院自主管理、自我约束、规范运行、加快发展，形成校院两级互动联动、协调统一、充满活力、合力发展的管理运行机制。

学术自主权主要包括学术规范权、学术评价权和学术资源配置权。学术规范权主要指对学术标准、学术运行秩序进行规范的权力，主要体现在专业设置、人才培养方案制定、课程体系及教材选用、教学计划制定、学位授予标准等方面。学术评价权主要指对学术运行效果进行评价的权力，主要体现在人才培养的质量，教学效果，科研成果的质量和转化，教师及科研工作者的考核与奖惩等方面。学术资源配置权是指以提高教育教学质量和科研水平为宗旨，对教育教学和科研活动所需人、财、物、信息资源进行配置的权力，主要体现在教师和科研工作者的聘用、职称评定、职务晋升，科研经费的审批，教学和科研奖金的分配，教学和科研设备、器材的管理和使用等方面。

（二）理顺集权与分权的关系，强化院级自主管理权

管理自主权的落实，还要厘清谁来行使管理自主权，行使哪些方面的管理自主权，管理自主权行使的程序和效力如何等一系列问题。这些问题的实质就是集权与分权的关系。任何一个组织都不存在绝对的集权也不存在绝对的分权，只是集权多一些还是分权多一些，哪些权力集中哪些权力分散的问题。就民办高校而言，理顺集权与分权的关系主要是理顺民办高校与下属各个二级学院的权力关系。

学院是学校组织教学活动的基本单位，是与学生密切接触的基层组织，也是学校各项政策、方针的落脚点。学院的办学理念和战略规划只有通过学院的贯彻实施才能落地，各个学院教学目标的完成是民办高校教学目标完成的基础和保障。学院及其所属班级就像人体的神经末梢，对学生的诉求、人才市场对人才培养质量的反馈、社会对学校的评价有着直接的感知。二级学院只有拥有足够的自主权，才能对学生、人才市场、社会的各项诉求做出快速的反应。因此，民办高校应充分发挥办学体制的灵活性和适应性，适当地分权，让权力重心下移，变科层式的组织结构为分权化、扁平化的组织结构，赋予二级学院更多的自主管理权。这样，一方面可以使校级层面的决策和管理机构从繁重的日常管理事务中解脱出来，专注于学校重大方针政策的制定和推行；另一方面可以提高二级学院在教育教学、科研、学生管理方面的积极性，做到权责分明，目标明确，提高管理的效率，增强民办高校的灵活性和应变力。

(三)推行民主协商制度,扩大自主管理的范围

民办高校是由举办者、投资者、政府管理机构、教职工、学生、社会公众多方主体形成的利益共同体,民办高校应转变管理理念和模式,推行民主协商制度,扩大自主管理的范围,促进民办高校的可持续及和谐发展。推行民主协商制度是顺应时代的要求,是促进民办高校善治和发展的有效途径。

民主协商制度的推行有利于民办高校决策的科学性和正确性。决策不仅仅是高层领导的工作,上至董事会,下至教师和辅导员,各个层级,各个岗位都需要决策,只是决策的范围和影响力不同。有效的决策离不开准确而及时的信息,离不开科学的决策程序和方法。通过民主协商,能够使决策者获取更多对决策有用的信息,制定出更多备选方案,对备选方案的评价与选择更加客观,做出的决策也更符合教育教学发展的规律,符合人才市场和社会对人才培养的内在要求。

民主协商制度的推行有利于扩大民办高校自主管理的范围和基础。民主协商制度下,决策是在共同商议的基础上做出的,这可以使决策的执行者更加理解和认可决策制定的合理性,从而更加自觉地执行决策,达到自我管理、自我约束、自我控制的良性循环,具体来说有以下两点:

1.加强民主协商的顶层设计,实现自主管理的制度化和规范化

自主管理是在学校的整体管理框架下,为实现学校发展的整体目标而进行的自我管理,是一种有组织、有目标、有秩序的,管理与约束并行的管理模式。在制度建设方面,可以借鉴欧美国家的私立高校和我国台湾地区的协商治理经验,通过制度明确协商的主体、协商的范围和程序、协商结果形成决策并加以推行等一系列问题,为自主管理提供基本的制度保障。

2.不断探索协商形式和手段,实现自主管理的可行性和便捷性

随着信息技术的普及,网络已经成为非常快捷的信息沟通渠道和方式。对于一些咨询性、听证性的问题,民办高校可以通过网络渠道,广泛征求利益各方的意见,收集各方的诉求。信息的采集和数据的处理要做到及时、准确、高效。同时,要对网络进行实时监控,抵制攻击性和不文明言论的传播。

决策性协商要注意协商代表的选择。参与决策性协商的代表不能太多,太多的话难以形成一致的决策,并且降低协商效率。代表者的意见要切实体现各方的利益和诉求,因此,参与协商的代表不是由学校制定的,而是由所代表的集体民主选举产生的,只有这样选举出来的代表才能具有真正的代表性和发言权。

(四)深化人事制度改革,提高自主管理的积极性

民办高校应紧跟高校新一轮人事制度改革步伐,深化人事制度改革。岗位工资、绩效工资、科研奖励与津贴,年薪制、项目制等各种薪酬制度应配套使用,进一步提高一线教师爱岗敬业的热情,激发他们教育教学的潜力,增强他们自主管理的积极性。

自主管理的积极性来源于激励的有效性。根据马斯洛的需要层次理论,人的需要有多个层次,只有尚未满足的需要才能起到激励作用。因此,要对激励对象的需要进行调查研究,设计科学有效的激励制度。具体来说,一是做到精神激励与物质激励相结合,除了工资、奖金、福利这些物质方面的激励外,还应该有对工作价值的肯定、职位的晋升、培训和深造机会等多种形式的精神激励,既保障教师的生活水平,又有利于教师教育教学能力的提升。二是过程激励与结果激励相结合。创新型人才的培养离不开创新型的教师。创新不是一蹴而就的,需要不断探索、不断尝试、甚至是屡遭失败后的总结与提升。因此,对教师的激励要做到结果与过程并重,容忍失败,鼓励创新,激发灵感与活力。

二、民办高校自主办学治校能力的提升

要落实民办高校的办学自主权,还需要民办高校进一步完善内部管理体制,提升内部治理能力,提升自主办学水平,赢得更好的社会声誉,为学校的发展营造良好的内、外部环境,争取更多的办学自主权。

(一)加强教育法律法规学习,提高依法治校能力

依法治校是法治社会对民办高校内部治理的基本要求,是民办高校实现自主办学和自主管理的基本前提。没有约束的自主本质上还是不自主,民办高校是多方利益的共同体,协同各方利益和诉求必须以法律为准绳,以公益性为主线,充分保障学生、教师的合法权益。民办高校全体教职工要加强对《高等教育法》《民办教育促进法》《劳动合同法》以及其他与教育教学相关的法律法规的学习,在国家有关民办高校的法律框架下制定和完善学校章程及各项规章制度,使学校的所有活动都有法可依、有章可循。还要加强法制宣传,定期组织法治学习,提高全体教职工依法治校的能力。具体来说要做到以下两点:

一是要深入学习和领会国家和地方层面的教育法律法规,并将这些法律法

规作为处理学校和个人发展、维护同事关系、调节教师和学生关系的依据，尊重各个主体的合法权益，特别是学生和教师的合法权益应该得到足够的尊重和维护，自觉抵制侵犯学生合法权益的行为，真正实现学生主体、教师主导。

二是建立和完善学校的规章制度。规章制度的制定必须遵循一定的程序，在深入调研的基础上，借鉴国内外民办高校的经验，听取多方意见和建议，扩大制度建设的群众基础，增强制度的适应性、可行性和弹性。

（二）加强领导班子建设，提升管理决策能力

民办高校校级、院级、各职能处室领导班子的管理决策能力对学校的发展起着至关重要的作用。由于山东省民办高校办学历史普遍不长，办学经验不够丰富，领导班子整体的管理和决策能力有待进一步提升，为解决这一问题，应做到以下几点：

一是在关键领导岗位的选聘上拓展选拔渠道，内部提升和外部竞聘相结合，既要做到德、能、勤、绩全面考察，同时又要根据不同岗位职业能力要求，重点考察履行职务所需的关键能力。如分管科研工作的领导就要重点考察其科研组织能力、科研成果转化能力、科研资源利用能力，否则自身缺乏较高的科研基础和科研水平，“外行管内行”是很难服众的，很难做出切实有效的科研决策，科研资源的配置难以做到合理高效。同理，分管教务的领导必须熟悉教育教学规律，有丰富的教育教学经验和较高的教育教学水平，只有自身对分管领域有较深的专长，制定出来的政策才具有可行性和操作性。

二是对现有领导成员加强培训，提升管理能力。培训的形式可以是在职学习，也可以是脱产深造，可以是集中培训，也可以是自主学习。应以提升自主学习能力、信息获取及处理能力、沟通协调能力为主线，以管理基本知识和技能、科学决策程序、方法和工具为落脚点，全方位、多角度地展开培训与学习。

结论与展望

一、研究结论

民办高校的内部治理受到内、外部因素的影响，内部因素主要包括内部治理结构、治理模式、治理机制，外部因素主要指政策法规环境。不同地区的民办高等教育由于政策引导和扶持力度的差异、经济社会发展水平不均衡、办学者学识能力不同、地缘生源区别等因素，在内部治理上均不相同。本书正是面对新形势、新问题，从理论研究、现状考察、借鉴研究、案例分析等方面进行深入系统的研究，提出山东省民办高校内部治理和政策优化的建议，以期为山东省民办高校内部治理水平的提高和整个民办高等教育事业的发展提供有益指导。通过研究，主要总结出如下研究结论：

第一，民办高校内部治理的理论依据。当前，对于民办高校内部治理并没有独立的理论研究体系。随着《民促法》(2017 版)的实施，非营利与营利分类管理的法律依据得以确立，从法律层面破解了法人属性、产权归属、扶持政策等困扰民办教育发展的瓶颈问题。民办高校既可以是非营利性组织，也可以作为营利性组织。民办高校内部治理环境兼具企业与非营利组织的双重特征，所以，尽管目前尚没有针对民办高校内部治理的系统的理论研究体系，但我们仍可以从公司治理以及公办大学治理中寻求共通之处。本书从公司治理、非营利组织治理与高校治理的多重视角入手，总结出了民办高校内部治理最重要的四个理论依据："法人治理理论""产权理论""利益相关者理论"以及"委托—代理理论"。

第二，民办高校内部治理核心要素。影响民办高校内部治理的因素有很多，从法人治理角度出发，法人属性是否明确可从根本上影响民办高校的内部治理；从产权理论出发，民办高校的产权是否明晰直接影响到内部治理结构的构建;从利益相关者角度来说,不管是政府、市场、社会等外部利益相关者,还是包括投资办学者、经营管理者、教职工、学生等在内的内部利益相关者,都对民办高校内部治理制度的建设产生了直接影响;从委托代理理论出发,民办高校内部的委托代理问题得以有效解决能够在各方权力主体分离的基础上,拥有共同的努力目标,促进内部治理效率的提升,保障学校的可持续发展。因此,综合各种影响民办高校内部治理的因素,从内部治理制度的构成出发,影响民办高校内部治理的核心要素主要包括:内部治理结构、产权制度、内部治理模式、内部治理机制以及内部治理文化。

第三,山东省民办高校内部治理的政策环境。

民办高校内部治理的国家政策环境:现存民办教育政策体系中关于民办高校内部治理的政策法规主要体现在民办高校内部治理、产权政策、分类管理和师生权益四个方面。一是使我国民办高校的治理结构更加明晰和完善,治理主体更加多元。要求党组织负责人进入董事会和监事会,并规定民办学校建立监督机制。二是使法人属性和产权归属不清的问题在法律层面破解,产权政策较为清晰。三是分类管理改革有利于民办高校的产权清晰,有利于政府建立差别化扶持政策,有利于拓展两类民办高校的发展空间,有利于民办高校建立相应的内部治理结构,促进内部治理的科学化和法治化。四是明确规定了教师享有通过教职工代表大会等形式,参与学校民主管理和民主监督的权利。对于学生参与学校民主管理和民主监督在各级教育法律法规中均未提及,相应的法律规定比较缺乏。

山东省民办高校内部治理的政策环境:山东省秉承顶层设计的指导精神,通过增设监督机构,加强党的领导,使政策层面对民办高校内部治理结构的要求趋于完善,通过分类管理改革,进一步明晰了产权政策。通过提高监事会中教师所占的比例,增加教师的民主管理权与民主监督权。对于学生参与学校内部治理,在《山东省政府实施意见》中提出要完善教职工代表大会和学生代表大会制度,在决策机构和监督机构里,均未提及要求学生必须参与,法律层面保障不足。总体来看,山东省民办高校的内部治理在政策的规定下,实现了有法可依,有章可循。但与高等教育改革发展的要求相比,民办高等教育生存的政策环境仍不容乐观。山东省民办高校内部的治理政策在广度和深度上都需要进一步完善,存在政策的扶持性不足、落实性较弱等问题,还具有较大的上升空间。

第四，山东省民办高校内部治理现状。

山东省民办高校的内部治理历程包含四个阶段，各阶段的特点如下：创办初期（1978～1998）：为了生存，整合资源，降低成本；快速发展期（1999～2006）：内部治理初具规范，制定章程，建立决策机构、执行机构，并确立了董事会和校长的职责范围；内涵发展期（2007～2017）：民办高等教育的公益性受到重视，治理主体呈现出多元化；分类管理新时期（2017 至今）：开启了民办高校内部治理的新纪元，将使其在法人属性、财产权归属、内部治理结构、模式等方面的问题得以解决。

山东省民办高校内部治理政策法规的落实情况分两方面。一方面，山东省政府积极响应国家政策文件，对民办高校政策的落实主要体现在政策支持、财政支持等方面。虽然有很多政策法规已经落地，但仍有不少政策由于颁布时间较短或实施过程中遇到障碍，没有得到落实或落实程度较弱。另一方面，山东省民办高校对相关政策的学习落实良好，在学校章程建设、党组织建设、教职工代表大会的建立上以及内部治理结构中的决策机构和执行机构上，均很好地执行了政策法规的要求，但是对于监督机构的建置尚不理想。在内部治理机制方面，由于政策法规规定比较宽泛，加之民办高校的私有性和信息公开制度的不完善性，使民办高校的内部治理机制具有一定的隐蔽性，导致相关政策法规的落实较弱。

山东省民办高校的内部治理结构现状方面，董事会领导的校长负责制是目前山东省民办高校主要采用的内部治理结构形式。山东省民办高校在内部治理结构的建制上，能够较好地遵循。除了监事会大部分学校尚未设置，党组织、党委书记驻派，董事会、校长、教职工代表大会均设置完善。但在治理实践中，很大一部分民办高校虽有董事会，但主要是为了满足法律法规的要求而虚设的，内部治理结构实际呈现两权合一的古典式家族化经营状态。

山东省民办高校内部治理模式的现状是，所有权主导控制的单边治理模式是目前山东省民办高校的主要治理模式之一。随着分类管理改革的到来，此种治理模式将被淘汰。2017 年以来，此种治理模式已经开始弱化，由于董事会和监事会成员的多元化，监督机构的补充，使董事长对董事会的控制程度已经开始下降，从而将使其向多元化的利益相关者共同治理模式方向发展。所有权与管理权共同主导下的双边治理模式也是目前山东省民办高校的主要治理模式之一。实现管办分离有利于实现民办高校内部治理的合理化与科学化，但所有者与管理者的利益追求并不一致，在治理过程中会存在各种矛盾。利益相关者共同治理模式在内部治理的各个环节均注重多主体共同参与，保障各成员的话语权，以实现决策的民主性和监督的有效性。在山东省民办高校的办学实践中，尚没有民办高校实现利益相关者共同治理这一民办高校最为理想的内部治理模式。随着民办教育分类管理改革的实施，利益相关者共同治理模式将是非营利性民办高校的必然选择。

山东省民办高校内部治理机制及运行情况。内部治理机制是影响民办高校内部治理最深层次的要素，其合理性是决定民办高校内部治理水平的关键所在。董事会决策机制是民办高校内部治理最主要、最核心的决策机制，在政策法规方面，尚缺乏细则规定。在实践方面，大部分董事会由举办者主控，各成员的话语权极其不均衡。山东省民办高校在学校内部治理过程中重视对职工的激励，每个学校都建立了适当的激励制度，并形成相应的激励机制，但存在缺乏股权激励制度、物质激励不足和精神激励不受重视等问题。评价机制状况：山东省的民办高校比较注重对教职工的各项评价，建立了比较完善的评价机制，评价方法和评价主体均做到了多元化，但是针对董事会、校长、监事会尚未建立系统的评价机制。我国民办学校的监督机构和监督机制无论在政策法规上还是在实践中均起步较晚，山东省民办高校亦是如此。自《民促法》(2017)实施以来，山东省民办高校监督机制的建立实现了有法可依；在实践方面，山东省民办高校监事会及监督机制的建立已逐步提上议程。但由于法律出台时间较短，加之各种配套政策尚未完善，山东省目前只有 2 所民办高校设置了专门的监事会。监督机构的缺失，在一定程度上导致了山东省民办高校内部治理中监督机制的缺位。

第五，山东省民办高校内部治理存在的主要问题及原因分析。通过对民办高校内部治理的政策环境和山东省民办高校内部治理现状进行调研分析，了解了山东省民办高校内部治理的国家和省内政策环境，对于山东省民办高校内部治理历程、相关政策法规落实情况、内部治理结构现状、内部治理模式现状及内部治理机制和运行情况进行了深入探索，发现山东省民办高校内部治理主要存在政策法规不完善、产权界定不清晰、治理结构不科学及治理机制欠规范等问题。由于民办高校的内部治理既要受到来自政府和社会的外部影响，又要受内部治理主体、治理模式的影响，因而是一项复杂的工程。针对山东省民办高校内部治理存在的问题进行深度分析，发现山东省民办高校内部治理失范的原因主要有思想观念制约，政府政策缺失、滞后、落实不足，管理者的治理理念缺失等。

第六,民办高校内部治理实践的国际比较。英国、美国、法国、德国和日本私立大学的内部治理结构各有特色,总体上看,这几个国家大学的内部治理体现了三种模式:公司管理化模式、学术联盟化模式和共同治理化模式。公司管理化模式是管理学中的商业战略在高校内部治理中的实际运用,这种模式解决了高校筹资难的问题;学术联盟化模式是在高校中建立能够让教工集中参与内部治理的学术团体,保障了教工参与学校治理的合法权益;共同治理模式,是高校内部治理中一种兼容并包的合作模式,与学术联盟化模式互为补充,是传统学术自治的进一步发展,适应了高校内部治理分权化发展的进程。无论哪种模式,均重视董事会制度的完善、校长负责制的落实和监督机构的构建。

第七,民办高校内部治理实践的国内试点分析。国内民办高校内部治理的经验主要有以下几个方面:一是健全董事会领导下的校长负责制,包括完善董事会制度和完善校长治校制;二是规范执行机构的运作,学校只有放权给执行机构(经营者),允许其按照高校运营规律、教育规律和原理,借鉴企业管理基本理论,对决策计划进行全面分解和落实,构建适合高校内部运行的各种机制,进而组织有效的教育实践活动,并时时检查监控教育结果和行为,才能保证民办高校执行机构的有效运行,从而实现自我发展的目标;三是建立和完善监督机构,注重内部权力机构之间的合理分权与相互制衡,规定学校校内必须设立监督机构,对学校财务、资产、运营管理状况等进行监察;四是把握多元性、开放性特征,民办高校内部治理模式应当具有开放性、多元性的特征,董事会构成成员的身份、背景应多元化,开放性、多元性的特征还必须体现在董事会、校长与监督机构的关系上,在处理学校发展的重大事项时,注重学校各利益主体的全员参与,发挥各方优势。

第八,山东协和学院的内部治理实践。山东协和学院在内部治理实践中重视董事会的规范化运作,专家、董事和校长之间的合理分工以及资源配置机制的合理运作,总结出的其治理经验主要有四个方面:构建了合理高效的治理结构,规范了成员组成;健全了领导体制,明确了权力制衡;坚持专家治学,重视决策咨询;完善了民主管理,构建了监督机制。

第九,山东省民办高校内部治理的优化建议。

创办高水平的民办高校,必然要求在民办高校内部建立科学、合理、高效的内部治理体系,优化内部治理结构,改变由出资者控制的“单边治理”模式,树立利益相关者共同治理的理念,根据学校章程、董事会章程、学校组织结构及岗位说明书规定的工作职责和权限、工作流程,厘清学校内部各级、各层次的行政关系,完善学校内部行政管理制度，遵循学术管理的特点与规律，构建学术权力系统。

一是优化内部治理结构，应从充分发挥党组织的政治核心作用，完善健全董事会领导下的校长负责制，建立监事会，建立以学术委员会为最高学术决策机构的学术权力运作模式，落实学院办学自主权，健全以教代会和学代会为核心的民主管理和民主监督的机制等多个环节入手。

二是完善学校内部的行政管理制度。完善学校内部各项行政管理制度需要根据学校章程等内部规定，厘清学校内部各级、各层次的行政关系。扁平化管理是完善学校内部行政管理制度的一种有益尝试。具体而言，扁平化管理即“横向大部制，纵向扁平化”，其目标在于通过简政放权、精简机构、优化结构，降低行政管理的成本，实现行政管理的高效能。制度贵在实施，贵在坚持。全校要建立内部行政管理制度督导委员会，建立内部行政管理制度的监控机制。制度的落实重在领导带头。领导严格按制度办事，对全校各项制度的落实可起到良好的示范和带头作用。制度的落实难在抓住关键，即抓好末端落实，完善制度的问责机制，做好内部行政管理制度落实效果的跟踪检查。

三是构建学术权力系统。学术权力是国内外高等教育研究领域中的一个重要概念，它是专家学者依据其学术水平和学术能力，对学术事务和学术活动施加影响和干预的力量。与行政权力相比，学术权力具有松散性、自主性和民主性的特征。学术权力的运用应以学术自由为前提和基础，要遵循学术管理的特点与规律，要有程序地约束和规制，使它沿着规范性和程序性的轨道运行，以避免学术权力行使过程中的绝对性、无序性和随意性。

第十，山东省民办高校内部治理政策优化建议。民办高校内部治理的优化离不开相应的配套政策，科学的政策体系能为内部治理的优化提供保障和支持。山东省民办高校内部治理的政策优化应着眼于完善政策法规，落实法人财产权，明确利益相关者的权力和责任，构建权力制衡机制，解决民办高校办学和管理的自主权问题四个方面。

一是完善政策法规，落实法人财产权。民办高校的产权是指各级各类民办高校在筹资办学过程中各办学主体（举办者、办学者、教育行政部门、教师、学生或家长）关于教育财产的归属、占有、支配、使用等权力的界定、保护、分解及重组所形成的产权关系及其运行机制。当前，民办高校内部治理优化的首要任务是以建立健全现代大学制度为宗旨优化办学体制。办学体制优化的重点是建立激励性的财产权制度，即明晰产权归属，保障法人财产权的落实，规范营利收益，保护办学者的利益，借助政府营造自由开放的民办高校法人财产权氛围。

二是明确利益相关者的权力和责任。对于民办高校而言,其利益相关者是指能够影响民办高校生存发展及目标实现,或者受学校目标实现过程影响的任何个人或群体,包括投资人、举办者、债权人、学校管理者、教师、学生、学生家长、政府、社会公众等。这些利益相关者对民办高等教育质量都有各自的利益诉求和价值期待,或多或少地影响着民办高校的健康发展。民办高校要充分调动、激发各利益相关者的主动性与积极性,在更大程度上平衡民办高校公益性与营利性的双重身份,进而促进民办高校的可持续发展。然而,鉴于利益相关者范围广泛、成分复杂以及性质各异的特征,各利益相关者的关系和治理地位都应予以明确,并得到尊重和落实。

三是构建权力制衡机制。权力制衡是指在公共政治权力内部或者外部存在着与权力主体相抗衡的力量,这些力量表现为一定的社会主体,包括个人、群体、机构和组织等,他们在权力主体行使过程中,对权力施以监督和制约,确保权力在运行中的正常、廉洁、有序、高效等,并且使国家各部分权力在运行中保持总体平衡。这些制衡有利于保证社会向公正合理的方向发展,以及社会整体目标的实现。民办高校举办者、教师、学生、社会等利益相关者各方的合法权益都应该予以保障,权力的正确行使是合法权益得以保障的前提条件。一方权力的行使又会给其他方权力的行使带来影响,各利益主体的权力相互制约、相互牵制,形成一个有机的权力系统。民办高校权力制衡的形式有多种,主要体现在横向制衡格局、纵向制衡机制、外部制约效力等方面。需要从学校内部和外部,横向和纵向各个层面界定各方的权力边界,形成以权制权的相互制衡机制。

四是解决民办高校办学和管理的自主权问题。民办高校的自主权主要包括办学的自主和管理的自主。办学的自主主要是学校结合自身的办学理念、自身的资源优势,结合人才市场的需求调研,依法自主地制定招生政策,设置专业及课程、学费定价、学历学位授予等权力,这些权力主要来自于政府职能的转变,来自于政府的放权;管理的自主指民办高校在日常运行管理方面的自主权力,这些权力的行使主要体现在学校内部管理能力和管理水平的提升上,依赖于学校的民主管理、行政管理、监督管理等内部管理的完善和优化。

二、研究展望

本书以系统的理论研究为基础,通过深入的实践研究探寻了山东省民办高校内部治理的现状和存在的问题,针对存在的问题进行了原因分析,在借鉴国内外先进治理经验的前提下,提出了山东民办高校内部治理和政策优化的建

议。但是,受研究条件和个人能力限制,在以下方面尚需开展更深入的研究:

第一,对于山东民办高校内部治理现状的研究。受时间和空间限制及资料获取困难等制约,本研究选取了山东省 12 所民办高校为研究对象,样本选取具有一定的局限性,在调查范围上有所限制,视野受限。后续研究可以扩大研究范围,一方面扩大至山东省所有民办高校,以期获得山东省更为全面的数据信息;另一方面可以扩充至其他省份,以期为我国民办高校的内部治理提供优化建议。

第二,本研究是针对现阶段山东省民办高校内部治理的政策环境和治理现状中存在的问题,提出山东省民办高校内部治理和政策优化建议。随着民办教育分类管理改革的进行,不同阶段将会涌现出不同的问题,后续可以根据改革推进实际情况的变动,开展跟进研究。

此外,政策制度,贵在落实。在所有的环节中,政策制度的落地实施最为关键。因此,山东省民办高校内部治理政策和制度的推进策略将是接下来的研究重点。

主要参考文献

一、专著类

[1]张军:《产权经济学仁》,上海三联书店 1991 年版。

[2]韩明安:《新语词大词典》,黑龙江人民出版社 1991 年版。

[3]刘守英等:《财产权利与制度变迁——产权学派与新制度学派译文集》,上海人民出版社 1994 年版。

[4]全球治理委员会:《我们的全球伙伴关系》,牛津大学出版社 1995 年版。

[5]郑金洲:《教育文化学》,人民教育出版社 2000 年版。

[6]柯武刚、史漫飞:《制度经济学——社会秩序与公共政策》,商务印书馆 2000 年版。

[7]杨瑞龙、周业安:《企业的利益相关者理论及其应用》,经济科学出版社 2000 年版。

[8]伍尔夫:《教育经济学国际百科全书》,高等教育出版社 2000 年版。

[9]张德、吴剑萍:《校园文化与人才培养》,清华大学出版社 2001 年版。

[10]李维安:《现代公司治理研究——资本结构、公司治理和国有企业股份制改造》,中国人民大学出版社 2002 年版。

[11]王培根:《高等教育经济学》,经济管理出版社 2003 年版。

[12]陈宏辉:《企业利益相关者的利益要求:理论与实证研究》,经济管理出版社 2004 年版。

[13]吕中楼:《新制度经济学研究》,中国经济出版社 2005 年版。

[14]金锦萍:《非营利法人治理结构研究》,北京北京大学出版社 2005 年版。

[15]张维迎:《产权、激励与公司治理》,经济科学出版社 2005 年版。

[16]吴敬琏:《现代公司与企业改革》,天津人民出版社 2005 年版。

[17]章武生、段厚省:《民事诉讼法学原理》,上海人民出版社 2005 年版。

[18]彭宇文:《中国高校法人治理结构研究》,中国社会科学出版社 2006 年版。

[19]张剑波:《民办高校可持续发展研究》,国防科技大学出版社 2007 年版。

[20]李福华:《大学治理的理论基础与组织架构》,教育科学出版社 2008 年版。

[21]李钊:《民办高校办学风险防范研究》,社会科学文献出版社 2009 年版。

[22]李钊:《民办高校办学风险防范研究》,社会科学文献出版社 2009 年版。

[23]张宏博:《中国私立大学有效性的制度研究》,人民出版社 2009 年版。

[24]吴易风、关雪凌:《产权理论与实践》,中国人民大学出版社 2010 年版。

[25]吴开华、安杨:《民办学校法律地位》,江苏教育出版社 2011 年版。

[26]徐绪卿:《我国民办高校内部管理体制改革和创新研究》,中国社会科学出版社 2012 年版。

[27]李福华:《大学治理与大学管理》,人民教育出版社 2012 年版。

[28]潘懋元、王伟廉:《高等教育学》,福建教育出版社 2013 年版。

[29]韩景周:《经济建设与国防建设协调发展效能比较研究》,光明日报出版社 2013 年版。

[30]麻宝斌:《公共治理理论与实践》,社会科学文献出版社 2013 年版。

[31]周海涛、钟秉林:《中国民办教育发展报告》,北京师范大学出版社 2014 年版。

[32]周海涛、钟秉林:《中国民办教育发展报告 2014》,北京师范大学出版社 2015 年版。

[33][英]大卫·沃克尔:《牛津法律大辞典》,北京社会与科技发展研究所译,光明日报出版社 1988 年版。

[34][美]尼科尔森:《微观经济理论》,德赖登出版社 1992 年版。

[35][美]亨利·罗索夫斯基:《美国校园文化——学生·教授·管理》,谢宗仙等译,山东人民出版社 1996 年版。

[36][美]亨利·汉斯曼:《企业所有权论》,李静译,中国政法大学出版社 2001 年版。

[37][美]斯道延·坦尼夫、张春霖、[美]路·白瑞福特:《中国的公司治理与企业改革》(中文版),财经出版社 2002 年版。

[38][美]大卫·威勒、玛利亚·西兰琶:《利益相关者公司》,张丽华译,经济管理出版社 2002 年版。

[39][美]科斯、诺思、威廉姆森:《制度、契约与组织》,刘刚等译,经济科学出版社 2003 年版。

[40][美]查尔斯·亨格瑞:《财务会计教程》,朱晓辉译,人民邮电出版社 2005 年版。

[41][美]爱德华·弗里曼:《战略管理:利益相关者方法》,王彦华、梁豪译,上海译文出版社 2006 年版。

二、期刊类

[1]于鸿君:《产权与产权的起源——马克思主义产权理论与西方产权理论比较研究》,《马克思主义研究》1996 年第 6 期。

[2]费方域:《什么是公司治理》,《上海经济研究》1997 年第 3 期。

[3][瑞士]弗朗索瓦-格扎维尔·梅里安、肖孝毛:《治理问题与现代福利国家》,《国际社会科学杂志》(中文版)1999 年第 1 期。

[4]格里·斯托克:《作为理论的治理:五个论点》,《国际社会科学》(中文版)1999 年第 2 期。

[5]杨丽娟:《关于教育产权若干问题探讨》,《教育与经济》2000 年第 1 期。

[6]高卫东:《营利性民办学校及其产权界定》,《教育科学研究》2001 年第 3 期。

[7]曹淑江、范开秀:《也谈关于教育中的产权问题》,《教育与经济》2001 年第 4 期。

[8]邬大光:《中国民办高等教育发展状况分析(上)——兼论民办高等教育政策》,《教育发展研究》2001 年第 7 期。

[9]邬大光:《中国民办高等教育发展状况分析(下)——兼论民办高等教育政策》,《教育发展研究》2001 年第 8 期。

[10]潘懋元、胡赤弟:《民办高校产权制度改革的若干问题》,《教育研究》2002 年第 1 期。

[11]蔡宝田:《论民办高校的内部管理》,《黄河科技大学学报》2002 年第 1 期。

[12]史秋衡、宁顺兰:《高等学校产权分析》,《教育与经济》2002 年第 4 期。

[13]曹淑江:《关于民办学校的非营利性和产权问题探讨》,《河北师范大学学报》2002 年第 4 期。

[14]武毅英:《明晰产权是深化高教投资体制改革的关键》,《教育与经济》2003 年第 3 期。

[15]潘懋元、黄建如:《教育主权与教育产权关系辨析》,《中国高等教育》2003 年第 6 期。

[16]米红、周仲高:《国家政策取向与高等教育之间互动关系研究》,《中国软科学》2003 年第 8 期。

[17]陈宝瑜:《我国民办高校办学模式的创新问题》,《浙江树人大学学报》2004 年第 1 期。

[18]中宁:《跳跃性的产权改革》,《新华文摘》2004 年第 3 期。

[19]陈宏辉、贾生华:《企业利益相关者三维分类的实证研究》,《经济研究》2004 年第 4 期。

[20]杨挺:《教育投资主体多元化背景下的学校产权规范分析》,《中国教育学刊》2004 年第 6 期。

[21]付瑛略:《论高校人事代理制度》,《西南民族大学学报》(人文社科版)2004 年第 8 期。

[22]杜培锦:《高校内部决策科学化的保障机制及其功能要求探讨》,《当代教育论坛》2005 年第 2 期。

[23]杨行勇:《高校教师教学过程中的激励研究》,《教育发展研究》2005 年第 2 期。

[24]季俊杰、余珊珊、艾军:《略论我国民办高校办学权力的管制与矫正》,《长春师范学院学报》2005 年第 2 期。

[25]胡赤弟:《高等教育中的利益相关者分析》,《教育研究》2005 年第 3 期。

[26]彭宇文:《高校法人治理结构的构建》,《教育研究》2005 年第 3 期。

[27]魏文选:《试论董事会领导下的校长负责制——民办高校内部管理模式的创建》,《江汉大学学报》2005 年第 3 期。

[28]何长松:《民办高校监事会制度之法理分析》,《湖南社会科学》2005 年第 3 期。

[29]程言君:《马克思产权理论与我国多种产权形态体系的构建》,《生产力研究》2005 年第 5 期。

[30]方铭琳:《民办高校产权明晰的法律保护》,《高等教育研究》2005 年第 8 期。

[31]苗庆红:《民办高校治理结构的演变研究》,《中国高教研究》2005 年第 9 期。

[32]李延喜、田鹏、王阳:《现代产权的内涵与评析》,《辽宁经济》2005 年第 10 期。

[33]王洪才:《现代大学制度的内涵及其规定性》,《教育发展研究》2005 年第 11 期。

[34]潘懋元:《我国高校产权制度改革的若干问题——兼论公、民办高校产权问题》,《教育发展研究》2005 年第 14 期。

[35]杨行勇:《高校教师教学过程中的激励研究》,《教育发展研究》2005 年第 16 期。

[36]杜培锦:《高校内部决策科学化的保障机制及其功能要求探讨》,《当代教育论坛》2005 年第 17 期。

[37]周光礼:《重构高校治理结构:协调行政权力与学术权力》,《中国高等教育》2005 年第 19 期。

[38]韩艳:《民办高校董事会制度的运行与制衡机制构建》,《浙江树人大学学报》2006 年第 2 期。

[39]刘志民、吴伟:《大学短期发展规划论略》,《国家教育行政学院学报》2006 年第 3 期。

[40]黄薇:《基于 SFA 方法对中国保险机构效率的实证研究》,《南开经济研究》2006 年第 5 期。

[41]董圣足:《民办高校法人治理结构构建与思考——基于上海建桥学院的个案分析》,《教育发展研究》2006 年第 22 期。

[42]张剑波、杨炜长:《完善法人治理结构:民办高校可持续发展的重要保障》,《湘潭大学学报》(哲学社会科学版)2007 年第 1 期。

[43]胡子祥:《高校利益相关者治理模式初探》,《西南交通大学学报》2007 年第 1 期。

[44]吴易风:《产权理论:马克思与科斯的比较》,《中国社会科学》2007 年第 2 期。

[45]胡四能:《民办高校建立共同治理结构模式研究》,《江苏高教》2007 年第 4 期。

[46]李福华:《利益相关者理论与大学管理体制》,《创新教育研究》2007 年第 7 期。

[47]刘向东、陈英霞:《大学治理结构剖析》,《中国软科学》2007 年第 7 期。

[48]李枭鹰:《中国民办高等教育政策法规发展历程及意义》,《教育发展研究》2007 年第 12B 期。

[49]张燕喜:《马克思“产权”理论的争论及相关问题研究综述》,《理论前沿》2007 年第 15 期。

[50]李超玲、钟洪:《基于问卷调查的大学利益相关者分类实证研究》,《高教探索》2008 年第 3 期。

[51]刘颂:《民办高校治理机制研究》,《扬州大学学报》(高教研究版)2008 年第 3 期。

[52]何大安:《我国公司的组织治理与市场治理》,《经济学家》2008 年第 4 期。

[53]朱若羽:《现代大学的治理与其结构的重建》,《技术与创新管理》2008 年第 6 期。

[54]华灵燕:《基于利益相关者的民办高校筹资研究》,《国家教育行政学院学报》2008 年第 7 期。

[55]冯淑娟:《民办高校法人治理结构的完善》,《教育发展研究》2008 年第 24 期。

[56]林海清:《大学治理模式与营运策略分析之探讨》,《台湾教育行政论坛》2009 年第 1 期。

[57]刘利:《利益相关者理论各阶段主要观点的评析》,《石家庄经济学院学报》2009 年第 2 期。

[58]高伟、张燚、聂锐:《基于价值链接的高校利益相关者网络结构分析》,《现代大学教育》2009 年第 2 期。

[59]陈文联:《构建民办高校法人共同治理结构的现实思考》,《国家教育行政学院学报》2009 年第 7 期。

[60]赵彦志、万丛颖:《基于利益相关者的民办高校财务管理制度分析》,《财经问题研究》2010 年第 1 期。

[61]李纪明、王陆庄:《国外高校治理模式比较及对我国民办高校的启示》,《高等工程教育研究》2010 年第 S1 期。

[62]王慧红、李伟红、杨淑君:《基于委托—代理理论的企业所有者与经理

人合作决策模型》,《河北大学学报》2010 年第 2 期。

[63]王鹏:《中国公办大学内部治理形式探析》,《黑龙江高教研究》2010 年第 3 期。

[64]徐绪卿:《民办高校内部管理体制改革若干问题探析》,《中国高教研究》2010 年第 5 期。

[65]胡赤弟、田玉梅:《高等教育利益相关者理论研究的几个问题》,《中国高教研究》2010 年第 6 期。

[66]郑志刚:《对公司治理内涵的重新认识》,《金融研究》2010 年第 8 期。

[67]王一涛:《论公益性民办高校产权制度的构建》,《中国高教研究》2010 年第 9 期。

[68]牟萍、郑晓琴:《民办高校内部治理结构初探》,《中国成人教育》2010 年第 16 期。

[69]宋斌:《民主决策:民办高校共同治理结构下的核心价值》,《黑龙江高教研究》2011 年第 4 期。

[70]赵亮:《民办高校内部治理结构的反思与完善》,《重庆电子工程职业学院学报》2011 年第 4 期。

[71]孙松发:《对民办高校管理体制构建的几点认识》,《湖北教育》(领导科学论坛)2011 年第 5 期。

[72]王建凯:《高校系统治理的权力结构分析》,《教育评论》2011 年第 5 期。

[73]武毅英、刘莹:《民办高校法人财产权虚置的成因与对策》,《浙江树人大学学报》(人文社会科学版)2011 年第 5 期。

[74]钟秉林:《我国民办高等教育发展若干重要问题探析》,《中国高教研究》2011 年第 7 期。

[75]屈潇潇:《我国民办学校内部治理的政策与制度分析》,《高等教育研究》2011 年第 9 期。

[76]赵奇:《构建民办高校“四位一体”法人治理结构的探索》,《中国高等教育》2011 年第 18 期。

[77]张兆国、梁志钢、尹开国:《利益相关者视角下企业社会责任问题研究》,《中国软科学》2012 年第 2 期。

[78]董圣足:《台湾地区私立高校治理机制研究》,《上海教育评估研究》2012 年第 2 期。

[79]王竹泉、杜媛:《利益相关者视角的企业形成逻辑与企业边界分析》,

《中国工业经济》2012 年第 3 期。

[80]杨德广:《内部管理体制改革是民办高校可持续发展的关键》,《浙江树人大学学报》(人文社会科学版)2012 年第 6 期。

[81]周江林:《我国民办高校治理的困境与解决途径》,《浙江树人大学学报》2012 年第 10 期。

[82]杨炜长:《利益相关者视野中民办高等教育质量保障体系构建》,《黑龙江高教研究》2012 年第 11 期。

[83]刘侠:《我国民办高校产权管理的困境及策略》,《高校教育管理》2013 年第 4 期。

[84]黄洪兰、姬华蕾:《共同治理:非营利性民办高校内部治理模式走向》,《现代教育科学:高教研究》2013 年第 4 期。

[85]刘根东、王康慧:《江苏民办高校法人治理结构存在的问题与对策》,《南通大学学报》(社会科学版)2013 年第 5 期。

[86]刘根东、吴寒飞:《美国私立大学法人治理结构的特征及启示》,《江苏高教》2013 年第 5 期。

[87]郭平、黄正夫:《大学内部治理结构的功能及其实现路径》,《教育研究》2013 年第 7 期。

[88]徐绪卿、王一涛:《论我国民办高等教育政策从“规范”向“扶持”的转型》,《高等教育研究》2013 年第 8 期。

[89]林群:《大学章程建设与现代大学制度创新——大学章程应有效推动高校内部治理结构调整》,《教育研究》2013 年第 9 期。

[90]赵奇、刘德深、马凤鸣等:《民办高校公益性产权的探索与实践——以黑龙江东方学院为例》,《继续教育研究》2013 年第 11 期。

[91]王英、金保华:《民办高等学校监事会制度研究》,《北京教育》2013 年第 12 期。

[92]崔鹏飞:《民办高校公益性产权研究》,《继续教育研究》2013 年第 12 期。

[93]徐绪卿:《关于民办高等教育政策顶层设计的思考》,《教育发展研究》2013 年第 21 期。

[94]徐志平:《完善大学内部治理结构应注意把握的几个问题》,《国家教育行政学院学报》2014 年第 1 期。

[95]程如平:《创新民办高校内部治理结构建立现代大学制度》,《世界教育

信息》2014 年第 1 期。

[96]赖新民、万建明、吴端阳:《我国大陆民办普通高校发展历程及其发展建议》,《教育评论》2014 年第 12 期。

[97]祁占勇:《高等学校治理结构中的权力冲突及其治理》,《陕西师范大学学报》(哲学社会科学版)2015 年第 1 期。

[98]潘留仙、陈文联:《论非营利性民办高校约束机制的构建》,《中国高教研究》2015 年第 2 期。

[99]周海涛、施文妹:《完善民办高校法人治理结构的难题与策略》,《江苏高教》2015 年第 4 期。

[100]邱开金、程振设:《高职院校推行教授治学的对策研究》,《职教论坛》2015 年第 4 期。

[101]任奉龙、钟宜兴:《台湾地区私立大学内部治理模式的特色及启示》,《现代教育管理》2015 年第 11 期。

[102]任志新、尹晓岚:《我国民办高校产权明晰的路径思考——基于我国现行法律法规的产权明晰现状分析》,《教育探索》2015 年第 12 期。

[103]周海涛、刘侠:《民办高等教育发展研究报告——基于近十年全国民办高校数据统计与政策文本分析》,《中国高等教育》2016 年第 2 期。

[104]周李华、印永龙:《浅析江苏省民办高校法人治理状况》,《知识经济》2016 年第 3 期。

[105]贾咏梅:《民办高校党组织参与重大决策机制的调查分析》,《学校党建与思想教育》2016 年第 18 期。

[106]韩玉亭:《民办高校内部治理机制的困境及出路》,《高教发展与评估》2017 年第 1 期。

[107]鞠光宇:《分类管理制度下民办高校的法人治理结构建构研究》,《高教探索》2017 年第 1 期。

[108]陈岳堂:《民办高校内部运行机制构建研究》,《湖南科技大学学报》(社会科学版)2017 年第 2 期。

[109]史少杰、周海涛:《非营利性民办高校内部治理权力制衡分析》,《现代教育管理》2018 年第 1 期。

[110]王维坤、张德祥:《我国民办高校内部治理结构类型及演变路径》,《现代教育管理》2018 年第 1 期。

[111]马燕霞、许长青:《民办高校内部治理机制优化——基于广州南洋理

工职业学院的案例分析》,《高教探索》2018 年第 4 期。

[112]刘爽、赵俊芳:《治理理论视域下民办高校发展的三重困境及其路径探析》,《高校教育管理》2018 年第 4 期。

[113]黄洪兰、柳海民:《探索营利性与非营利性民办高校分类管理——以吉林华桥外国语学院为例》,《高校教育管理》2018 年第 4 期。

[114]王义宁:《非营利性与营利性民办高校法人治理结构比较》,《浙江树人大学学报》(人文社会科学)2018 年第 6 期。

[115]赵显宁、高岩:《我国高校内部治理的发展现状、困境和优化》,《黑龙江高教研究》2018 年第 6 期。

[116]王世斌:《"双一流"建设背景下民办高校内部治理结构改革的困境、成因与完善路径》,《教育与职业》2018 年第 10 期。

[117]郭孔生、许长青:《以供给侧改革深入推进民办高职院校内部治理》,《教育与职业》2018 年第 15 期。

[118]彭宇文、陈莉:《民办高校优化法人治理结构探究》,《学校党建与思想教育》2018 年第 18 期。

三、学位论文类

[1]章晓阳:《构建我国民办高校治理结构的思考》,南昌大学 2005 年硕士学位论文。

[2]季俊杰:《中国高等教育市场垄断现象的经济学研究》,广西师范大学 2005 年硕士学位论文。

[3]唐力翔:《委托—代理理论与我国公立高校代理人的激励约束问题研究》,湖南师范大学 2005 年硕士学位论文。

[4]毛刚:《我国非营利组织内部治理机制研究》,西南交通大学 2005 年博士学位论文。

[5]杨琼:《学校法人治理问题研究》,华东师范大学 2005 年博士学位论文。

[6]赵旭明:《民办高校治理研究》,中共中央党校 2006 年博士学位论文。

[7]陶润润:《我国民办高校产权问题研究》,安徽农业大学 2007 年硕士学位论文。

[8]李红勋:《构建我国民办高校利益相关者治理模式》,郑州大学 2007 年硕士学位论文。

[9]王建平:《独立学院治理结构研究》,南昌大学 2007 年硕士学位论文。

[10]蒋颖:《完善大学内部治理结构的法制思考》,江苏大学2010年硕士学位论文。

[11]浣坚:《民办高校治理结构研究》,湖南农业大学2010年硕士学位论文。

[12]欧阳婵:《民办高校内部治理结构优化路径研究》,湘潭大学2010年硕士学位论文。

[13]岳鹏飞:《美国大学内部治理结构研究——基于章程的文本分析》,大连理工大学2011年硕士学位论文。

[14]王慧:《辽宁省民办高等教育治理结构研究》,东北财经大学2012年硕士学位论文。

[15]李斌:《西安欧亚学院内部管理控制模式研究》,西北大学2013年硕士学位论文。

[16]巫志刚:《我国营利性高等教育机构基本法律制度研究》,华中师范大学2013年博士学位论文。

[17]庞钊珺:《民办高等院校治理结构研究》,陕西师范大学2014年硕士学位论文。

[18]尹滔:《台湾私立高校内部治理结构研究》,宁波大学2014年硕士学位论文。

[19]陈金秀:《民办高等职业教育管理体制研究》,山东师范大学2014年博士学位论文。

四、法规政策及其他

[1]《中华人民共和国民法总则》

[2]《民办高等学校设置暂行条例》

[3]《中华人民共和国教育法》

[4]《中华人民共和国高等教育法》

[5]《国家中长期教育改革和发展规划纲要(2010年～2020年)》

[6]《民办教育促进法》

[7]《民办教育促进法实施条例》

[8]《关于加强民办高校规范管理引导民办高等教育健康发展的通知》

[9]《民办高等学校办学管理若干规定》

[10]《关于鼓励和引导民间投资健康发展的若干意见》

[11]《关于鼓励和引导民间资金进入教育领域促进民办教育健康发展的实施意见》

[12]《教育类民办非企业单位登记办法》

[13]《民间非营利组织会计制度》

[14]《民办教育收费暂行办法》

[15]《山东省民办高等教育管理暂行办法》

[16]《关于加强民办教育规范管理引导民办教育健康发展的意见》

[17]《关于加强民办教育管理的若干规定》

[18]《关于严格规范民办学校办学秩序的通知》

[19]《关于民办教育强化属地管理健全规章规范的意见》

[20]《关于加强民办高校党的建设工作的若干意见》

[21]《山东省人民政府关于鼓励社会力量兴办教育促进民办教育健康发展的实施意见》

[22]《济南市民办学校管理暂行规定》

[23]《青岛市实施〈中华人民共和国民办教育促进法〉办法》

[24]《关于印发〈营利性民办学校监督管理实施细则〉的通知》

五、外文文献

[1]David W. Leslie, "Legitimizing University Governance: Theory and Practice," *Higher Education*, 1975, 4(2).

[2]Savis Gohari, Terje Holsen, "Understanding the Governance System in the Campus Development: the Cases of Norwegian University of Life Sciences and Norwegian University of Science and Technology," *Procedia Engineering*, 2016, 161.

[3]Ararat L. Osipian, "University Autonomy in Ukraine: Higher Education Corruption and the State," *Communist and Post-Communist Studies*, 2017, 50(3).

[4]Marek Kwiek, "The Unfading Power of Collegiality? University Governance in Poland in a European Comparative and Quantitative Perspective," *International Journal of Educational Development*, 2015, 43.

[5]Vesna Kova, Jasminka Ledi, Branko Rafajac, "Academic Staff Participation in University Governance: Internal Responses to External Quality De-

mands," *Tertiary Education and Management*, 2003, 9(3).

[6]Tom Christensen, "University Governance Reforms: Potential Problems of More Autonomy," *Higher Education*, 2011, 62(4).

[7]Ka Ho Mok,"When State Centralism Meets Neo-liberalism: Managing University Governance Change in Singapore and Malaysia," *Higher Education*, 2010, 60(4).

[8]Jerome Yavarkovsky, Warren L. Hass,"The Columbia University Management Program," *Libri*, 1975, 25(3).

[9]Peter M. Kretek, Žarko Dragši ? , Barbara M. Kehm, "Transformation of University Governance: on the Role of University Board Members," *Higher Education*, 2013, 65(1).

[10]Luminita Moraru,"The Romanian Modern University in the Frame of the Academic Profession and Governance," *Procedia-Social and Behavioral Sciences*, 2012, 69.

[11] Andrea R. Woodward,"Land-grant University Governance: An Analysis of Board Composition and Corporate Interlocks," *Agriculture and Human Values*, 2009, 26 (1-2).

[12]Anna Saiti, Ian Abbott, David Middlewood,"University Governance: Insights from England and Greece," *International Journal of Educational Management*, 2018, 32(3).

[13]Keith Dixon, David Coy,"University Governance: Governing Bodies as Providers and Users of Annual Reports," *Higher Education*, 2007, 54(2).

[14]Isabel Maria, Bodas Freitas, Aldo Geuna, Federica Rossi, "Finding the Right Partners: Institutional and Personal Modes of Governance of University - industry Interactions," *Research Policy*, 2013, 42(1).

[15]Maria Eliophotou Menon,"Student Involmement in University Governance: A Need for Negotiated Educational Aims?" *Tertiary Education and Management*, 2003, 9(3).

[16]Maria E. Menon,"Students' Views Regarding their Participation in University Governance: Implications for Distributed Leadership in Higher Education," *Tertiary Education and Management*, 2005, 11(2).

[17]Akiyoshi Yonezawa, Yukiko Shimmi, *Transformation of University*

Governance Through Internationalization: Challenges for Top Universities and Government Policies in Japan Higher Education, Springer Press, 2015.

[18]Đỗ Thị Ngọc Quyên,"Developing University Governance Indicators and Their Weighting System Using a Modified Delphi Method," *Procedia-Social and Behavioral Sciences*, 2014, 141.

[19]E. Fame, M. Jensen,"Separation of Ownership and Control,"*Journal of Law and Economics*, 1993, 26.

[20]R. Freeman,"*Strategic Management: A Stakeholder Approach*," Boston Pitman Press, 1984.

[21]D. A. Jones, C. R. Willness, S. Madey, "Why are Job Seekers Attracted by Corporate Social Performance? Experimental and Field Tests of Three Signal-based Mechanisms,"*Academy of Management Journal*, 2014, 57(2).

[22]R. Edward Freeman,"The Politics of Stakeholder Theory: Some Future Directions," *Business Ethics Quarterly*, 1994, 8(4).

[23]E. Fame, M. Jensen,"Separation of Ownership and Control," *Journal of Law and Economics*, 1993, 26.

[24]Philip P. Cochran, Steven L. Wartick,"*Corporate Governance: A Literature Review*," Financial Executives Research Foundation, 2015.

[25]R. Edward Freeman,"The Politics of Stakeholder Theory: Some Future Directions," *Business Ethics Quarterly*, 1994(4).

[26]Jurian Edelenbos, Nienke van Schie, Lasse Gerrits,"Organizing Interfaces Between Government Institutions and Interactive Governance ," *Policy Sci*, 2010,43(1).

[27]C. R. Elfield,A. P. Beney,"What Determines Alumni Generosity? Evidence for the UK," *Education Economics*, 2000, 08.

[28]Books Arthur,"Income Tax Policy and Charitable Giving," *Journal of Policy Analysis and Management*, 2007, 03.